暨南文库·新闻传播学
*JINAN Series in Journalism & Communication*

# 编 委 会

本书为2015年度广东省哲学社会科学"十二五"规划课题

"广播电视媒介的环境风险议题再现研究"

项目成果


（项目号：GD15CYYS04）

瞭望者 J

暨南文库·新闻传播学 1

*JINAN Series in Journalism & Communication*

# 社交媒体时代
# 口语传播的交互性研究

王 媛 著

暨南大学出版社
JINAN UNIVERSITY PRESS

中国·广州

图书在版编目（CIP）数据

社交媒体时代口语传播的交互性研究/王媛著. —广州：暨南大学出版社，2019.12

（暨南文库. 新闻传播学）

ISBN 978 - 7 - 5668 - 2787 - 6

Ⅰ.①社… Ⅱ.①王… Ⅲ.①互联网—传播媒介—口语—传播学—研究 Ⅳ.①G206

中国版本图书馆 CIP 数据核字（2019）第 247318 号

社交媒体时代口语传播的交互性研究

SHEJIAO MEITI SHIDAI KOUYU CHUANBO DE JIAOHUXING YANJIU

著　者：王　媛

·····················································································

出 版 人：徐义雄
项目统筹：黄圣英
责任编辑：黄　斯　王莎莎
责任校对：刘舜怡　王燕丽
责任印制：汤慧君　周一丹

出版发行：暨南大学出版社（510630）
电　　话：总编室（8620）85221601
　　　　　营销部（8620）85225284　85228291　85228292（邮购）
传　　真：（8620）85221583（办公室）　85223774（营销部）
网　　址：http：//www.jnupress.com
排　　版：广州尚文数码科技有限公司
印　　刷：广州市快美印务有限公司
开　　本：787mm×1092mm　1/16
印　　张：14.125
字　　数：250 千
版　　次：2019 年 12 月第 1 版
印　　次：2019 年 12 月第 1 次
定　　价：56.00 元

（暨大版图书如有印装质量问题，请与出版社总编室联系调换）

# 总　序

⋯⋯⋯⋯

如果从口语传播追溯起，新闻传播的历史至少与人类的历史一样久远。古人"尝恨天下无书以广新闻"，这大约是中国新闻传播活动走向制度化的一次比较早的觉醒。

消息、传闻、故事、新闻、报道，乃至愈来愈切近的信息、传播、大数据，它们或者与人们的生活特别相关、比较相关、不那么相关、一点也不相干，或者被视为一道道桥上的风景、一缕缕窗边的闲情抑或一粒粒天际的尘埃，转眼消失在风里。微观地看，除了极少数的场景外，新闻多一点还是少一点，未必会造成实质性的差别；本质地看，人类作为社会性的动物，莫不以社会交往，包括新闻传播的存在和丰富化为前提。

这也恰好是新闻传播生存样态的一种写照——人人心中有，大多笔下无。它的作用机制和内在规律究竟为何，它的边界究竟如何界定，每每人见人殊。要而言之，新闻传播学界其实永远不乏至为坚定、至为执着的务求寻根问底的一群人。

因此人们经常欣喜于新闻传播学啼声的清脆、交流的隽永，以及辩驳诘难的偶尔露峥嵘。重要的也许不是发现本身，而是有越来越多的研究者参与其中，或披荆斩棘，或整理修葺。走的人多了，便有了豁然开朗。倘若去粗取精，总会雁过留声；倘若去伪存真，总会人过留名。

走的人多了，我们就要成为真正的学术共同体，不囿于门户之见，又不息于学术的竞争。走的人多了，我们也要不避于小心地求证、深邃地思考，学而不思则罔。走的人多了，我们还要努力站在前人、今人的肩膀上，站得更高一些，看得更远一些。

这里的"我们"，所指的首先是暨南大学的新闻传播学人。自1946年起，创系先贤、中国第一位新闻学博士、毕业于德国慕尼黑大学的冯列山先生，以及上海《新闻报》总经理詹文浒先生等以启山林，至今弦歌不辍。求学问道的同好相互砥砺，相互激发，始有本文库的问世。

"我们"，也是沧海之一粟。小我终究要融入大我，我们的心血结晶不仅要接受全国同一学科学术共同体的检验，还要接受来自新闻、视听、广告、舆情、公共传播、跨文化传播等领域的更多读者的批评。重要的不完全是结果，更多的是过程。在这一过程中我们特别关注以下剖面：

第一，特定经验与全球视野的结合。文库的选题有时是从一斑窥起，主要目标仍然是研究中国全豹，当然，我们也偶或关注印度豹、非洲豹和美洲豹。在全球化时代，我们的研究总体会自觉不自觉地增添一些国际元素。

第二，理论思辨与贴近现实的结合。犹太谚语云"人类一思考，上帝就发笑"，或许指的是人力有时而穷，另外一种解释是万一我们脱离现实太远，也有可能会堕入五里雾中。理论联系实际，不仅是哲学的或革命的词句，也是科学的进路。

第三，新闻传播与科学技术的结合。作为一个极具公共性的学术领域，新闻传播的工具属于拿来主义的为多。而今，更是越来越频繁地跨界，直指5G、云计算、人工智能等自然科学的地盘。虽然并非试图攻城拔寨，但是新兴媒体始终是交叉学科的前沿地带之一。

归根结底，伟大的时代是投鞭击鼓的出卷人，我们是新闻传播学某一个年级某一个班级的以勤补拙的答卷人，广大的同行们、读者们是挑剔犀利的阅卷人。我们期望更多的人加入我们，我们期望为知识的积累和进步贡献绵薄的力量，我们期望不辜负于这一前所未有的气势磅礴的新时代！

编委会

2019 年 12 月

# 前　言

······

　　口语是人与人之间最基本的沟通媒介，口语传播的历史经历了初级（原生）口语文化时代、口语—文字二元争论时代，自广播电视诞生起进入次级（电子）口语文化时代。次级口语文化时代的第一个发展阶段是广播电视大众媒介时代，口语传播权掌握在播音员、主持人的手中；当下为第二个发展阶段——新媒体时代，话语权"去中心化"，每个用户得到传播的平权，初级口语的协商属性得以回归，"口语性"的内涵、外延得以拓展。数字技术和移动互联网催生了多种形态的新兴媒体，颠覆了单向传播方式，模糊了传受分野，带来了即时互动的技术可能，重新连接了世界不同人群板块之间的关系。其中，交互技术的飞跃发展让人数庞大的用户之间建立了新型的社交关系。移动终端的交互界面整合了声图文多重符号，不仅复制了先前所有传统媒介的表征，还将它们重新整合于一个统一的物理平台上。交互性是新媒体环境下的学术概念，已有的媒介技术和交互的社会理论形成了两大研究脉络，而从口语传播这一切入点展开研究，符合社交媒体传播符号多样性带来的传播环境的变化，继而打开公共传播领域内人际口语传播的研究视野，也是对中国已有语言传播研究的重要补充。

　　本书主要采用网络民族志和文本分析的方法，第二章通过观察、分析，尝试归纳社交媒体中口语传播的五种实践形态，即问答型、微课型、直播型、社交型、音频型。每个用户都是潜在的主体，进入社群内部可自由选择传播主体或沟通对象的角色，口语可以与图文共商传播。智能终端互动界面呈现的语图关系，既折射出人机交互的媒介技术视角，也构成口语沟通的话语文本，引领后文从社会理论视角对交互性进行观照。

　　第三章探讨口语传播交互性的本质特征。社交媒体用户即时在场，在开放式的传播环境中，在丰富的公共议题框架下，潜在主体可使用口语及整合符号展开即时交互，通过自主控制的社交关系而参与协作生产。口语的协商属性得以回归，并得到发展：电子口语性不仅在于口语对社会现实的表面揭示，更重要的是它成为我们面对未知领域而展开探讨协商并产生现实结果的可能。电子口语性融合了口语和图文的符号特质，由版面内的秩序性互动转向多元主体之间的多变相整合互动，是整合感官的立体回应。

将原本以"面识"为特征的口语传播与社交媒体环境联系在一起的切入点是社会的"场景"，社会场景形成了人们口语表达和社交行为的框架基础，社交媒体搭建了将社会场景和虚拟场景融合到交互界面的"关系型"场景。因此，第四章从场景、情境、再到语境，形成本书研究口语传播交互性的外因逻辑，具体将从传播语境、文本语境、语境还原论三个维度展开。传播语境是推进口语交互性的进阶节点。社交媒体赋予用户技术平权，用户之间却逐步显现出"趋中心化"的知识权力导向，传播主体和粉丝用户的具体沟通完成了更多信息、知识的搬运，尚未完全实现协作生产的社交媒体本质。互动界面呈现了声图文整合符号的文本语境，与大众媒介的话语框架、文本被口语传播主体单方面控制不同的是，社交媒体口语传播的主体和用户在跨时空的框架内协作生产出完整的话语文本。不论是物理场景的语境，还是互动界面的符号语境，其流动变化的背景，是传播主体口语表达的重要依据，谓之"语境还原论"。

从语境外因到话语内因，第五章对口语传播的交互性研究进入话语层面。首先，引入"多模态"话语理论，从"话语""设计""生产"三个维度分析社交媒体口语传播的内容资源、时长控制的设计资源、语气携带意义潜势的生产资源。其次，进入语用层面，尝试对口语传播的五种实践形态的语言样态进行归纳，研究得出，公约数的陈述语态最利于提高公共议题的沟通效率。根据具体沟通文本，发现语言的交换结构"毗连对"在交互中有明显的运用。

第六章，五种口语传播实践形态中的四种，语音都是可以被保存并可供反复收听的，只有直播型沟通主体的口语语音无法保存，口语语言稍纵即逝，不易被捕捉收藏，也因此对网络舆论安全和健康发展有一定影响。直播中的口语有强烈的对话感，产生即时呼应的共鸣，在一镜到底的场景内，口语内容的丰富性使得听觉传播秩序优先于视觉传播秩序，导致口语传播具有高风险的可能性。低俗暴力、欺诈违法、违反正确价值观导向的言论同步传播，容易给青少年带来负面影响，因此，直播平台将是网络公共传播空间建设的重点领域。

总之，社交媒体庞大的用户群自发传播并自我控制传播关系，按键录入语音的便捷性，口语的音声质感和语气节奏对建立信任感拥有无可替代的优势，这三大特征便于用户的协作再生产，助推知识传播。社交媒体中的口语沟通，是人际沟通和新媒体传播的相互融合，是生成媒介现实并推动建构社会现实的传播形式，对公共传播领域未来的发展有极为重要的意义。

王　媛

2019 年 8 月

# 目录
contents

社交媒体时代口语传播的交互性研究

# 第一章

# 绪　论

　　《荷马史诗》是西方文化的主要源头之一，是古代人类文化的巅峰之一，也是全人类的重要文化遗产。公元前 9 世纪至公元前 8 世纪，那时还没有希腊字母表，那时的行吟诗人没有文字可以依傍，希腊盲诗人荷马却能够"编织"出数万行的巨型史诗《伊利亚特》，口口相传，代代延续。这传播的过程好似星星之火，但也有燎原之势。直到公元前 700 年至公元前 650 年间，《荷马史诗》才被写定并以书面形式流传于后世。

　　公元前 5 世纪的雅典，当男性公民和智辩士在公共演说的各种舞台上实践着言语的说服力量、展现修辞的魅力时，柏拉图便开启了在探寻恒定真理的道路上，修辞术到底有没有合法角色的争辩。后来，亚里士多德用以解决争辩的研究成果，便是引领人类传播研究基本观念的《修辞学》。

　　当古登堡将印刷术推广开来，识读文字和信息传播不再是贵族等少数人的专利，人们对资讯的渴求慢慢渗透到商品交换、政治观念、文化交流等各个领域，这逐渐普及的书写文化和以公众演讲为代表的口语文化互相角力，共同促进经济发展和民主进步。再后来，这漫长的书写文化与口语文化的二元争论时期，逐步被转向视觉的力量所主导。

　　进入 20 世纪，大众传播媒介下的口语文化，被单向的、一对众的传播秩序所限定，表达的主体和言语的内容都在规范的框架之内，精英且权威的信息选择和内容生产，让口语文化的光芒总在一个固定的圈子里闪耀，观众在仰头观赏。

　　近十年来，不断迭代的互联网技术，把全世界的人们带入移动终端里的资讯世界。每个人只要按住手机交互界面的语音键，录下声音，或是开启自己的直播频道，世界那头的某个人，就可能感受到你的呼吸，沉醉于你的声音，聆听到你正在行走的哪怕是微小、自在的脚步声。

　　回望、驻足、瞻望，一起探寻千年来口语传播演变历程中那些有力度的脚印。

# 第一节　研究背景、基本问题与意义

## 一、研究缘起及基本问题

曼纽尔·卡斯特在《网络社会的崛起》中这样描绘网络世界：

　　各种沟通模式整合入一个互动式的网络中。换句话说，通过超文本和后设语言的形构，历史上首度将人类沟通的书写、口语和视听模态整合到一个系统里。经过人脑两端，也就是机械和社会脉络之间的崭新互动，人类心灵的不同向度重新接合起来……①

　　曼纽尔·卡斯特的观察是在 20 世纪后十年，仅凭电脑展开互联网沟通刚成为崭新的社会现象，作者就已经做出了相当有远见的预判：电子沟通的整合、受众的终结和互动式网络的出现必将成为互联网时代真实虚拟文化的典型特征。

　　21 世纪的前 20 年，互联网的普及让上述预判逐渐变为现实。极速发展的各种传播介质演绎出越来越复杂和多元的媒介景观，成就了公共领域内多向的、独立个体展开互动的沟通现实。尤其近十年来，数字技术和移动互联网催生了社交媒体，其功能不断丰富，嵌入电脑、手机等各类型智能终端，不断改变着人们的通信方式、消费习惯甚至生活方式。诚然，它们都在摸索如何利用声图文整合传播来进一步表达人类的思考，这种动态的、复合的、社交性的影像，已然成为人们不可回避的生活环境。与传统媒体时代大家坐在一起观看电视、讨论同一份报纸的共同文化空间不同，智能终端召唤着身处不同空间，却可在

---

① ［美］曼纽尔·卡斯特著，夏铸九、王志弘等译：《网络社会的崛起》，北京：社会科学文献出版社，2001 年，第 406 页。

同一社群内的人们以不同方式共同参与。① 熟悉的传受关系开始模糊,传播者和接受者不再是独立的两个人,而是一个人身上的多元角色。伴随数以亿计的用户数量的激增,社交媒体逐步帮助个人用户建立以个人为中心的网络人际关系。个人的能力不断得到解放,个人从被动接受的客体变成传播的主体,社交媒体因此而构建起新的社会网络和社交模式,将互联网上的社会关系网络重构推向高潮。今天,媒介化和社会化已然连接为一体,社交媒体把"内容为王"推向"连接一切"。

美国学者安东尼·梅菲德在 2007 年出版的《什么是社会化媒体》一书中,首次使用"社交媒体"这一概念,阐述其内涵有参与、公开、交流、对话、社区化、连通性的特点。十年来,伴随传播介质的不断更新,社交媒体逐步明确了两大特征:内容生产与社会关系融合一体,主角是用户而非平台的运营者。② 人们对其产生的共识即用户庞大、自发传播和参与生产。

与此同时,数字技术将承载社交媒体的终端屏幕整合为声图文并茂的物质媒介,不仅复制了先前所有传统媒介的表征和交流媒介的特征,而且将它们重新整合于一个交互界面上,它能够整合"一对一""一对多"以及"多对多"的传播形态,能将声音、图像和文本整合于许多既有的表达类型之中,也产生了一些新的表达类型。"我们可以暂时把交互界面视为处于人机之间的一类隔膜(membrance),它既区别又联系着两个大相径庭却又彼此依赖的世界。"③ 交互界面能在不同客体和系统的边界之间游走,而这一过程不仅使得网络得以运行,也拓展了新的空间。④ 交互界面成为一个重新思考社会和物理空间联系的关键概念工具,⑤ 交互界面给用户提供了更多样的交互性体验。

口语——人与人之间最基础的沟通手段,是交互性体验的重要构成元素,以"面识"的人际传播本质贯穿于传播历史的各个阶段,是建构人类文化的重

① 沈锦惠:《电子语艺与公共沟通》,台北:天空数位图书有限公司,2009 年,第70 页。

② 彭兰:《社会化媒体、移动终端、大数据:影响新闻生产的新技术因素》,《新闻界》2012 年第 8 期,第 3 页。

③ [美] 曼纽尔·卡斯特著,夏铸九、王志弘等译:《网络社会的崛起》,北京:社会科学文献出版社,2001 年,第 20 页。

④ [英] 尼古拉斯·盖恩、戴维·比尔著,刘君、周竞男译:《新媒介:关键概念》,上海:复旦大学出版社,2015 年,第 51 页。

⑤ [英] 尼古拉斯·盖恩、戴维·比尔著,刘君、周竞男译:《新媒介:关键概念》,上海:复旦大学出版社,2015 年,第 63 页。

要力量。口语传播历史经历了"初级口语文化时代"（即印刷文字普及之前的"原生口语文化时代"①）、"文字与口语二元对立时代"② 进入当下的"次级口语文化时代"（又称"电子口语文化时代"）。次级口语文化时代的第一个阶段是广播电视大众媒介时代，第二个阶段是以社交互动为特征的新媒体时代。言语使人们有机会接触到各种形态的世界，交流与传播则将这些世界加以分享。从历史和进化的意义而言，面对面的交流并不必然地代表标准或理想状态的传播形式，诚如约翰·杜伦·彼得斯所言，作为一种真正的"私人化接触"的"交流的梦想"也许不可能始终通过亲身接触得以实现："物理性在场同样无法确保'交流'的发生……"③ 我们总是以虚拟的形式彼此相伴。联想今天的语音问答、微媒体社交语音、视频直播，虚拟环境中随处可以发生的人际沟通，不正是清晰、便捷地让我们实现了詹森④的预言吗？原本口语传播必须"面识""在场"才具有的"协商属性"，在社交媒体跨越时空的传播环境下，获得了拓展新意的巨大空间，正如台湾学者夏春祥所指出：新媒体时代的"口语性"⑤得以回归，并重新昂首，随媒介环境变迁有了新的内涵与外延。

社交媒体中的口语传播，是通过交互界面而触发多向主体间以口语及整合符号的多维交互，提高了人与人之间的沟通效率，增加了社会互动的更多可能性，那么，主体之间的口语传播行为，其交互性是如何实现的？若从技术角度看，交互性被列夫·曼诺维奇视作新媒介特性的产物、系统硬件的产物，他专注于技术系统的结构对人机交互界面（HCI）进行变量测试以得到交互的类型和结构。⑥ 但同时，交互性也可被视为一个社会学概念，斯皮罗·基欧希斯认为，交互性还可以与用户对这种交互的感觉以及他希望从机器中产生的预期效

---

① ［美］沃尔特·翁著，何道宽译：《口语文化与书面文化——语词的技术化》，北京：北京大学出版社，2008年，第10－19页。
② ［美］沃尔特·翁著，何道宽译：《口语文化与书面文化——语词的技术化》，北京：北京大学出版社，2008年，第83－88页。
③ ［丹麦］克劳斯·布鲁恩·延森著，刘君译：《媒介融合：网络传播、大众传播和人际传播的三重维度》，上海：复旦大学出版社，2015年，第17页。
④ JENSEN K B. We have always been virtual. Internet Research 1.0 Conference，2000.
⑤ 由美国学者沃尔特·翁定义，用"协商属性"来概括初级口语文化时代"口语性"的本质特征。
⑥ ［英］尼古拉斯·盖恩、戴维·比尔著，刘君、周竞男译：《新媒介：关键概念》，上海：复旦大学出版社，2015年，第88页。

果相关。① 当来到社交媒体时代，口语在碎片化的信息中参与传播与消费，作为回应世界的最基本的言语工具，口语在社交媒体传播和人际传播两种维度的交叉运用，表现出多主体、即时互动、整合符号、参与生产等特征。异于以往的口语传播历史分期，其交互性得以显著提升。

那么，本书研究的问题是，在公共传播领域内，社交媒体用户如何通过口语及整合符号展开跨越时空的信息交互，其具有什么样的交互体验？这种信息交互对用户建构多元社会身份和拓展社会行为产生了哪些影响？为什么会有如此影响？具体来看，社交媒体中口语传播的交互性是通过哪些现实形态来实现的？社交媒体所潜藏的技术革命是如何改变用户的语境，进而影响用户的交互体验的？在互动界面呈现的交互内容，表现为声图文整合的一套话语，是如何通过界面技术的交互进而记录了用户体验的交互？口语传播产生了哪些积极的、消极的社会影响？围绕口语传播的交互性，后文将通过对现实形态、口语性内涵、交互性的语境外因、交互性的话语内因、交互性的社会影响等内容的阐释分别论述。

## 二、研究意义

审视在不同媒介中的口语实践，须先回顾广播、电视等传统大众媒介中的口语实践。"一对多"传播模式下，口语传播的主体是研究的主要对象，正如对媒介播音员、主持人的口语实践行为和言语语用特征的研究，语音、发声、语用、主持传播等研究基本延续了从规范到应用、从音准到意义、从字词句到情境的变迁路径。可当媒介发生了根本性的传播性征的变化，用口语生产信息，不再是信息生产者独立的创造行为，而演变为传媒架设在传者和受众之间，并可进行话题沟通和文化交流的一种沟通行为时，口语传播的主体、角色、生成过程、意义等都发生了根本性的变化。口语表达不再是单向传播意义层面的行为，而是成为社会不同阶层与群体为解决问题、交流思想、生产知识所寻求的一种沟通目的背后的符号支持。我们就有必要重新审视社交媒体中口语传播的交互性，这对口语传播研究是一个方面的拓展。

---

① ［英］尼古拉斯·盖恩、戴维·比尔著，刘君、周竞男译：《新媒介：关键概念》，上海：复旦大学出版社，2015 年，第 89 页。

　　口语传播研究是传播学研究的重要组成部分，但中国大陆的研究多数以大众传播媒介中的口语传播为主，如播音主持艺术学的研究。回顾口语传播历史，以公共演讲为起点，是人类传播学的起源，以美国媒介环境学派学者沃尔特·翁为代表人物。于 20 世纪 60 年代开始，沃尔特·翁基于大量口头文学文献展开对口语传播的历史阶段划分，提出了原生口语文化时代、口语—文字二元争论时代、电子口语文化时代的三段论。台湾口语传播学者赵雅莉、沈锦惠、游梓翔、秦琍琍、夏春祥等人，延续此学术脉络，对电子口语文化时代的传播主体、网络传播行为、网络文化等话题展开研究。基于传播模式的颠覆性变化，沈锦惠将电子口语文化时代划分为大众媒介时代和新媒体时代。本书正是延续这一脉络，基于社交媒体的基本范畴，对多元主体的口语传播实践进行细致观察，发现其进入整合感官的多符号沟通，实现了多指向个体之间的信息交互、体验交互、感官交互，对个体意识的交流、社会行动的提速和知识文化的融合具有结构性的推动作用。交互性，这是新媒体环境下的一个重要学术概念，已有研究主要为媒介技术的视角和交互的社会理论两个方面，从口语传播这一切入点展开交互性的研究，符合社交媒体传播符号多样性带来的传播环境的变化，剖析口语传播对社交媒体中人际沟通产生的效果，此人格化关怀也符合交互性研究的社会理论视角。因此，本书尝试做一点理论探讨，并希望有一定的指导实践的意义。

**（一）观点创新**

（1）口语传统的重要特征不仅是听觉性质，还在于它强调对话，是有支配力量的政治权威和权力、财富不当分配的知识垄断的一种表达手段。社交媒体中的口语传播有多种实践形式，为用户建构了新型对话空间，促进了社会公众的广泛互动。如语音问答，可以辅助用户满足个人对知识、兴趣、生活服务信息的需要，用户之间的协作再生产助推知识变现的趋势；微媒体社群内的多符号整合沟通，直接建立了精英话语和草根话语之间的感性经验积累；语音和视频直播，将口语沟通和同时空场景的传播情境融入跨阶层和板块的人群范畴，建立了多向、即时沟通的新范式；移动音频中的有声书、个人主创音频，充分发挥语音低流量、人文性、个人价值无限的特点，重塑知识生产和传播的模式。

（2）人类传播轨迹中，传播的互动性表现出 U 形的发展态势。原生口语和二元争论时代，人与人之间主要依赖口头传播信息，互动程度最高，协商属性为上；来到广播电视大众传播时期，一对众的传播模式下，信息的互动性、公共性程度最低；当互联网出现，新媒体势头迅猛，个体用户被技术赋权后，信息的互动性和公共性在社群形成的过程中重新昂首。"口语性"的内涵、外延得以拓展：社交媒体中人类言语的口语性表现为多向主体间的感官统合，使用口语及整合符号在即时交互时态下的口语沟通。

（3）社交媒体的口语传播将"面识"的人际传播和公共沟通结合，并将碎片信息形态和多层级沟通需求契合起来，建立了用户使用口语与社会的新型连接模式，其公共意义在于建构个人在现实社会和网络世界的双重身份。在这多阶层、跨时空的沟通进程中，口语的音声性、直接性、生动性及口语思维的单向性大大增强了沟通效果。口语沟通可将社会信息或知识予以记录、呈现与变迁，形成新媒体时代独特的印迹。

（4）语境是口语传播交互性的外因逻辑。传播语境中的用户交互，虽被赋予技术平权，却逐步显现出"趋中心化"的知识权力导向；终端互动生成了基于社会场景的关系型符号场景；生产交互中传播主体和用户完成了更多信息、知识的搬运，但尚未完全实现协作生产的社交媒体本质。声图文整合符号的文本语境内，与大众媒介的话语框架、文本被口语传播主体单方面控制不同的是，社交媒体口语传播的主体和用户在跨时空的框架内协作生产出完整的话语文本。不论是物理场景的语境，还是互动界面的符号语境，其流动变化的背景，是传播主体口语表达的重要依据，谓之"语境还原论"。

（5）话语是口语传播交互性的内因呈现。沟通话语文本因其纯语音或多符号、长短不一的碎片形态，而引入"多模态"话语理论。从"话语""设计""生产"三个维度看：社交媒体平台的话题情境规约了丰富的内容资源，语音时长的可控性扩大了沟通关系的多种可能性，语气含有内在语，丰富了话语的意义潜势。深入语用层面，最大公约数的陈述语态最利于提高公共议题的沟通效率，而语言的交换结构毗连对在交互中有明显的运用。

**（二）视角创新**

在国内的学科建制内，口语应用，是应用语言学和播音主持艺术学的主要对象。本书从传播学视角，在梳理历史不同口语文化时代的口语性内涵的基础上，发现当下社交媒体给予口语性"协商属性"的回归，实现了人际传播与公共传播的融合，对广大用户建构多元社会身份及社会现实有积极意义。

# 第二节　文献综述

## 一、关于人际沟通中交互性的研究

### （一）对交互性的实验法研究

交互性是新媒介理论中的一个关键概念，经常被作为区分"新"数字媒介和"老"模拟形式的基准。[①] 但关于交互性研究的雏形，在人际传播领域早已出现，并以另一个关键词的形式成为美国学者的研究对象。1978 年，鉴于电子媒体的出现，美国学者菲利普·康哲就以"电子接近性（electronic propinquity）"为关键词提出了媒介介入人际传播的一个理论性方法，推导出电子媒体给人际传播带来的本质变化是接近性的变化。它并不只是指电子媒体的支持，而是强调电子媒体的显著性。"电子接近性"精确指出：它帮助人与人之间实现了空间上的接近、时间上的接近。作者使用 propinquity 与 proximity 同义的"接近性"作为论述的关键意义。

人们需要通过电话、对讲机或其他媒介介入彼此之间的沟通。在日常用语中，我们说："在电话里这样和别人联系""明天与我联系（电话）"，在这个意义上，麦克卢汉说，电子方式扩展了我们的感官，以便以一种共同的方式"在那里"。事实上，邮件和电信是人们无法到达那里的精确技术手段。"电子接近性"指的是电子发射，或电子存在。这里应该注意的是，尽管电子表象可能会出现，但它并不是与传播同步的。一个人可以拥有一条传输线和一组潜在的关系，但仍然没有交流。电子接近性允许通信的可能性，但不是通信本身。[②]

---

① ［英］尼古拉斯·盖恩、戴维·比尔著，刘君、周竞男译：《新媒介：关键概念》，上海：复旦大学出版社，2015 年，第 83 页。

② KORZENNY F. A theory of electronic propinquity: mediated communications in organizations. Communication research, 1978, 5 (1): 3 – 24.

由此可见，"电子接近性"探讨的是人际交互关系因电子媒介而发生的系列变化。菲利普尝试使用一种全面的理论研究方法，发现人机互动界面对人际交往会产生更好的调节作用，比如视频会议。电子接近性，是这个系统的重要特征，是人类传播系统必不可少的延续。在其结构性功能的分析中，他提出了六个命题，得出了十五个推论，论证这六个命题时，囊括了如下变量：感知的事实；感知的带宽；感知的复杂信息；对共同定向传播渠道的感知程度；沟通技巧；感知传播的规则；感知渠道选择的数量；知觉冲突；感知环境的湍流。作者用实验法测试每个命题并得出相应的结论，这是对于人际信息交互的较早研究。其测试的变量，形成了电子媒介对人际交互影响的框架，对后人的研究有重要的启发意义。

随着传播技术的进步，美国学者关于交互性的研究以"接近性（propinquity）"为关键词不断推进。2002年，美国学者朱迪·勃艮等人的研究论文《测试互动原则：中介、接近性、语言和非语言方式在人际交往中的效果》[①]，是人际沟通交互性理论研究的一个重要成果。在早期关于渠道依赖的传播研究中，已有比较不同沟通模式的研究，用以评估口语沟通和非口语沟通的因素，及其对人际交互关系的影响。新媒体技术介入之后，则提供了一个新的沟通模式。在这篇文章中，作者提出了一种交互性的原理，作为分解这些关系的一个框架，并报告了一个实验，在这个实验中，考察位于同一个位置（"共同定位"）的和距离（"分布式"）内的人与人之间所发生的信息交互，尤其注意信息交互环境中的非口语、听觉和视觉等信息，在分布式模式下所具备的不同程度的可变性。实验结果表明，非口语线索的接近性和可用性会对沟通过程、参与者彼此间的社会判断、任务表现产生影响。而口语线索中的音频，比其他两个远端条件（文本和视频会议）更容易引起彼此的信任。因为音频的好处是可以从节奏（建立交互协调和说唱端口的一个关键成分）中得到口语语音（副语言和韵律）的独特特征。与语言内容和语言风格交织在一起的声音线索的不可知价值，揭示了交互信息中的丰富细节。

由上可见，美国学者主要以实验法来进行交互性的研究，以测量新媒介技术造成的环境变化里的各类要素对人际交互所产生的影响。口语携带的语气、

---

① BURGOON J K, BONITO J A, RAMIREZ A, et al. Testing the interactivity principle: effects of mediation, propinquity, and verbal and nonverbal modalities in interpersonal interaction. Journal of communication, 2002, 52 (3): 657−677.

节奏、韵律等因素，对人与人之间的信任建立拥有无可替代的优势。

移动互联网技术下的新媒体技术对媒介环境的影响更加迅猛，交互性概念的丰富性也随之延展，对交互性研究的视角也逐步增多，交互的主体不只在人与人之间，也有人机之间的技术视角。这在几位新媒体研究者那里得以证实，代表人物有俄罗斯的新媒体理论家列夫·曼诺维奇和斯皮罗·基欧希斯。他们分别从媒介技术角度和社会理论两个方面对人与人之间的交互性、媒介技术支配下的交互性展开分析。

**（二）交互性的媒介技术论视角**

与麦克卢汉认为"书本和电影这样的媒介并不是真正的交互，而电子媒介具有更强的交互性"等观点正好相反，曼诺维奇则认为，像电影这类的媒介比那些所谓的"交互"数字媒介（即使它们是基于口头表达之上的）具有更高的交互性，因为它们要求受众在观看时投入更多，甚至雕塑和建筑都被看成是交互式媒介，因为它们需要观众"移动整个身体来体验空间结构"[1]，而电子媒介则比麦克卢汉设想的要冷得多。曼诺维奇认为，新媒介基于人机交互界面可对数据实时操控，建议不要笼统使用交互性这个概念，而是从菜单的交互、可拓展性、仿真、图像接口等方面细分交互类型。[2] 可见，曼诺维奇将交互性视作不同媒介的产物、系统硬件的产物，分析理论的技术偏向更强。这对本书从互动界面中声图文整合符号展现的进程来分析交互性有理论启示。

**（三）交互性的社会理论**

麦克卢汉和曼诺维奇的观点各自都有很多追随者，而斯皮罗·基欧希斯则将交互性视为一个社会学术语，在其文章《交互性：一种概念说明》中回应上述各种困惑：交互性的体验也许不仅仅是技术系统的产物，它同样还可以与用户对这种交互的感觉以及他希望从其机器中产生的预期效果相关。[3] 基欧希斯之所以指出一条社会学路径，是因为他提出一个难点：交互性究竟是科技还是

---

[1] ［英］尼古拉斯·盖恩、戴维·比尔著，刘君、周竞男译：《新媒介：关键概念》，上海：复旦大学出版社，2015 年，第 87 页。
[2] ［英］尼古拉斯·盖恩、戴维·比尔著，刘君、周竞男译：《新媒介：关键概念》，上海：复旦大学出版社，2015 年，第 88 页。
[3] ［英］尼古拉斯·盖恩、戴维·比尔著，刘君、周竞男译：《新媒介：关键概念》，上海：复旦大学出版社，2015 年，第 88 页。

人类的产物，抑或两者兼而有之？他注意到，大多数新媒介文献中，交互性"以其善于制造类似人际交流的交互能力而著称"。这暗示了一种将新媒介技术人格化的趋势，即将新媒介技术理解为真实世界里人与人交互的镜像。① 呈现上述观点的译著《新媒介：关键概念》并没有详细讨论这一点，仅指出了基欧希斯的主张，把人的能动性引入其中作为一个变量。

塔尼亚·舒尔茨的研究拓宽了基欧希斯的分析，重新评价了互联网时代前后典型媒介的交互性类型之间的连续性和分离性，指出新媒介的交互性与各种双向传播或被动传播不同，自其伊始，就是即时的，并且"实时"发挥功效。其意指之前研究没有出现过的"权力"因素，探讨了用户之间和技术系统内部的权力分配是否会产生交互性和传播的问题，焦点在于新媒介如何以特定的方式组织和建构传播，而并非用户与新媒介设备本身之间的互动。②

由上可见，对待交互性的研究从媒介技术论逐步走向了以人为中心的社会学视角，可以概括为：新媒介用何方式组织和建构传播以强化用户之间的交互，而非技术论视角下人与新媒介设备本身在交互界面上的互动。那么这也形成了本书对交互性研究的视角和脉络：社交媒体用户对交互体验的人格化视角；对多指向的个体人际沟通过程的再现，关注用户交互过程中由媒介技术所带来的语境外因及其对交互体验所产生的作用，沟通过程于互动界面呈现出何种的话语面貌。整体来看，丰富多样的口语交互实践对人建构多维的社会形象、形成多类型的社会关系和改变知识生产传播有什么样的实际效果。

## 二、关于口语的媒介特征研究

### （一）传播媒介各有时间偏向或空间偏向

加拿大媒介环境学派奠基人哈罗德·伊尼斯在其经典著作《帝国与传播》《传播的偏向》中论述了传播媒介与西方历史中文明形态之间的关系，提出了传播偏向的理论。总的来说，他认为传播和传播媒介都是有偏向的，有的具有

---

① ［英］尼古拉斯·盖恩、戴维·比尔著，刘君、周竞男译：《新媒介：关键概念》，上海：复旦大学出版社，2015年，第89页。

② ［英］尼古拉斯·盖恩、戴维·比尔著，刘君、周竞男译：《新媒介：关键概念》，上海：复旦大学出版社，2015年，第90页。

时间的偏向，更适合长时间保存信息，如石碑、佛窟、羊皮纸，有的传播媒介具有空间的偏向，则更适合远距离传输信息，如莎草纸、报纸和广播。"传播媒介的性质往往在文明中产生一种偏向，这种偏向或有利于时间观念，或有利于空间观念，只有在很罕见的间歇期，另一种媒介的影响才能抵消其偏向，从而达到平衡。"① 从传播媒介的角度观察，不同特点的传播媒介可以影响甚至决定一种文明的兴衰。如果不能平衡运用不同的传播媒介，还可能会给人类带来危机。

伊尼斯将帝国文明分为两种：宗教帝国和政治帝国。历史上著名的宗教帝国包括古罗马、古印度等，宗教帝国的传承往往要依靠宗教与神权。伊尼斯认为，为了传承文化，宗教帝国需要倚重时间偏向的媒介，也就是更适合长时间保存信息的媒介，比如石碑和佛窟，因为这类传播媒介的优势在于能够经受住时间的考验，将信息长久保存下来，而一定程度忽略了空间偏向的媒介。同时，其也有致命的弱点，就是体积太大，无法远距离运输。和宗教帝国相对应的是政治帝国，这种建立在官僚体制基础之上的帝国都重视疆土的扩张。伊尼斯认为，为了扩张领土，政治帝国需要更多倚重空间偏向的媒介，忽略了时间偏向的媒介。

古罗马时期基督教的崛起是宗教帝国成功的典型案例，古罗马帝国早期扩张依赖莎草纸，作为空间偏向的媒介，莎草纸脆弱不易长久保存，之后被传教士发现的羊皮卷所替代。羊皮卷牢固耐磨且可反复使用，非常便于传教士宣传教义，并可长时间保存，帮助古罗马迎来了基督教迅速发展的黄金时期。伊尼斯认为："古罗马从一个庞大的政治帝国向基督教帝国转变，从传播媒介的角度看，就是从莎草纸向羊皮卷的转变。"② 古埃及国王希望建立宗教帝国，但主要传播媒介从早期的石头变成了晚期的莎草纸，这样的转变并不利于宗教帝国的崛起，在伊尼斯看来，整个古埃及宗教帝国的衰落是毁在了一张莎草纸上。

**（二）口头传统在时间和空间偏向之间的平衡作用**

口头传统，是能够平衡时间偏向和空间偏向的媒介，帮助古希腊同时解决

① ［加］哈罗德·伊尼斯著，何道宽译：《传播的偏向》，北京：中国人民大学出版社，2014年，第53页。
② ［加］哈罗德·伊尼斯著，何道宽译：《传播的偏向》，北京：中国人民大学出版社，2014年，第54页。

了时间的传承和空间的拓展两大问题，在历史中短暂地出现了理想的帝国时期。古希腊由众多城邦组成，它之所以凝结为一个相对统一的政治共同体，归功于繁荣的口头传统，缘于游吟诗人的广泛出现，以及教育大众提高口语修辞的智辩士和研究者们的共同探讨。"在希腊，文字的引进大概拖延到公元前 7 世纪初。大量而经常从埃及得到莎草纸有困难，石头用作媒介又有局限性——这些因素相加的结果，是保护了希腊人的口头传统。他们没有浪费精力去学习第二语言，围绕复杂的文字，是无法建立知识垄断的。"[①] 在时间层面，游吟诗人口中的歌谣传承了古希腊历史文化，在空间层面，游吟诗人在旅行中将这些文化传达给各个城邦的民众。因此，人们虽然身处形态各异的城邦，却可以通过口语文化，产生出"希腊人"的身份认同感。短暂的理想时期，在亚里士多德之后从口头传统转向文字传统，加深了城邦之间的鸿沟，也加快了希腊文明的瓦解。

因此，伊尼斯认为，虽然人类在 20 世纪拥有了更加"高级"的传播媒介，但并不意味着文明就能取得更大进步，而危机的产生就源于我们太过于依赖空间偏向的媒介。空间偏向的媒介可以在短时间内迅速将信息传递到远方，但有一个共同缺陷，就是不容易长时间保存，不利于文化的传承。伊尼斯呼吁现代人要珍视古希腊的口语传统，用口头文化来化解现代世界的文明危机。[②]

起源于古希腊的口头传统，是后来美国媒介环境学者所论及的"口语性"的根本来源。台湾口语传播学者夏春祥认为，口语性是由发声动作而引发的系列意识行动，但由于初级口语文化时代的缘起社群环境，口语性的本质要义是"面识"的协商与沟通，后来的文字印刷时代和大众媒介时代都因传播载体的变化而对"面识"的协商性有所消弭，而社交媒体营造了不同主体跨越时空直接对话的技术可能，因此有着重燃协商属性的机遇。更进一步的是，社交媒体所创造的是跨越空间的虚拟社群，是由无限的潜在用户自由组合生成社群，使用口语展开或多对多或一对一的公共沟通。如果说社交媒体具有空间的偏向，口语传播则具有平衡时间偏向和空间偏向的特征。

---

① ［加］哈罗德·伊尼斯著，何道宽译：《传播的偏向》，北京：中国人民大学出版社，2014 年，第 33 页。

② 资料来源："得到"听书《帝国与传播》，董晨宇解读。

## 三、西方学者对口语传播形态及交互特征的研究

结合美国学者沃尔特·翁和中国台湾学者沈锦惠对口语传播历史的阶段划分，设计如下示意图（见图1-1）。

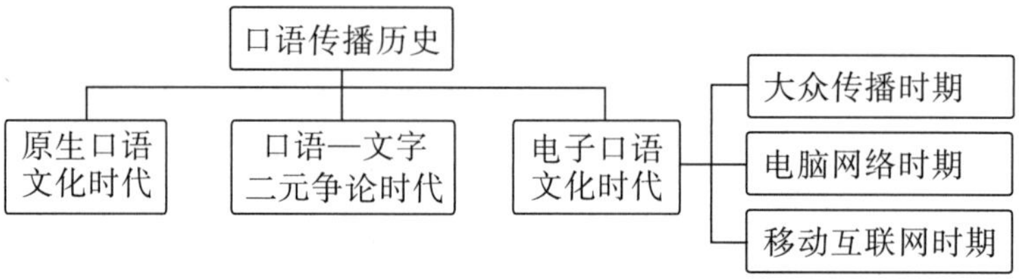

图1-1　口语传播历史阶段划分示意图

后文将延两个脉络梳理口语传播形态及交互特征的研究：第一，西方学者对口语文化三个发展阶段的研究脉络，从口耳相传的交互模式、文字视觉秩序影响下的公共演讲，到大众媒介中口语传播主体在新闻框架规约下的口语沟通规律，再到网络传播中多元主体间的多符号互动；第二，中国大陆从应用语言学角度对口语的研究。

### （一）"初级（原生）口语文化时代"口语传播的交互是人与人之间的口耳相传

口语是人与人之间沟通的最基本形式，千万年间，虽因文字、印刷、电子媒介、互联网科技的介入，不断改变与丰富其表达和沟通的具体方式，但口语一直是人类传递讯息、展现意义的基本工具。西方学者对口语本质、特性与书写的差异等的研究，从20世纪60年代哈佛大学古典学者对"荷马问题"的研究开始。在讨论人类文明与文字书写关系上，美国现代语言学会会长、文学研究者沃尔特·翁便以口语性（orality）一词描绘这种在原始部落时期便已存在的各种口语现象，包含在部落里解决实际问题的思考及相关的语言表达。美国学者派瑞在20世纪30年代研究古典史诗时所揭示的口头传统（oral tradition），提醒人们注意，包含有丰富作品的文明遗产，更多时候来自口头表达的作用，而不纯粹是书面文字的影响。因此，若与文字印刷的文学经典对比起来，那么

口语传统下的文学作品的模组化套语（oral formula）记忆术、不断重复的频率，就是这种口头表达方式的基本特征。沃尔特·翁称文字产生之前的时代为"初级口语文化时代"，也称"原生口语文化时代"。在原生口语文化中，传播是特定语境下的表达和事件，而非跨越语境的表征和资源。

为了理解原生口语文化时代中口语的存在特征，有必要梳理一下文字产生前后的历史进程。

自从语言出现以来，传达消息的唯一手段就是语言（文字产生之前，语言只指口头语言），直到公元前 3000 年左右，书写的发明为信息交流提供了新手段。当时，推动书写发展的并不是讲故事的人或诗人，而是会计。

所发现的最早一批文件约是在公元前 3400 年写成，来自美索不达米亚的乌鲁克城（Uruk），他们用刻在黏土板上的简单形象和记号记录了面包和啤酒的配给、税款的交付，以及其他的交易。后来的 500 年间，书写发展成一种更为有力、表达能力更强的媒体。刻在黏土板上的精微象形文字让位于更抽象的符号，或称表意符号，它们是用铁笔写下的楔子形状的符号（楔形文字）。表意符号跟衍生出来的象形文字已经没有多少相似了，但好处是写得快。公元前3100 年左右，出现了另一个创新，用表意符号代表特定的声响，可能是因为需要写人的名字。首个通用书写形式就此面世。公元前 2600 年，楔形文字和埃及象形文字两种书写体系发展到了足够灵活的程度，可以用来记录抽象的思想，如圣歌、宗教经文和称为智慧文献的意见汇编。①

已知的最早的信件就是在这个时候产生的，它写在莎草纸上，这是一种用莎草植物的茎髓做的像纸一样的材料。书写被发明后的 15 个世纪里，识读文字的人都很少，只有皇家成员、宫廷大臣这些能够花得起时间和金钱的少数人才能掌握这个技能，也因此，应运而生的抄写人阶级如同能与神接触的祭司一样，小心维护着自己的特权地位。而从文字进化的程度来看，公元前 3000 年左右，楔形文字和象形文字都出现了表音字母，理论上，这大大简化了写字的难度，抄写人可以不再死记专门的符号而进行快速书写，由此也威胁到了抄写人自身的特权地位。但从实际的历史进程来看，表音字母的完善，也就是出现真正的字母，包含元音和辅音符号，是在公元前 8 世纪早期，是由精于航海，沿着地

---

① ［英］汤姆·斯丹迪奇著，林华译：《从莎草纸到互联网——社交媒体 2000 年》，北京：中信出版社，2015 年，第 24－25 页。

中海南岸和东岸建立了贸易点和独立城邦的腓尼基人把这种字母传播开去，古希腊人加上了关键的五个元音符号，大大减轻了学习读写的难度。公元前 12 世纪到公元前 4 世纪的古希腊文明鼎盛时期，能识读文字的人越来越多。

尽管人们识读了文字，但对于信息的传播方式而言，公开演讲依旧是古希腊最为流行的形式，而传播的系统性研究也开始于公元前 5 世纪的雅典，这是为了对沟通知识和技巧的市场有所回应。那些研究和教授说服性公共演说的人，被称作智辩士，智辩士主要教授雅典男性公民参加议会和法庭的公开辩论，以此开启了修辞学的系统研究，为亚里士多德写就口语艺术的学术巅峰之作《修辞学》铺垫了一个时代的实践基础。古希腊书写文明的发展让柏拉图开始质疑，他不断质疑冷落口头传统可能遭遇的后果，被称作"柏拉图的阴影"：书写使人不再需要记忆，因此削弱了人类大脑的功能，造成学习者"灵魂的健忘"。讽刺的是，"柏拉图的阴影"是以对话形式记录下来的，但这也是书写战胜时间的文化遗产。柏拉图担忧，知识会因转离口头语言而受影响，细想一下，这与当今对新媒体传播特点的担忧是否存在雷同之处？快速搜索与碎片阅读，是否也让人易沉浸于海量信息而失去深度思考的能力呢？新媒介形态出现，总会在一定程度上对人们的思考和行为习惯造成影响。

当时间进入古罗马开始兴盛的公元前 3 世纪直到古罗马帝国建立，伟大的政治家兼演说家西塞罗等政治中心人物，开始利用个人社交网络传送莎草纸上的信件，并以此为信息传播的主要方式，这才意味着从传播学视角审视口语到书写的信息传播方式发生了变化。进而，造纸术从中国传入欧洲，1450 年左右古登堡完善了活字印刷术，大规模的文字复制品可以迅速地传播开来，印刷文明时代彻底到来，再一次引发了信息传播方式的更迭。

而下文对原生口语特征的文献梳理，恰好是针对古希腊以公开演讲为信息传播主要方式，及其书写还未普及之前的口语沟通而展开。而学者们的研究对象，却都是以誊抄方式保留下来的口语作品，口语的即逝和书写的时间偏向，始终都交织在一起。

1. 口耳相传交互模式的心理动力学原理：记忆术与套语

今人缘何能看到原生口语文化时代的口头巨著？公元前 9 世纪，希腊盲诗人荷马对各种流传故事经过提炼加工，创作了史诗《伊利亚特》和《奥德赛》，这是西方学者研究公元前 11 世纪到公元前 9 世纪古希腊文明的重要典籍，成为全人类共同的艺术瑰宝。古希腊保留了古代社会的许多历史事实，以传说的方式留在古代先民的记忆中，后又以史诗的形式在人们中间口耳相传。

《荷马史诗》① 其实并非一时一人之作，而是保留在全体希腊人记忆中的历史。特洛伊战争结束以后，一些希腊城邦的民间歌手和民间艺人就将希腊人在战争中的英雄事迹和胜利的经过编成歌词，在公众集会的场合吟唱。这些故事由民间歌手口耳相传，历经几个世纪，经过不断的增益和修改，到了荷马手里被删定为两大部分，成为定型作品。大约在公元前 6 世纪中叶，它才最后被用文字固定了下来。我们今天所看到的《荷马史诗》，是公元前 3 世纪至公元前 2 世纪由亚历山大里亚的学者们编订过的作品。

在对初级口语文化的现代发现研究中，英籍美加学者哈弗洛克于 20 世纪 60 年代著述、1986 年再版的 *The Muse Learns to Write—Reflections on Orality and Literacy from Antiquity to the Present*（无中文译本，笔者翻译为《缪斯读写——从古至今关于口头和书写的思考》）和美国媒介环境学派学者沃尔特·翁的 *Orality and Literacy—The Technologizing of the Word*（《口语文化与书面文化——语词的技术化》）是集大成巅峰之作。哈弗洛克于 1963 年指出，在原生口语文化里，为了有效保存和再现仔细说出来的思想，必须要用有助于记忆的模式来思考问题，而且这种思维模式必须有利于迅速用口语再现；思想形成的过程中，语言必须有很强的节奏感和平衡模式，必然有重复和对仗的形式，必然有头韵和准押韵的特征，必然用许多别称或套语，必然用标准的主题环境（议事会、餐饮、决斗、有神助的英雄等），必然用大量的箴言，这些箴言必然是人们常听见的，因为能够立刻唤起记忆，它们以重复的模式引人注意、便于记忆，还必须用其他辅助记忆的形式。严肃的思想和记忆的系统紧密纠缠在一起，对记忆术的需求甚至能够决定你使用的句法。在哈弗洛克之后，沃尔特·翁着重从心理动力学原理等角度分析史诗巨著，在原生口语文化里，口语的思维和表达往往呈现出这些特征：

（1）附加的而不是附属的。《创世纪》1：1—5 里创世纪的叙事，文本保存了可以识别的口语模式。

（2）聚合的而不是分析的。基于口语的思维和表达的构成成分往往不是简单的"整数"，而是"整数"的聚合，这些"整数"有相似的词语、短语或从

---

① ［古希腊］荷马著，王焕生译：《伊利亚特·奥德赛》，西安：西安交通大学出版社，2017 年。

句，有对仗的词语、短语、从句和名号。

（3）冗余的或"丰裕"的。思维需要连续性。相比较文字用脑子以外的文本把"思路"确定下来，口头话语中，脑子不得不放慢速度，重复刚刚说过的话，使听、说双方都能够牢牢追随既定的思路。

（4）保守的或传统的。原生口语文化里，如果观念化的知识不用口诵的办法重复，很快会消亡，所以人必然会花费精力反复吟诵世代辛苦学到的东西，需要确立高度传统或保守的心态。

（5）贴近人生世界的。相比较繁复、抽象的范畴依赖文字给知识提供结构，使之和实际的生活经验拉开距离，口语文化没有这样的范畴，在使知识概念化、用口语表达一切知识时，不得不贴近人生世界。

（6）带有对抗色彩的。文字培育抽象观念，使知识与人类竞争的舞台拉开距离，使拥有知识的人和知识分离。与此相反，口语文化把知识纳入人生世界，把知识放进生存竞争的环境。谚语和谜语不仅是用来储存知识的，而且用来和他人舌战斗智，吸引听者用更加恰当或完全相反的谜语或谚语来超过它。

（7）移情的和参与式的，而不是与认识对象疏离的。原生口语文化中的学习和认知是为了认识对象、达到与其共鸣和产生认同的境界，是"与之共处"。文字把人和认识对象分离开来，由此确立"客观性"条件，就是个体脱离认识对象，与之拉开距离。荷马等口头表演者的"客观性"是套语式的表达方式强加在他们头上：个人的反应不仅是个人的，也不仅是"主观的"，同时还包裹在社群的反应里，即社群的"灵魂"里。

（8）衡稳状态的。原生口语文化社会在很大程度上生活在当下，他们蜕去了对当下不再有用的记忆，借以保持社会的平衡或衡稳状态。

（9）情景式的而不是抽象的。原生口语文化把概念放进情景的、操作性的框架里，这些框架只有最低限度的抽象性。①

今人朗读《伊利亚特》《奥德赛》，模仿、感受着千年前仅靠口头记叙传承下来的叙事。这口语，是随着纯粹情感和思维的线性发展涌动，是经由听觉和视觉的直接经验，从中分离出的单纯语言流向，进而凝聚在声音上。通常意义上，这种饱含人类原生心灵特征，没有经过文字书写文化浸润，没有加入停留

---

① ［美］沃尔特·翁著，何道宽译：《口语文化与书面文化——语词的技术化》，北京：北京大学出版社，2008 年；台湾世新大学口语传播系夏春祥教授的人类传播思想史课程资料等。

与反思的空间维度的口语，就被称作"原生口语"。这样长篇的故事究竟是如何被一代代人所记住，才能传承下来的呢？

口语文化里没有书面文本，如何组合材料供人回忆，或者说是如何以有效的组织方式来建构知识？原生口语文化里，为了有效地保存和再现别人说出来的思想，就需要用有助于记忆的模式来思考问题，有利于迅速地用口语再现。沃尔特·翁认为：在思想形成的过程中，需要强烈的节奏感和平衡模式，有重复和对仗的形式，有头韵和准押韵的特征；还要用许多别称或套语，用标准的主题环境；要用大量能够立刻唤起记忆的箴言等。

此外，沃尔特·翁从修辞学角度审视记忆术和套语，着重看到"places"（场域、地方）的概念，"场域"概念被认为有两种含义：一是强调所在的"位置"，论证时总能在已有的各类型条目中找到展开思路的论据，与"位置"相对应的条目，如定义、原因、结果、对立面、相似性等；二是指各种名言（套语）的集合，如忠诚、颓废、友谊等。

此外，上述九点描绘了原生口语的特质，虽在理论上尚未受到书写文明与电子媒介的浸染，但毕竟口语是人与人之间直达心灵的沟通手段，在任何时代都不会因外界技术的变迁而改变其本质，因此，后来许多学者也对原生口语特质的现代传承做了研究。如吉姆·埃蒙德和戴尔·贝特尔森[1]从修辞学角度指出：上述原生口语社会的特质，口语符号的发表与记忆因为关涉文化生命的传承延续，应是原生口语社会中保持文化身份的最终验证，具有管制、规范和教化的作用。这些特质虽是研究原生口语社会所得，但对今人的口语传播活动依然有启发，尤其是（3）（5）（7）（9）项，而（4）（8）两项提及的特质，因为现代人已经有了文字等其他记忆装置，所以不复存在。另一位语言学家坦嫩[2]对现代人日常对话的研究认为，看似无奇的日常交谈，蕴含了丰富的参与策略，常见的重复与变异、想象与细节，作用在于传达和促进参与感和临场感，关系的营造更重于资讯的传递。今人将口语应用在公共传播，常见的演说、诗歌朗诵、戏剧等形式，也都需要用到这些策略。

公元前 3000 年前尚未产生文字的年代已经久远，当西方文明历史开源走进

---

① JAMES W C，DALE A B. Analysing media：communication technologies as symbolic and cognitive system. London：Guilford，1997.

② TANNEN D. Talking voice：repetition，dialogue，and imaginary in conversational discourse. Cambridge：Cambridge University Press，2007.

古希腊时期（公元前 800 年—公元前 146 年），并不识读文字的人仍然是大多数，因为手抄文字通常只有神职人员和富人才能接触到，因此，原生口语文化的特征已然持续，直到印刷机出现。因此，这种口语，保留了大量口语思维和表达的特征，不会帮助人类做自我反思。我们都知道，荷马时代和前荷马时代的希腊人长期进行演讲活动，直到后雅典城邦时代出现一批专门从事研究和教授演讲的智辩士。不管是从业者、研究者，他们精于总结这种伟大的口头技艺，修辞研究是古希腊教育和文化的核心，并以亚里士多德的《修辞学》为第一座成果高峰。修辞学研究，恰是建立于无文本依托的自然原生态的口语表达之上。

2. 口耳相传交互模式的修辞学动力：亚里士多德、西塞罗的"语艺五纲"

从公元前 4 世纪以亚里士多德发展起来的修辞学开始，一直到 20 世纪初传播学开始建立在现代学术社群中的自我定位，这期间有近 2 500 年的历史，传播研究都主要集中在公共演说，确切地说，是在研究修辞术。亚里士多德的很多基本观念，构成和引领了当代人类传播研究，后来的修辞学学者从亚里士多德这里学习辩证的概念，即通过问、答的互动与逻辑过程来追求真理，并没有将互动的面向发展进更为广阔的传播视界中。因为，这 2 500 年的历史跨越了原生口语文化和印刷文明开启后的口语—文字二元争论时期，媒介技术的发展还未进入电子符号的实质跨越。

亚里士多德的修辞学，始于雅典城邦民主制度建设进程中的公共演说和辩论。公元前 5 世纪，雅典城邦开始兴起两个政治创新：司法和民主的论辩制度。论辩制度由古希腊人发展而来，当市民两方对所有权或违法认定有所争论时，在法庭上基于己方论点做出论辩，再由备受尊敬的第三方做出决断。民主辩论，则是运用在雅典议会讨论争议和决策投票上。因此，如何在说话中具有说服力，成为雅典公民需要的基础技能，成就了演说知识和技能的训练市场。为了进一步呼应市场需求，传播的系统性研究应运而生，智辩士便承担了这一角色。他们的修辞学教育和研究，主要集中在公共演说，存在于法庭和议会，也就是只有雅典男性公民才被允许参加的场合。所研究的沟通技能偏重于市场需要，并且只服务于拥有特权的少数人，但最重要的贡献是发展出了沟通的基本概念，助推了传播的实践与研究。

"柏拉图的阴影"引发口语修辞学研究的转型。

柏拉图极其反对智辩士对于修辞的教授，认为他们偏好风格形式而非实质内容，重视有价技巧胜于真理，这是功利主义者的精巧目的，修辞应该放在其次位置。他把发现真理的任务保留给了哲学家，提出一个备受争议的议题：修辞学是否有合法的角色去发现真理呢？后来人古罗马伟大的演说家西塞罗[①]记录下来这段争论：柏拉图本人提出深具说服性的论点以劫难修辞学和智辩士时，使用他最崇拜的苏格拉底的观念作为强有力的修辞机制，这个行为所体现的策略恰恰是他反对的事。

正因如此矛盾的现象，才有了亚里士多德集大成的解决之道。亚里士多德认为，真理本就存在于人们生活的周遭，是要通过感官来理解的。为了确认特定知识是可以获得的，他发展了形式逻辑，包含各种演绎推论法，结合经验观察，来引导人们通过思考获得知识和结论。亚里士多德看见修辞学虽可编织谎言，却也可以探究真理、捍卫真理，用修辞学知识和技巧来武装自身是那些有责任感的市民应该担负起的责任。[②] 与谎言相比较，真理更容易获得辩护，真理的倡导者更容易战胜谬误谎言的倡导者。

亚里士多德给修辞学下了一个定义："在一个特定情境中，揭示所有可以达到说服方法的艺术"，"修辞术是辩证法的对应艺术"。[③] 他仔细区别修辞与辩证，分配给每一个主题一个特定的功能：辩证运用演绎推理（logic syllogisms）的精确建构；修辞则是通过相对松散的推论形式来完成，他称这些温和的推论形式为省略推理法（enthymemes）。省略推理法在两个层面不同于精确的演绎推理：一是他们依赖一般或可能成为真的前提，而非必然和普遍真理的假设；二是论点的某些部分通常未被说出，并由阅听在精神上将其填满。

许多构成和引领当代人类传播研究的基本观念，都源于亚里士多德的《修辞学》理论：

（1）沟通是"有目的的"。也就是说，人类沟通是因为具有影响他人的意图，而沟通的努力可以在他是否成功的基础上加以评价；如果成功了，那是他如何达成的（how），而倘若失败了，那又是为何失败（why not）。

（2）沟通的努力（公共演说）可以通过目的和情境，区分为三种类型。法

---

① 西塞罗，古罗马伟大的演说家、政治家、哲学家，学术著作颇丰。公元前 1 世纪，他主要借鉴亚里士多德的思想写了七本讨论修辞主题的著作。他的演讲有三个主要目标——告知（to instruct）、感动（to please）、说服（to win over）。

② ［古希腊］亚里士多德著，颜一、崔延强译：《修辞术·亚历山大修辞学·论诗》，北京：中国人民大学出版社，2003 年，第 1 - 10 页。

③ ［古希腊］亚里士多德著，颜一、崔延强译：《修辞术·亚历山大修辞学·论诗》，北京：中国人民大学出版社，2003 年，第 1 - 10 页。

庭演说（forensic oratory）指的是法庭上的话语作为一种辩论；慎思明辨式的演讲（deliberative oratory）则是在议会中的话语，试图影响决策；辞藻华丽的演说（epideictic oratory）则是在特殊场合里仪式、礼节中的话语，其目的在于激励听众。

（3）劝服式通过三种诉求的组合来达成。服之以德（ethos），说话者的个人吸引力，现今我们称之为来源可信度、发言者权威；说之以理（logos），由说话者所提供，关于逻辑的说服力，现今称之为论点理由；动之以情（pathos），情感诉求，刺激观众的情绪反应。

（4）学习有效表达的五种技巧。创造（invention）是在特定场合中寻找说服他人想法的能力；布局（disposition）是为了要最大化这些影响而去组织观念的能力；风格（style）是在任何情境中适当使用语言的能力；记忆（memory）是记住各种事实与想法的能力；传达（delivery）是一种以清晰有力的声音、让人印象深刻的姿势去说话的能力。

这些技巧后来被罗马教授修辞学的伟大教育家昆体良①所使用，用来组织建构他讲授修辞学的部分，成为著名的"修辞（语艺）五纲"，成为后来人学习演讲的重要理论来源。

由上可见，原生口语传播的交互性，其本质是建立在口耳相传的空气介质之上的人际传播，其音声性是口语传播产生到达率和计量传播效果的物质前提，交互是同一个时空内的口头言说在感官之间的抵达和精神灵魂间的交换。这也是"口语性"概念最原始朴素的意义根源。口语传播之于人际沟通由日常生活对话实现，之于公共沟通由法庭、政坛等公共场域的演讲来完成。

**（二）"口语—文字"二元争论阶段，公共演讲与文字传播共商，视觉秩序渐趋垄断**

诉诸口语的公共演讲和书写信件共同成为信息传播的主要方式，印刷术显

---

① 昆体良（Marcus Fabius Quintilianus，约35—约100）是罗马帝国杰出的律师、教育家，代表著作《雄辩术原理》。在他的时代，罗马人仍然认为修辞（语艺）是个卓越的思考体系、教育的核心面向，以及在法官与统治者面前可以实践出来、倡导宣传的务实艺术。昆体良制定出详细的修辞（语艺）理论，并将亚里士多德对于有效论述相关技能的讨论，组织进一个列表中称之为"修辞五纲"（five cannons of rhetoric，语艺五纲）。其中一个重要思想就是"好人说得好"，要想成为伟大的演说者的第一要务是成为"好人"。他认为要想找寻重要的演讲，就有必要回到西塞罗时代的共和国时期。

著提高文字传播的效率和书写文明的社会地位，因扩大了传播的受众范围，提升了传播内容的重要性，反而抬高了演讲的传播功能和地位。从印刷术发明，到广播电视大众传播媒介出现，在长达一千年的二元争论期，口语传播的交互依然由一对众的公共演讲来实现，且演讲对于国家之间、派别之间的政客来说，是用以传播观念的重要手段，但同时由于规模印刷加速了社会信息的流动，提高了公众舆论对演讲观念的反馈速率，反而增加了公开演讲在政客斗争时社会影响的分量。口语传播的交互性，是由建立在印刷传播加速公众舆论流动基础之上的一对众的公开演讲。

古希腊时期，识读文字已成为社会文明的普遍现象，直至古罗马帝国建立的几个世纪里，信息传播方式经历从公开演讲到信件传送的演变时期，以古罗马政治家西塞罗为标志，建立了以个人社交关系为网络的信件传播系统。也就是说，"口语—文字"的互相影响和高下争论的现实实践一直在持续，直到印刷术普及后，才演变成凸显的文化对撞现象。

对这一时期的现代研究，主要由哈弗洛克、沃尔特·翁、李维斯·斯特劳斯、劳伦斯、沃特等学者进行论辩和发展，他们的研究逐步形成了书写论、新书写论、口语论、科技观等派别，但所有有关"口语—文字"的论辩，最后都必须回到古典学者，也就是美国媒介环境学派学者沃尔特·翁身上，他于1982年出版的著作《口语文化与书面文化——语词的技术化》(*Orality and Literacy— The Technologizing of the Word*) 是最关键的著述之一，认为：书写思维具有记录的、客观中立的、抽象的、分析的、创造性的等特征。上述研究者共同认可的就是关于书写思维的基本观点：文字转换人类思维、转换语言关系、再现传统的技术等。

对于口语与文字的二元关系论证，上述研究历史中的一座丰碑虽然有整体宏观式的结论，但我们还是可以追溯其研究历程中更加细致的结论，找出其中几个关键点——表音文字完善、识读文字、印刷术诞生，这反映了人类感官参与传播的历史性突破，是进入当下社交媒体时期，人们的视听触感官整合应用的历史前脉，是口语传播的交互性借由单一口语进入多元符号共振的前奏序曲。

1. 表音文字完善，其与表意文字的区别是对人类感官产生效应的重要因素

前文已述，公元前3000年左右，楔形文字和象形文字都开始出现表音字母，到了公元前8世纪，古希腊人加上了关键的五个元音符号，才算完善了表音字母，大大提高了识读和书写的效率。加拿大传播学家麦克卢汉的登峰之作

《古登堡星汉璀璨》，观察从口语文化过渡到书面文化、印刷文化，以及 20 世纪的电子文化，人类处在听觉和视觉的感官分离与呼应的互动和演变中，试图采用镶嵌画的文章结构，用多视角、纵横捭阖于历史与跨学科的研究故事，来讲清楚媒介技术、形态的演进是如何作用于人的感官运动，并论证人类的听视觉感官会伴随着现实媒介环境的变迁而强化互动关系，进而形成更为灵动机敏的感知系统以帮助人类与世界连接得更加紧密。在研究中，他历数了表音和表意不同形态文字之于人类听视觉的差异：字母的发明，就像车轮的发明，是将多个空间的复杂有机互动转化或归纳为单一的空间。表音字母，将同时调动所有感官的口头语音归纳为一种单纯的视觉代码。[①] 与表意文字不同，表音文字是语音的视觉呈现，语音就是文字的"内容"，而各种象形文字、表意文字的语音并不是文字的"内容"，这类文字本身只是一种结构，就像智能唤起自身的微小世界的单个音符。麦克卢汉用"修辞格"来形容非字母形态的文字，说"修辞格是思维的姿态，如夸张、讽刺、反语、比喻或双关。所有的图形文字是一场思维姿态的芭蕾，远远超越了荒凉而抽象的字母形态，点亮了我们现代侧重于联觉和听触觉的体验形式"[②]。

表音文字的最大特征就是读音直接体现在文字表面，方便识读，只是在每个文字背后，都有一个与此符号约定俗成的意义。

2. 识读文字，促使人类感官以不同比率和组合方式，呈现出多种互动格局

在口语文化和书面文化、印刷文化时代，人类的听觉器官和视觉器官，会在人类认知事物时分别产生什么样的作用？上文所提众多研究者笔下的"二元对立关系"究竟有怎样的内涵？麦克卢汉在《古登堡星汉璀璨》中参考伦敦大学非洲研究院的约翰·威尔逊教授的一篇论文[③]，用非洲土著人观看电影后的问题反应与经验，来验证口头文化中人的听觉和视觉的二元关系。作者在论文中对非洲土著人，也就是 20 世纪现代社会中不识字的口语文化社会中的典型居民做观影的试验，在播放影片之后询问他们"你看到了什么，看懂了什么"，有意思的答案出现了。

---

① ［加］马歇尔·麦克卢汉著，杨晨光译：《古登堡星汉璀璨》，北京：北京理工大学出版社，2014 年，第 114－115 页。

② ［加］马歇尔·麦克卢汉著，杨晨光译：《古登堡星汉璀璨》，北京：北京理工大学出版社，2014 年，第 117 页。

③ JOHN W. Film literacy in Africa. Canadian communications, 1961, 1 (4): 7－14.

卫生检查员拍摄一段影片，以非常缓慢的速度，非常缓慢的摄制技巧，告诫非洲原始部落的普通家庭消灭死水，收拾所有的空罐头瓶并扔掉，诸如此类。我们给一些非洲人放映了这部影片，然后问他们看到了什么。而他们说看到了一只家禽——小鸡，但我们不知道在影片里还有一只小鸡！于是我们非常仔细地逐帧查找这只小鸡。最后，大约有一秒左右的镜头，一只小鸡穿过了镜头的一角。而其他所有镜头都是以慢镜头回放的——人们慢慢地走过去拾起空罐头瓶，演示所有动作，而那只小鸡显然对他们来说也是现实的一部分。对于他们，这只家禽具有宗教上的特殊意义，而我们忽略了这一点。

…………

一位视觉专家告诉我们：一名有经验的观众，一位习惯于看电影的观众，注意力的焦点会放在屏幕之前不远处，从而可以观察到整个画面。在这个意义上，一幅画面是一种约定。你必须首先观察整个画面，但这些人并不这样做，他们不习惯于观察画面。当通过画面向他们表达思想，他们开始检查画面中的细节，就像摄像机的扫描仪，飞快地扫描画面。显然这是眼睛未适应画面时的反应——扫描画面——而尽管影片采用了慢镜头技术，但他们仍不能在一个画面移动前扫描整个画面。[1]

这个实验表明：在多数是文盲的口语文化社会中的人，他们虽然有听觉和视觉的信息交互，但并不具备整体的、抽象的、提炼的观察能力，正如观众在画面中只能抓住与个人经验有关的某一个细节事物，其眼睛在图像面前发挥作用仅停留在扫描式的逐层掠过，此时虽然使用了眼睛，但并非有透视效果，没有将观察与大脑的思考结合起来。"他们对画面没有分离的视角，他们对画面产生了移情效应，投入画面之中，与画面融为一体。"[2] 如此说来，口语文化中的视觉，还不能称作完整意义的感官，仅仅能叫作使用眼睛而已。

约翰·威尔逊教授继续讲述非洲观众观看电影的参与实验，讲道："一群非洲观众并不会沉默地坐着，他们喜欢参与，所以讲述电影的人一定要反应快，能够活跃现场气氛，并且深刻了解影片的意义，向观众解释电影内容。但加纳

---

① ［加］马歇尔·麦克卢汉著，杨晨光译：《古登堡星汉璀璨》，北京：北京理工大学出版社，2014年，第104页。
② ［加］马歇尔·麦克卢汉著，杨晨光译：《古登堡星汉璀璨》，北京：北京理工大学出版社，2014年，第105页。

土著居民看后，不会把自己的经验从一部电影推广到其他电影。"① 可见，参与表演，只是他们的眼睛、耳朵在接收信息后的一种单纯模仿，是再现，就像上述例子在影片中只看到了自己经验中出现过的事物，一样的简单复制。"纵然表演有了移情效应，但这在口头文化社会和听觉—视觉社会的人们眼中，在从感官的综合体系中抽象出视觉元素的表音文字面前土崩瓦解了。"②

因此，我们可以说，原生口语文化社会中的人们使用耳朵、眼睛的听觉和视觉，还没有真正建立起感官与大脑思考的直接联系，停留在扫描仪般的逐层掠过，简单复制是其主要特征，由此时听视觉引发的情感迁移，也是模仿层面的跟随，只对这一次有效。而表音文字的出现，改变了人们使用眼睛的方法，最直接的结果是将口语文化中信息的线性接收，在时间维度中注入了空间维度，停留、思考是大脑深度运转开始与听视觉同时作用的表现。视觉的含义拓展了，这样由技术延伸的感官，文化转型转化就像技术内化一样迅速在人类思维中活跃起来。

3. 印刷术的规模推广，信息传播效率显著提高，加剧视觉从感官触知中脱颖而出

印刷术的发明，在中外学术界存在争论，以传播学者麦克卢汉为代表的西方学者，将活字印刷术的改进和大规模运用归功于德国人古登堡，才有了《古登堡星汉璀璨》这部经典巨著。但中国早在唐代就发明了雕版印刷，宋代的毕昇发明了活字印刷术，在时间上比古登堡早了400多年，但古登堡在改进技术上卓有成效，并对推广到世界范围起到了至关重要的作用。

中国发明的活字印刷术，在国外得到了进一步的发展和完善，成为现代印刷术的主流。对中国古代活字印刷术有突出改进和重大发展的是德国人古登堡，他创造的铅合金活字印刷术被世界各国广泛应用，直到现在仍为当代印刷方法之一。

古登堡创建活字印刷术在1440—1448年，虽然比发明活字印刷术晚了400年之久，但是，古登堡在活字材料的改进、脂肪性油墨的应用，以及印刷机的制造方面，都取得了巨大的成功，从而奠定了现代印刷术的基础。各国学者公

---

① ［加］马歇尔·麦克卢汉著，杨晨光译：《古登堡星汉璀璨》，北京：北京理工大学出版社，2014年，第107页。

② ［加］马歇尔·麦克卢汉著，杨晨光译：《古登堡星汉璀璨》，北京：北京理工大学出版社，2014年，第107页。

认，现代印刷术的创始人，是德国的古登堡。[①]

麦克卢汉在著作中提出问题：印刷机和活字印刷的媒介究竟带来了哪些变革？全书百余个小标题也从相互关联的几个侧面串联成文：其一，口语文化时代和书面文化时代、印刷时代，人们的听觉和视觉器官在社会交互和文化表达的进程中，各自呈现什么样的状态，承担什么样的具体功能。表音文字的出现是如何改变人类感官在信息交互和社会交往中的互动格局的。其二，不同口语文化时代，各个国家的文化表达呈何形态。纵观历时发展面貌，用更加具体的细节观察呈现阶段性、典型性的质变，再现媒介技术进步和人类文化进步错综交织的繁复面貌。其三，直接展现大量学者的研究观点，与上述各类型的现实描述糅合起来。

其中，关于印刷术普及与视觉感官的关系，麦克卢汉关注古希腊、古罗马人的艺术发展史，如看到了雕塑、绘画等视觉艺术中发明的视觉规则，此外，他借助约翰·怀特等人的研究成果，来论证自己的发现："若从近代感知体验中的视觉元素的强烈意识来看，古希腊世界则显得怯懦而踌躇。在字母技术的抄本阶段并没有任何足够强烈的因素能将视觉从整体触知中分离出来。直到精确一致和可重复式的大规模生产的体验，才导致了各种感官的分裂，并让视觉在所有其他感官中脱颖而出。"[②]

活版金属铅字的印刷机，相较于过往人力手动压印的那个时期，这个机器提供了有效且平衡的方式来复制各种书写文本，并且能生产数以千计的文件和书籍。在古登堡之前，书籍必须由手工复制，所以非常昂贵，通常只有神职人员和富人才能接触，印刷机使得普通人能够取得这些书写的资讯。于是，大众传播这个概念便随着第一本印刷圣经的诞生（1456 年）而出现了。印刷机带来的多重影响中，一个最明显的事实便是，记忆被废弃，亚里士多德、昆体良在"修辞（语艺）五纲"（创造、布局、风格、记忆、传达）中的记忆失去了意义。在古希腊人们不识读的原生口语社会中，资讯与想法必须储存在记忆中。当然，能在书籍中获取知识的世界，记忆就不那么重要了。

任何技术之于沟通形式的改变，都重新形塑了人类传播的关系。古登堡将

---

① https://baike.baidu.com/item/% E5% 8D% B0% E5% 88% 97% E6% 9C% AF/152326？fr
= aladdin。

② ［加］马歇尔·麦克卢汉著，杨晨光译：《古登堡星汉璀璨》，北京：北京理工大学出版社，2014 年，第 125 页。

书写转换为规模印刷，印刷将文字书写趋于机械化的 400 年后，又出现了电气化的电报技术，进入 20 世纪，广播电视媒介重新营造模拟口语时代的人际交流情境，不管是声音还是文字，都能转变为电子信号加以传播，而互联网的普及，整合加速了人类的所有表达，更跨越了时空的界限。因此，麦克卢汉早在半个世纪前的一个结论更值得后人铭记：与其说新兴媒介替代了旧有的媒介，不如说新旧媒介趋于更为错综复杂的互动。正是这种互动使得媒介技术变迁对人类感官的作用效果不再那么容易察觉。言语，是口语时代人们听觉空间的媒介，当转化为书面语言时，言语便失去了听觉空间文化的部分功能，它必定借助视觉文字获得了某种记忆和思考的力量。如何去理解这种媒介技术带来的言语和听觉功能的拓展呢？似乎今天的例子更容易理解：随着文化时代的变迁，今人所熟悉的电台广播，它绝不只应归纳为单一的听觉感官，它一定建立了包容听觉、视觉的所有感知能力，它的线性传播也必定包含书写的空间场域和思考深度。

"我们一种或另一种感官通过机械手段得以延伸，如表音文字，似乎可以表现为万花筒般的整体感知体系的扭曲。现有的感官元素以全新的组合方式或平衡比率而存在，并呈现出多种可能形态所镶嵌而成的全新格局。"[①] 尽管这是麦克卢汉在半个多世纪前的判断，但时至今日，随着外部技术的演变，我们可以非常轻易地观察到这种感官平衡比率的变换。沃尔特·翁立足于 20 世纪广播电视媒介时代的媒介情境，从一个角度将之定义为"电子口语文化时代"，但广播电视媒介出现后仅用了不到半个世纪，人类世界便进入互联网时代，外部技术的演进可以从几个方面来简要归纳：传播渠道丰富拓展，传播符号整合声画图文，传播空间跨越时空，传受角色多元互动。哈弗洛克、沈锦惠笔下的"电子口语文化时代"，其外延和内涵，都跟随媒介技术的进步而大大拓展。延续麦克卢汉的媒介技术和感官互动格局变迁，便可追问当下。

**（三）"次级（电子）口语文化时代"口语传播进入整合感官的多符号沟通互动**

沃尔特·翁于 20 世纪 70 年代率先提出接续"原生口语"、文字与口语二元对立阶段之后的"二度口语"概念，但并未过多论述，简单概括其特征：一方

---

① ［加］马歇尔·麦克卢汉著，杨晨光译：《古登堡星汉璀璨》，北京：北京理工大学出版社，2014 年，第 126 页。

面如原生口语般强调参与感、社群意识，专注当下时刻，甚至也包括公式套用；另一方面也保留了书写文字对视觉秩序以及个人主体意识的重视。这成为日后学者研究电子口语特质的主要参考依据。

20 世纪 60 年代，学者们不约而同开始回顾历史并对口语时代做划分，起因于当时广播电视媒介的兴起，大众传播媒介带来了崭新的视听经验，屏幕影像、文字、口语共同塑造的传播空间，给口语传播的研究开启了全新的方向。哈弗洛克一语道出：电子媒介昭示着"电子（二度）口语"（secondary orality）时代的到来，整个传播通信科技的发展，可以视为是人类重建口语情境的努力。[①]电子媒介形成的"二度口语"文化，唤醒了在书写文明遭受疏忽的口语思维。如果初级口语中的不足不能不由地理、物理、生理等外在因素决定，那么电子口语中的人们可以根据兴趣、品位、爱好来形成不同的社群。[②]

互联网的出现，使"电子口语"时代的口语传播从广播电视媒介时期跨入了新兴媒体平台时期，而最初，人们还都在使用电脑来连接互联网，电脑登录邮件、聊天室、网页时使用文字和图像进行信息交互，此时，口语在沟通中的应用还未普及开来。随着移动互联网和智能终端的发展，以社交互动为显著特征的新兴媒体，使得传播者与接受者不再是独立的两个人，而是附着在每个人身上的多元角色。屏幕影像也早已不受传统家庭集体观看的空间限制，正在召唤不同人群以各种方式经营空间、共同参与。当漫天碎片信息充斥满屏时，人文性的解读便成为人们选择信息并践行社会行为的重要依据。与画面、文字相较，口语实践的声音符号具有明显的交互性和人文性，在新兴媒体平台，口语沟通颇具社会行动的意义。台湾学者沈锦惠对新媒体时代"电子口语"的沟通特质进一步描述：它召唤口语性的复兴，一方面如初级口语一样强调参与感、社群意识，专注当下时刻，另一方面却保留了书写文字对于视觉秩序以及个人主体意识的重视。在媒体空间使用听觉、视觉兼具的口语沟通方式，如网络传播的总统演说，使得电子媒介的口语沟通表达具有社会行动的意义。这方面的代表论文有：张郁敏的《跨世代行动上网与电视并用行为与动机》（《新闻学研究》2015 年第 7 期），林静伶的《网路时代社运行动者的界定与语艺选择》（《中华传播学刊》2014 年第 12 期），郑宇君、陈百龄的《沟通的不确定性：探

---

① ERIC A H. The muse learns to write. New Haven: Yale University Press, 1986.
② 沈锦惠：《电子语艺与公共沟通》，台北：天空数位图书有限公司，2009 年，第 68 - 69 页。

索社交媒体在灾难事件中的角色》（《中华传播学刊》2012 年第 6 期）。

电子口语的表达，还产生了诸如连音、谐音、歇后语数词、半字母词等语言奇观。[①] 真实的口语情境不能单以双向沟通模式为足，而须朝着全方位多变项的沟通模式迈进。

上述"电子口语文化时代"概念的普及和研究目前多见于美国和中国台湾，几位台湾学者沿袭美国学者研究思路，着重联系口语在不同时代的文化特征，得出结论："口语性的回归"是新媒体时代口语文化的重要特征。台湾学者对此议题的研究，多立足于台湾的制度层面，把口语性所凝结的参与感、社群意识放在公民的网络行动中来理解，深耕的是公民表达方式多元而带来的话语权力的拓展、公众发起的各类型网络行动在新媒体生态下如何促进了社会行动，以及社会问题的解决。换个角度说，尚没有将口语作为沟通工具本身，关注其音声性、人文性和新媒体传播规律之间所形成新的交互特征，及其传播语境和话语变化为公共沟通所带来的影响。或者说，媒介内容生产者对口语的运用，媒介传播特性与口语运用的交合，被以往研究所忽视。

## 四、中国学者对口语及语用的研究

什么是口语？前文已述，瑞士语言学家索绪尔对语言的划分法：语言，是一套稳定的符号体系，关系化的整体性结构，而言语，指个人在日常生活中对语言的使用，相当于英语里的 speech[②]，如此不难把言谈理解为口语。赵元任先生作为我国最早涉足汉语口语研究的学者，这样定义口语："口语是人跟人互通信息、用发音器官发出来的、成系统的行为方式。"[③] 这个定义从言语行为层面、符号学层面和交际学层面揭示了口语的特点和功能。[④]

大众传播时期的口语传播，指的是播音员、主持人在新闻框架下的言谈，对口语传播现象中"交互性"内涵的理解，是在专业主体利用语言进行内容生产的范畴内，对传播主体之间的话语体系的研究。

对口语研究的几个面向：

① 秦琍琍、李佩雯、蔡鸿滨：《口语传播》，台北：威仕曼出版社，2010 年，第 370 页。
② 李彬：《传播符号论》，北京：清华大学出版社，2012 年，第 36 页。
③ 赵元任：《语言问题》，北京：商务印书馆，1980 年，第 3 页。
④ 应天常：《节目主持语用学》，北京：中国传媒大学出版社，2011 年，第 94 页。

**（一）语音——对语言的物质基础进行的规范性研究**

因为人与人之间的言语交际过程分为"发音—传递—感知"三个阶段，语音学作为研究人类说话声音的学科，分为三个分支：生理语音学（研究发音器官在发音阶段的声音特征）、声学语音学（研究语音传递阶段的声学特性）、感知语音学（研究语音感知阶段的生理和心理特征）①。如普通话语音学包括建立一套描述语音的方法和体系，也包括与之相关的理论建构、应用前景。普通话发声学，是在探讨发声生理和心理原理基础上，从气息控制、喉部控制、共鸣控制、口腔控制几个方面来训练人类口语发声的科学性并提高悦听性的一门学问。

**（二）对口语的意义、语境的语用研究**

语用学是专门研究语言理解和使用的学问，它研究说话人的意义、听话人的理解、语境和意义之间的关系，以及如何通过语境来理解和使用语言。在语言的使用中，仅仅懂得这门语言的发音、词汇和语法是远远不够的，说话人往往并不是单纯地要表达语言成分和符号单位的静态意义，听话人通常要通过一系列心理推断，去理解说话人的实际意图。对外汉语口语教学、英语口语教学、节目主持语用学都是从语境与意义的角度对某个领域所运用的口语展开的研究。

其中，对广播电视播音员、主持人口语语言的研究，应天常著述《节目主持语用学》是典型成果之一。他汲取语用学与其他学科交叉发展的成果，如语言文化研究、社会学和交际理论，特别是修辞学，从主持人言语实践的主体、角色、语境、表达、语用特征等角度出发，提出构建主持口语修辞体系，对主持人口语在各类媒介情境下的运用展开语用分析。② 他将主持人的语音标准、主持人如何在情境下使用口语沟通更为得体等知识点串联在主持口语修辞体系下，这是对已较为成熟的研究成果的再框架；进而提出"主持口语达意修辞"概念，这是对上述框架体系中第二部分的拓展，认为"修辞以题旨情境为第一要义"，根据情境将口语生成的过程分为表达动机、表述意图、内部语言编码、言语表述四个环节，修辞行为表现为调取、组合、更换、增补、选择等步骤，

① 林焘、王理嘉：《语音学教程》，北京：北京大学出版社，2001年，第9-30页。
② 应天常：《节目主持语用学》，北京：中国传媒大学出版社，2011年，第94页。

为传情达意服务。由此，引发业界、学界众人对主持人口语语用学研究的热潮。

中国传媒大学播音主持艺术学院 2015 年出版的新版《电视节目播音主持》在序言中提到口语，把口语的内涵定义为更加生活化的"口头语"，认为播音员、主持人的有声语言和广大普通公众日常所使用的口语是两个完全不同的范畴。"相比较于书面语，口语的生存空间以日常生活场景为主，因此，过于日常化、生活化、碎片化，内容也过于散乱、琐碎、随意，缺乏主题性、目的性，文化内涵不足、精神价值不高。停留在日常生活的口语缺乏提高质量和品位的内在动力。书面语以规范、完整、艺术、精辟等优势长期参与到经济、政治、文化生活中，而历史并没有为其提供那样广泛的参与社会生活的空间，这使得口语长期以来徘徊在公共视野和研究视野之外。信息社会的到来，使我们迎来了口语研究的春天，以播音主持语言为代表，人们看到了对社会的影响和人类的价值……"笔者认为，上文对口语的认识有以下两个问题：第一，先是把口语等同于与书面语对立的口头语，认为日常生活里普通百姓说的碎片化、日常化的语言才是口语。这是对口语的窄化理解——与书面语对立的口头语。第二，当新媒体时代普通百姓的口语也成为媒介传播的语言时，每个社交用户的口语语言就会成为参与公共沟通的媒介语言样本，就不能只以大众媒介播音主持语言作为传播主体的唯一语言样本了。

关于口语主体、口语文本、口语表达技巧的论著很多，皆因广播电视在 1990—2010 年间为大众媒介节目本体的蓬勃发展提供了丰裕的土壤，而传播平台的特性并没有发生本质变化。如任俊英提出主持人话语原则应包括四项准则：数量准则、质量准则、相关准则和方式准则，还提出主持人话语语境的内涵和外延，即交际过程中主持人表达某种特定意义时所依赖的语言知识及蕴含的非语言知识的总和。她在阐述非语言环境的内涵时虽然提到了背景语境中的政治、经济、文化、常识等制约因素，但分析着力点依然在主持人口语的文本上，也就是注重节目当下的语境，是对传播权力的话语审视。

中国传媒大学播音主持艺术学院学者的研究方向之一是即兴口语表达的思维与实训，表达思维、口语语境、读图与情境命题等业务训练是其研究的重要指向，同时这也是对实践能力的应用研究。

**（三）对媒介主持话语的传播学研究**

将广播电视媒介的主持人语言置入传播学视角，近十年来由中国人民大学高贵武教授提出并拓展，他在《主持传播学概论》中将掌握话语传播权力的节目主持人作为传播学研究的起点概念，按照 5 个 W 的传播要素框架，从主持传播的主体、对象、符号、环境、历史、话语策略等面向，对主持人在大众媒介中的活动进行整体观照。曾志华的《中国电视节目主持人文化影响力研究》、贾毅的《电视节目主持人影响力研究》……学者们将主持人的媒介话语放入传播文化的层面推进研究，从传播效果论的基本视角出发，研究主持人在大众传播中提升自身的影响力、传播力的基本机理。

# 第三节  研究对象及研究框架

## 一、研究对象

回顾口语传播历史中的各个分期，媒介环境学者们也有十分通行的划分法：媒介场内的所有构成者按物质、技术、时代区别，以某种技术为显现的主导特征，划分为口语媒介、印刷媒介、电子媒介、网络媒介的不同类型。若从社会文化的角度看，伴随着物理技术的更迭，口语在越来越复合的沟通介质和环境里，也必然对媒介环境及其引发的社会文化变迁起到至关重要的作用。不少学者便以口语为媒介场内的关键物质和技术，来审视媒介时代的变迁，进而得出口语文化的发展历程。美国媒介环境学派学者沃尔特·翁的著作《口语文化与书面文化——语词的技术化》被誉为口语文化研究的里程碑之作，核心观点有：

第一，他在书中提出并定义了普罗大众识读文字之前，"原生口语文化"概念所包含的时期和特征。

第二，详述了从文字到印刷术对口语词影响的变迁过程，论述了文字与口语的互动，印刷文本与封闭空间的互文性关系，形成了口语—文字二元争论阶段的重要观点。

第三，于 20 世纪 70 年代首次提出了当代广播电视电子媒介开启了"次级口语文化"（又称"电子口语文化"）时代。其后，在综合了麦克卢汉、哈弗洛克研究的基础上，台湾学者沈锦惠提出："次级口语文化"正在经历两个发展阶段，第一个发展阶段——广播电视大众媒介时代，第二个发展阶段——以社交互动为特征的新媒体时代。历经数千年，贯穿三个时代的口语传播，已然受到不同时代媒介技术的浸染，在形态、功能上发生了很多变化。媒介技术的点滴进步，催生了口语与文字、广播电视、网络的交合，以及人类的听觉与视觉、不同感官之间形成新的互动格局。

由上，本书关注的是社交媒体时代中，经历了三个发展阶段始终没有离场、人类社会最基本的媒介——口头语言，在技术赋权后的新平台、新空间为用户之间的公共沟通所带来的变化。社交媒体所处的媒介生态环境已然表现出几个典型的特征：人际情境与网络情境并行交织，口语传播的主体突破了"一对多"大众传播范式下的权力范围，媒介技术促使口语成为即时互动的重要符号。也就意味着，人际传播的特征进入了社交媒体中多元主体之间的公共传播领域。

本书的研究对象正是电子口语文化时代，移动互联网下的社交媒体环境，多元主体间使用口语及整合符号展开信息交互的传播现象及其特征和问题。通过梳理我们发现，相比较大众传播时代仅存在于节目形态中的口语传播，社交媒体中的口语传播有了更加多元的实践形态：

（1）语音问答。2016 年 5 月上线一个付费语音问答平台"分答"，任何人只要付费就可提问，注册答主可设定自己接受提问的价格，用 60 秒内的语音作答。这条语音，可以被其他人付费偷听。问答型的语音交互逐步在各类专业领域应用开来，上线一个月，向一个网络红人医生提问的价格已飙升到 500 元。2016 年被看作知识变现的元年。

（2）语音微课堂。千聊、荔枝微课等应用开发出语音微课堂功能，任何用户都可开设主题讲座式的微课堂，在专门开辟的界面内，语音为主、图文为辅予以讲解。直播中，来自社会各个阶层的用户，都可以直接找到自己感兴趣的社群，聆听主播的知识传授并实时参与互动。

（3）音视频直播。智能终端的便携性和互联网带宽的快速提高，为移动直播扫除了技术障碍。直播是指"依托网页或者客户端技术搭建虚拟现实平台，以主播（主要是草根达人）提供表演、创作、展示以及支持主播与用户之间互动打赏的平台，是一种基于视频直播技术的互动形式"。专业组织或个人被技术赋权，可在直播平台开设直播间，与围观用户即时沟通。"映客""一直播""熊猫直播"等主打直播平台的应用，以及"今日头条""央视新闻＋""南方+"等新闻资讯类应用,"淘宝""京东"电商平台等电商应用中开辟的直播功能,主播借此表演、创作、报道、销售等。

(4)微媒体语音社交。以微信为代表开发出语音功能,在社群内,人与人之间存在即时互动的传受关系,而语音也可同步保留,这将人际沟通的优势直接带入了网络的公共空间内。

(5)移动音频产品。主要表现为:文学作品的有声版本——有声读物,以及个体用户拥有内容版权的独创音频产品。这种口语实践形式成为社交媒体用户用声音表达独立见解的重要形式,凝练见识、思想、个性,并定时更新。

用户如何利用社交媒体的语音传播功能实现与他人的交流互动,如何重新编织自己的网络社会关系?口语传播的交互性是建立在人机互动基础上的用户之间的体验,其实践形态和本质特征是什么?主体如何获得与其他用户的交互体验?在这个过程中,社交媒体创造的各级语境为用户获得交互体验提供了制约性外因,而呈现于交互界面的符号话语,则是表现交互现实的内在因素。用户因口语传播而产生的交互体验对塑造多维的社会身份、建构互动型社会现实有积极意义,同时也有一定风险。

## 二、研究框架

交互性之于口语传播,受传播媒介环境的影响,在不同历史分期,应有不同的交互主体、交互模式、交互语境、交互话语。尽管"交互性"是在电子媒介出现后,直至新媒体时代才成为关键概念,但若追溯历史,从原生口语文化时代起,口语传播的交互性就有了朴素的原生面貌,因此,需要从发端的口语性概念来开始理解口语传播交互性的缘起。

### (一)社交媒体赋予"口语性"意义的拓展

回顾人类传播的轨迹,传播的互动性正好表现出U形的发展态势。原生口语和二元争论时期,人与人之间主要依赖口头传播信息,互动程度最高;来到广播电视大众传播时期,一对众的传播模式下,信息的互动性、公共性程度最低;当互联网出现,新媒体发展势头迅猛,个体用户被技术赋权后,信息的互动性和公共性在社群形成的过程中重新昂首。原本"面识"的口语沟通才具备的协商属性,被社交媒体重新燃起。

**1. 口语性概念的提出与内涵**

如前所述，口语性首先尝试表述的是在文字尚未发明的时代，口语表达作为主导媒介所发展出来的一种社群文化。因此，当我们说口语性，更精确来说是初级口语性时，我们牵涉的不仅仅是用嘴巴发声的动作，还有因此而形成的说话行动与表达习惯，以及它在某个空间中将时间因素编织成一种口语的传统。

**表1-1 初级口语性的表现形式**

| 序号 | 表现形式 | 说明 |
| --- | --- | --- |
| 1 | 发声行为 | 这是最为普遍的口语属性 |
| 2 | 说话行动 | 这是人类意识的初步发展与酝酿 |
| 3 | 表达习惯/文化 | 这是社群意识的体现，也表现为所属社群对个人的制约与规范 |
| 4 | 口语传统 | 上述诸项共同累积形成，包含对世俗的认识与对神圣面向的追求 |

过往，这种生活历程完整地将人编织于其中，继而给予其完整的意义，也就是作为主导媒介的口语表达，不仅可以在世俗方面帮助人们描述处境、认识现在，也可以在理想的神圣面向，让他们保有希望，不断追求现实生活中并不存在的美好。这种口语的神圣面向，也正是古希腊口头传统可为传播教义和历史文化，具有平衡时间偏向和空间偏向媒介特征的源头意义，后随着文字与印刷术的产生，口语的神圣面向在世俗面向不断扩大下而趋于隐藏与模糊。①

公元前51年左右，口头传统和文字传播并行发展，古罗马政治家、演说家西塞罗的政治生涯处于高峰时期，那时没有纸张，也没有印刷机，信息传播靠写在莎草纸上的信件和其他文件形式的交流，而递送信件和文件全靠个人社交关系的朋友奔走传送。西塞罗演讲后，会把演讲稿的抄本传给别人，除了现场听众可以获知外，他们还可以在归还借阅的抄本之前找人再誊抄一遍以保留下来，当时没有邮政系统，只能由信使递送，或朋友，或行脚商、旅行者，这样，

---

① 作者对台湾世新大学口语传播系夏春祥教授的访谈。

演讲稿、书信、书籍就通过手写誊抄的方式传递了出去。① 西塞罗的社交关系系统，由莎草纸承载的内容，每一次传播都可以吸纳经手人的新观点，这样信息沿着他的社交关系网流传，大家可在不同时间参与同一场演讲主题的讨论。今人用社交软件一秒千里，西塞罗时代用口语演讲和人工递信，虽然二者的技术环境完全不同，但这相隔两千多年的社交媒体在基础结构和发展态势等许多方面是相同的：两者都是双向的交谈环境，信息沿社交关系网从一个人横向传给另一个人，而不是由一个非人的中心来源纵向传播。②

　　而当下社交媒体传播环境日益复杂，语言表达、信息传递、实时反馈等各种符号体系，同时透过屏幕影像进入我们的生活。面对此种世俗处境的变化，唯一方式便是透过语言来表达自己、做出反应，进而决定采取何种行动。人与人的联系，人与社会的勾连，关键点则在于，个人是否有能力将自身的主观意图和周遭外在的客观资源予以统合，加以利用。在这样的背景下，如口语、文字、影像等媒介资源，都成了人们面对社会困境的文化资源。

　　其中，文字与影像都可以说是口语的延伸。在此，文字、影像与口语在表现形态上的不同，是极为明确的；从科学的角度来说，自有分辨。但从可能性的角度来说，三者却都是个人追求安身立命的重要媒介；口头发声最早出现，因此它也成为后面媒介的模板。换句话说，由涵盖口语的发声行为及其引发的后续行动，都是口语性的具体内涵，而在面对问题时，它也是我们统合所有资源的重要武器，甚至是唯一工具。③

　　口语性作为语言表达及其后续行为的一个总和性统称；而初级与次级之分，就在于是否经历过书写文明的洗礼。作为一个概念，口语性并非是 21 世纪的新近发明，而是来自于特定传统下许多学者的长期追求。在名为"口语—识读方程式：现代心灵的规则"（1991 年）一文中，长期在美国与加拿大发展的英国古典学者哈弗洛克指出，1962 年至 1963 年的这段时间被视为是此概念的酝酿时期，持此观点的学者还包括法国人类学家利瓦伊史陀、英国人类学者古迪和瓦特，以及麦克卢汉等。在笔者与台湾世新大学夏春祥教授的访谈中，他认为口

---

　　① ［英］汤姆·斯丹迪奇著，林华译：《从莎草纸到互联网——社交媒体 2000 年》，北京：中信出版社，2015 年，第 5 页。

　　② ［英］汤姆·斯丹迪奇著，林华译：《从莎草纸到互联网——社交媒体 2000 年》，北京：中信出版社，2015 年，第 5 页。

　　③ 作者对台湾世新大学口语传播系夏春祥教授的访谈。

语性是由发声动作而引发的系列意识行动，但由于初级口语文化时代缘起的社群环境，口语性最本质的要义是社群内部人与人之间"面对面"的沟通意义，而当文字印刷和后来的大众媒介对初级口语协商性消弭之际，社交媒体却有可能重燃协商属性的新生机。更进一步的是，社交媒体所创造的是跨越空间的虚拟社群，无限的潜在用户自由组合生成社群，使用口语展开公共沟通。

2. 电子口语性——社交媒体时代的解读

初级口语性建立在面对面、互动、当下连接的基础上，注重参与者的空间同在，口语沟通的情境真实可感，还会为对方留足让彼此观念回环往复的余地。伊尼斯从传播的整体性角度来掌握口语，他因而认为在以口语性为主的社会中，人类的各种感官是同时运作的，因此各种感官反而可以平衡共处，但是媒介的文化属性往往会使得社会出现各种偏重，强调口头传统的对话作用，以及对那些导致支配一切的政治权威、领土扩张，及权力、财富不当分配的知识垄断。而麦克卢汉强调口语传统的重要特征，在于听觉的凸显。

上述那些学者对于口语性的关怀，或许有着各自不同的背景，但很明显的是，20世纪60年代全球的主导媒介已渐从报纸杂志转移至广播电视。而就是这种媒介召唤出新兴口语的视听感受，被视为电子口语性的具体背景。电子口语文化时代发端于广播电视媒介，电视除了延伸书籍那种对于视觉的重视，它更重新召唤了听觉的作用。广播电视媒介里的电子口语，受限于少数人掌握生产权、顺时传播难以得到即时反馈的框架内，所有口头言说的形成都必须受到视觉秩序的规范。凯瑟琳·韦尔奇之所以把电子口语文化时代的"二度口语"改称为"电子语艺"，是因看到"电视和电脑的屏幕，已经如此生动地使世界显出性别和种族的特色"，[1] 言外之意就是她看到了这两种媒介所生产和呈现于屏幕的情境如此真实、多面地反映出世界的多样面貌，世界可以在屏幕里共商存在。延续了前面古典学者哈弗洛克的思维，也在完整地认识伊尼斯的论述之后，传播学者史特尼[2]曾整理出口语性概念发展的五个可能脉络，本书据此再结合夏春祥的解读，整理出电子口语文化时代口语性概念的发展脉络（见表1-2），以便厘清概念。

---

[1]　转引自沈锦惠：《电子语艺与公共沟通》，台北：天空数位图书有限公司，2009年，第40-44页。

[2]　夏春祥、钟砚：《荧幕影像与媒介生态：论二十一世纪中的口语性》，第7-8页；夏春祥专题计划《荧幕影像、智慧手机与媒介生态：论传播思想史中的二度口语》期中报告。

表 1-2  电子口语文化时代口语性概念的发展脉络

| 序号 | 发展脉络 | 说明 |
|---|---|---|
| 1 | 伊尼斯对于各种传播技术的批判 | 口语传统具有时间的偏向 |
| 2 | 麦克卢汉的感官理论 | 视听媒介环境带来的感官反应 |
| 3 | 哈弗洛克认为电子媒介可被视为人类重建口语情境的努力 | 电子媒介赋予口语性发展的时代背景 |
| 4 | 沈锦惠对于电子语艺和公共沟通的论述 | 将电子口语文化时代划分为两个阶段 |
| 5 | 社交媒体：初级口语的协商属性得以回归，并发展网络社群内口语即时交互 | 公共传播领域的人际即时口语沟通 |

在这里，电子口语文化时代的口语性，其目的不再是在理论层次上对口语的价值加以掌握，而是揭示出媒介技术塑造了全新的情境，口头语言成为社交媒体用户互联沟通、解决问题的重要武器，因此口语性概念有了新解读：社交媒介中我们又重新掌握住口语表述的主动性。体现在交互行为上，不仅在于口语对社会现实的表面揭示，更重要的是它成为我们面对未知领域而展开探讨协商并产生现实结果的可能。可见，若对照原生口语文化时代口语性的本质意义，上述理解应视为对协商属性的回归。

电子口语文化时代的第二阶段——移动互联网技术下的新媒体环境，颠覆了传统广电媒体和电脑网络传受模式，所有社交媒体用户都有可能成为潜在主体，在多向的传播模式下，有可能与任何人发生即时交互。移动互联网不断提高带宽，智能终端集合了视听感官的交互界面，使得用户不再需要物理场景的同时在场，只需终端在线，虚拟同在。而更奇妙的是，虚拟同在的多向主体，能透过屏幕向对方展示自己当下的场景，彼此口语对话建立的人际沟通，颇像原生口语时期演说家、辩论者和每一个在场听众的当面言说。

符号既不再受限于外在物理和地理的疆界，其意义也就变得有浮动，不会像原生口语社会那样受物理情境影响深重，也不会像书写文明社会中，由具体明确身份的作者创造并定向传播。凯瑟琳·韦尔奇将每个使用新媒体的用户称作"电子说理者"，他们置身于互动情境不能只顾单方面说理和只管把现实问题再现出来，他们应该意识到，置身的是呈现具体社会文化的修辞空间，面对的是一个个有性别、种族以及偏好特色的符号互动者。

网络社群中的传播主体和广大用户，重新激活了初级口语的协商属性。协商，就是强调"我说你听"，"你的意见现在就可以改变我"。只不过，主体各方不需要发生任何空间位移，便可以让互联网那端的人从视觉和听觉上抵达自我的当下，在虚拟的交互界面，完成心智间、口头上的连接活动。社交媒体不仅让初级口语的协商属性得以回归，又推进了对电子口语文化时代口语性的新解读：媒介技术形成了无限的网络虚拟社群，所有潜在用户可在公共传播领域使用口语及整合符号展开即时沟通。

### （二）口语传播交互性的产生条件

表 1-3　社交媒体中口语传播的实践形态

| 口语传播的实践形态 | 口语传播的主体 | 口语交互的符号 |
| --- | --- | --- |
| 问答型：语音问答 | 个人：答主 | 口语、图文整合交互 |
| 微课型：语音微课堂 | 个人：主讲 | 口语、图文整合交互 |
| 直播型：音视频直播 | 组织、个人：主播 | 口语、图文整合交互 |
| 社交型：微媒体语音社交 | 组织、个人：用户 | 口语、图文整合交互 |
| 音频型：移动音频产品 | 组织、个人：讲读人 | 口语、图文整合交互 |

口语、文字、影像这三类传播符号建构起人类感官渐趋统合的媒介使用方式，在嵌入移动终端的社交媒体中，交错整合传播，图绘出人们使用媒介的各种景观。当媒介发展到拥有让多种感官参与的互动界面后，它一定越来越方便人类的需要，这是因为互联网和手机等数字互动媒介始终将受众作为界面设计的出发点和归宿。[①] 社交媒体用户都须通过点触界面的方式来启动感官反应，进而完成沟通行为，这个交互过程的产生需要以下几个方面的条件。

1. 感官功能的体验

人类媒介传播史就是一部媒介界面不断优化、不断满足人类的需求、媒介

---

① 喻国明、李彪、杨雅、李慧娟：《大数据方法与媒介接触界面的情境洞察》，《当代传播》2015 年第 4 期。

传播能力不断提升的历史。在信息传播领域，"界面"概念可以界定为：信息传播者和信息接受者之间关系赖以建立和维系的接触面，包括呈现信息的物质载体的硬件和支撑信息系统运行的软件，其主要功能是实现信息的输入和输出。① 社交媒体用户正是通过接触界面才能使用媒介。界面在满足人类需求上，经历了从单纯诉诸听觉、视觉，直到诉诸多种感官（智能终端界面），印证了麦克卢汉对人类传播媒介所经历的"整合化—分割化—重新整合化"的判断。

智能终端的互动界面，按键说话功能和试听接收统合在同一个页面里，用户可在互动界面手动触点实现自己控制与他人交互的时间和频率，互动界面成为个人真实场景和虚拟场景的衔接点，转承用户社会关系和网络社交关系的中介。这不但有利于全方位多维度满足用户需求，还有利于增加媒介组织、机构和个人用户的透明度，从而优化社交媒体中的多向传播。

社交媒体中口语传播的五种实践形态，各自形成了特有的交互模式，创造了适合此种模式的交互情境，如人际问答情境、听众随时发言的微课堂情境、现场直播情境、强关系社群内的群言情境、完整音频的收听情境等，口语传播主体和围观用户可以在同一个界面完成自己控制的交互。尽管口语符号并不唯一，它与图文整合传播，却能因其"直达内心"的人文属性和神圣情怀，② 获得听觉最直接的捕捉，在社交媒体中人与人之间多向传播的范式下，具有显著的传播效果。正如沃尔冈·韦尔施在《重构美学》中所言："在技术化的现代社会，视觉的一统天下正将我们赶向灾难，唯有听觉与世界之间接受、交流以及符号的关系，才能扶持我们。"③ 傅修延在听觉文化的研究中指出，"听"在汉语中包括各种感觉在内的全身心反应，是一种圣贤境界的认知能力。他认为听觉符号应该成为人类沟通方式的首选，因为声音具有"不求助于任何外在性"的直接特点，是最为"接近"自我意识的透明存在。④ 在视觉主导的媒介影像中重拾听觉文化的意义，给予当下社交媒体中口语传播重要的背景意义。

因此，社交媒体互动界面的设计在舒适性、方便性、美观、可控等方面日

---

① 喻国明、李彪、杨雅、李慧娟：《大数据方法与媒介接触界面的情境洞察》，《当代传播》2015 年第 4 期。

② 作者对台湾世新大学口语传播系夏春祥教授的访谈。

③ ［德］沃尔冈·韦尔施著，陆扬、张岩冰译：《重构美学》，上海：上海译文出版社，2002 年，第 210 页。

④ 傅修延：《为什么麦克卢汉说中国人是"听觉人"——中国文化的听觉传统及其对叙事的影响》，《文学评论》2016 年第 1 期。

臻完美，按键说话、场景实录、图文伴随等多感官符号统合的形式，为用户同时使用视听触觉的感官功能提供极大便利，让用户之间的即时沟通成为融合感官的体验。

2. 信息知识的需求

知识是信息，但信息不全是知识。知识的概念一直被学界探讨，知识经济学奠基人弗里茨·马克卢普认为，知识以两种形式呈现：记录下来的知识和意识中的知识。前者通过各种载体的形式记录下来供人们阅读并吸收，后者以记忆的形式留存在社会成员的脑海中。① 根据知识管理学中的 DIKW 模型②，信息被分为数据、信息、知识、智慧四个级别，越往上越有价值。总的来看，知识是人们从海量的各种形态的信息中提炼、归纳、转化，再经过人们系统化整合的信息体。

电子口语文化时代的第二个阶段，社交媒体用口语和电子方式进行知识的传播，尤其是个体用户被技术赋予传播的平等权利，人际沟通渠道打破了空间限制，知识不仅可以被机械地搬运，还可以利用社交关系而进行初步的协作生产，让知识在流动中产生意义。而口语直接抵达内心，提升了人际沟通的信任度以及信息的到达率和有效性。

3. 场景关系的连接

社会场景推送至界面形成主体间的关系型场景，以便传播主体和用户共同沉浸在这个交互界面营造的时空同在的虚拟空间。在直播平台，社交媒体主体用户可以将个人所在的任何一个物理场景推送出去，其身份的多样性，对于围观用户来说，能够实时接触到的空间信息被无限放大。无论是专业记者、网络红人、行业精英、普通百姓，推送到交互界面的物理场景有无数可能。对于围观用户来说，在实时场景画面上叠加主播的口语信息和互动问题，构成了基于场景的复合信息，形成了基于场景的互动关系。另一社交平台微信群，多个用户可以同时视频直播（微信群内目前最多可以 9 人同时视频），彼此所在的物理场景同时推送至同一个交互界面，用户之间彼此感受得到对方场景信息，这种

---

① ［美］弗里茨·马克卢普著，孙耀君译：《美国的知识生产与分配》，北京：中国人民大学出版社，2007 年，第 15－20 页。

② DIKW 模型（Data-to-Information-to-Knowledge-to-Wisdom model）将数据、信息、知识、智慧纳入一个金字塔形的层次体系，每一层相较下一层都被赋予了新的特质，展示了数据如何进一步转化为信息、知识、智慧。

跨越空间域限的同时空感受，是促发对场景内人、事、物进一步感悟的空间优势。因此，场景关系的连接也是社交媒体口语传播交互性的产生条件之一。

### （三）交互实践的语言策略

口语传播在社交媒体中的五种实践形式，口语作为贯穿沟通进程的核心符号，在直播中形成了个人的完整语篇，在音频里生成了一个完整的意义，在碎片化的语音片段里生成了语境中的意义单元。口语形成于声，得以表达，完成沟通，在交互性的多维视野下审视口语表达的功能，反过来也是改善主体表达效果的策略。因此，后文有必要对沟通话语展开文本分析。

英国的语言学家斯蒂芬·厄尔曼在《语义学》[①] 中提出："语言有两种用途。语言可以用来陈述事实、传达客观的论点，其目的纯是交流。同时语言也可以具有一种主要是情感的、能动的功能，即表达、激发感情和影响行为的功能。"口语表达因沟通时的场景、对象、语境而产生相对应的功能。本书认为，口语在沟通中的功能可表现为：场景呈现、情感共鸣、信息共享、知识传播、价值认同。在这些方面提高口语表达的能力，也是提高沟通效率的表达策略。

1. 场景呈现

口语在直播平台中伴随图文共商传播，已从单纯的听觉形象上升为意义生成系统。这种体系一方面是个体表达在社交媒体中的自然呈现，另一方面又在交互的过程中建构了另一种社会现实。

若从斯蒂芬·厄尔曼定义的语言两大功能来看，直播中的口语，伴随于直播图像，呈现场景的信息量最大，效率高。其一，口语呈现场景的新闻性。出镜记者口述场景里的人、事、物，表达场景信息的新闻属性。其二，口语携带场景的人文性。当推出计划性、主题先行的直播专题，细分领域下的主题没有显著的新闻性，出镜记者带领围观用户领略更为窄众化的主题场景，如"南方＋"的记者 Plus 君探访 2018 年广府庙会民俗文化巡演台前幕后的故事。场景里的信息有显著的人文性，口语表达了场景的人文属性。

2. 情感共鸣

若从斯蒂芬·厄尔曼定义的语言两大功能来看，口语还有激发情感的功能，这需要人与人之间交流情感体验，产生情感共鸣来实现。口语中的情感体验是

---

① 转引自林觉：《新闻语言中的情感成分》，《上海外国语大学学报》1987 年第 1 期。

什么？从内容上看，情感体验是人们内心体验的对应产物，而从形式上看，经过口语及整合符号的转换，修辞后的表达也是情感体验的外化产物，当有了彼此呼应的情感体验，才可能刺激对方而产生共鸣，维系社交关系。在五种实践类型中，社交型的微媒体社群所形成的公共沟通空间，口语沟通最容易交流情感体验，激发情感共鸣。

第一，内心体验是口语表现情感的内在修辞力量。主体内心的情感体验决定了口语表达的内容。

第二，语言表现力是口语表现情感的外在修辞力量。内心的情感需要通过具体的声音形式来表现，效果优劣取决于主体的感受力和表达力，从有声语言表达规律来看，语音面貌及表达技巧，都属于感受和表达的内容，尤其是内在语、对象感、情景再现[1]的内部创作技巧，语气、停连、重音、节奏等外部技巧，是口语内容负荷情感力量的修辞因素。

智能终端占据了用户大量人际交往的时间和空间，是因为它可以弥补现实中情感慰藉的缺口。自媒体主播蕊希自 2015 年大学毕业开始创作个人音频系列产品"一个人听"，一年便拿到 2016 年新媒体新人奖，经过三年经营成为蜻蜓FM、喜马拉雅等几大音频客户端主推的产品，在各类新媒体人气排名屡进前十名，跻身很多知名主持人的位列等级，成为情感类音频大 IP，单期音频收听量平均 150 万次，其与粉丝的互动内容经常进入下期音频的创作，短短两个月内在全国六大城市签名售书，参加了如广交会、南国书香节访谈售书等品牌活动。她的粉丝群体已经从最初对声音和内容感兴趣的社群听友，逐渐转型成为彼此有情感共鸣的群体。[2] 情感体验和共鸣，不仅是口语传播主体和粉丝用户之间对于声音、音频本身所产生的关联，更因为社交媒体的传播特征而发生了身份的深化、社交关系的交织渗透，产生系列传播效果和市场反应。

3. 信息共享

人类传播史上，每一次传播技术的更迭都直接带来传播手段的多样化和传播方式的更迭，不断更新的传播方式必然会让人们的识读和体验更加方便、愉悦，从而让新的传播手段成为绑定人们生活和记录社会的必然要素。斯蒂芬·厄尔曼提出的语言的功能之一：陈述事实、交换观点，便是基于信息指明了语

---

① 张颂，创立中国播音学理论体系中的有声语言创作理论体系。
② 对中国交通广播主持人修奇的访谈。

言的部分内容及其存在的要义。社交媒体时代，无论是音频产品、语音直播，还是即时语音社交，无不因其跨越时空的传播特征而使得语言的使用场景更加多元化，也大大拓展了交流事实信息和意见观点的可能性。口语便超越了空间域限而嵌入到无所不在的互联网空间中，其使用的可能性被无限放大。事实和观点的信息交流便随着传播平台的延展而更加拉近人们的关系，呈现社会现象的律动，并丰富了社会阶层之间的关系。

4. 知识传播

传播知识，应属于"陈述事实、传达观点"的体现。问答型、微课型、音频型的口语传播实践，尤其付费购买都以实现知识传播的功能为主。

第一，一对一的社交关系需要知识来维系。问与答的点对点社交关系，必然要求主体和沟通对象之间有明确的需求关系。每个个体的需求是独一无二、个性化的，在网络中需要付费才能实现呼应对接，必然要有强烈的知识需求和满足。

第二，语音微课堂需要知识开设并维系互动。微课堂直播界面会占据满屏，主体和用户需舍弃终端的其他功能，在直播时段始终停留在此界面，才能完成听课和互动。若没有用户强烈的求知欲望，若没有主讲人高浓度的信息量和良好的表达，微课堂是无法维系下去的。短、平、快的消费性资讯显然不适合微课堂，而知识适合。

第三，音频型口语实践，有声读物是浓缩的口语文学，个人主创音频包含经验性知识。社交媒体赋予每个用户平等的传播权利，在理论上"人人都是麦克风"，但实际上这种"去中心化"的平权无法完全实现。互联网爆炸般的碎片信息赋予用户选择的空间，在寻找和选择信息的价值判断过程中，暗含着知识与用户的适用性和匹配度。因此，口语传播内容的知识含量，符合社交媒体口语传播的内容生成机制，也是提高沟通效率的语言策略。

5. 价值认同

社交媒体用户的口语传播内容无非是陈述事实信息和表达观点，人类的语言在交互的过程中，不断寻求共同体的达成，该共同体的含义从信息共同体转向利益共同体，再迈向价值共同体。如果没有共同体的目标，就不会催生社交媒体中用户彼此求知与解惑以发生交互的可能。因此，寻求信息、利益和价值的认同，是口语传播内容的本质，是提高沟通效率的语言策略。

经过上述探讨，从交互性的朴素根源——口语性的概念开始，解析电子口语文化时代口语性内涵的延伸，再从其产生条件的立体式影响因素中找到交互界面于人机交互的技术推进和场景伴随的语境外因,再进一步进入话语层面,追踪交互性的内在因素。而对新媒体环境下的交互性这一概念的学术研究,也基本有媒介技术和社会理论两大视角,本书也考虑到了上述两个学术脉络的影响。因此,本书形成如下结构(见图1-2):

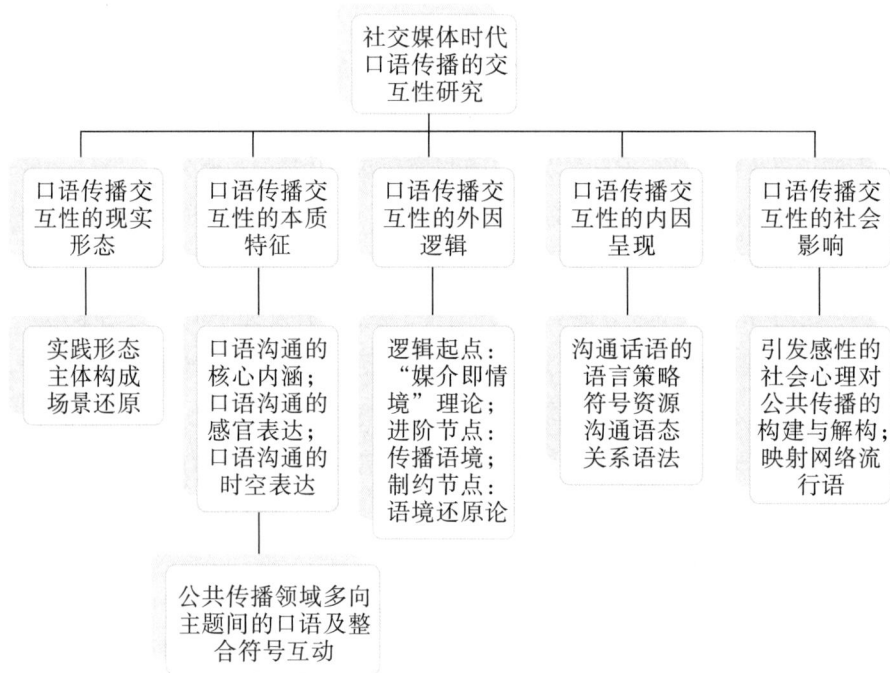

图1-2 本书结构图

# 第四节 研究方法

## 一、网络民族志

网络民族志是基于线上田野工作的参与观察、深度访谈。口语作为主要传播符号，是如何被社交媒体用户使用并展开交互行为的呢？口语被转换为音频传播，不同于文字和图像传播，能被捕捉到即时的文本资料，而对音频的捕捉只能采取对直播录音录像和重播回放两种方式，再把音频部分逐句转换为文字资料。

本书将根据两个数据来源来判定社交媒体中口语传播的应用类型。第一，根据中国互联网络信息中心（CNNIC）于 2017 年 12 月发布的 2016 年中国社交应用用户行为研究报告①，指出：当前社交应用市场主要包括即时通信工具、综合社交应用和垂直细分社交应用。即时通信工具以微信、QQ 为主要代表，主要满足用户交流互动的社交需求，使用率在 90% 左右；综合社交应用以新浪微博、微信朋友圈、QQ 空间为代表，满足用户进一步展现自我、认识他人的社交需求，使用率介于即时通信工具和垂直细分社交应用之间；垂直细分社交应用主要包含婚恋社交、社区社交、职场社交等类别，在特定领域为用户提供社交关系连接，用户相对小众，除百度贴吧使用率（34.4%）相对较高以外，其他应用使用率都在 10% 以下。详见表 1-4：

表 1-4　CNNIC 发布的 2016 年社交应用用户行为调查报告对社交应用的分类

| 社交应用 | 即时通信工具 | | QQ、微信、陌陌、阿里旺旺、QT 语音等 |
|---|---|---|---|
| | 其他社交应用 | 综合社交应用 | QQ 空间、新浪微博、微信朋友圈等 |
| | | 图片视频社交 | 美拍、秒拍、优酷拍客等 |
| | | 婚恋社交 | 58 交友、赶集婚恋、世纪佳缘等 |
| | | 社区社交 | 百度贴吧、豆瓣、天涯社区、知乎等 |
| | | 职场社交 | 脉脉、领英、猎聘秘书等 |

报告还提出，2016 年被誉为"中国网络直播元年"，众多社交应用也上线直播功能，网络直播成为 2016 年社交领域的一大热点。移动端的发展，无线网络的普及、流量的优惠，都使得人们随时随地收看、参与网络直播成为可能。报告统计了"一直播"平台的内容类型及收看情况（见图 1-3）：

---

① http://www.cnnic.net.cn/hlwfzyj/hlwxzbg/。

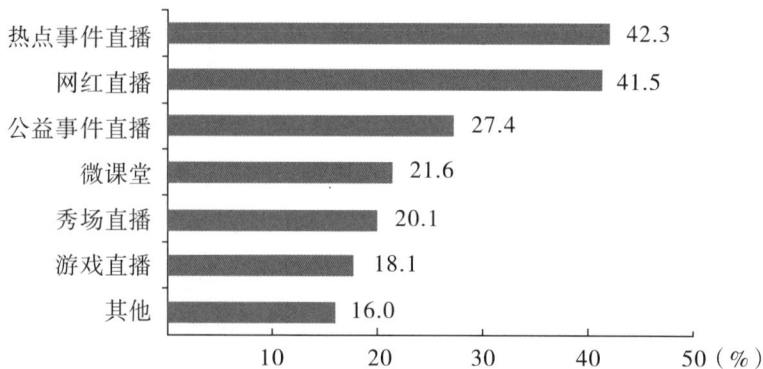

图1-3 CNNIC发布的2016年社交应用用户行为调查报告对
"一直播"内容收看情况的统计

按照上述分类，结合语音传播在其中的应用，我们发现：即时通信工具是典型的社交型口语传播实践形态的平台，本书称为社交型口语传播实践形态；直播以一种播出形态嵌入到各类社交媒体中，因其语音和画面同步传播的特点，称为直播型口语传播的实践类型。垂直社交类是为小众用户提供社交关系连接，那么，包含"在行一点"语音问答应用、荔枝微课在线课堂应用，本书称为问答型、微课型口语传播实践形态。

此外，其他几个分类中各有未列尽的应用使用语音传播，在此基础上，第二个数据来源是笔者进一步的实践体验，重点参考App应用商店的分类下载排名，其中"影音娱乐"类排名前两位的音频应用是喜马拉雅和蜻蜓FM。结合以上两类数据，圈定了本书将详细观察和搜集口语传播样本的几类社交应用：分答（在行一点）、荔枝微课、微信语音群、直播平台、喜马拉雅和蜻蜓FM。

在圈定出研究对象样本范围的基础上，笔者还将依据语音传播的样态和口语在社交媒体用户之间的传受关系来进一步明确样本的区别性。第一，语音问答在社交媒体中的应用。用户根据个人需求以图片、文字等方式提出问题，可以悬赏答案，也可以向指定的注册答主提问，答主用语音（一般不超过60秒）作答。社交媒体提供指向性连接关系，一对一传受关系是语音问答的显著特征。第二，在线语音微课堂在社交媒体中的应用。注册讲师开设主题课堂，互动界面呈现，语音、图文共商传播，用户可在同一层叙事空间或使用弹幕在二层叙事空间表达意见。直播互动和一对多的传受关系是微课堂口语传播的显著特征。第三，语音社交在微信群中的应用。强关系组建起来的微信群内，每个用户都有可能成为节点信息的传播者和接受者，图文语音即时使用，即时互动和多对多的传受关系是微信群语音社交的显著特征。第四，直播功能嵌入社交媒体的应用。传播主体自主控制镜头进程，于稳步缓慢变迁的场景中，一个不暂停的长镜头中的语言传播，用户可使用弹幕在二层叙事空间与主播互动。直播互动和一对多的传受关系是直播平台口语传播的显著特征。第五，音频产品在专业音频平台的传播。喜马拉雅、蜻蜓FM、得到等应用推送有声书和个人主创音频，这些音频以 10～30 分钟的作品形态在媒体中传播，用户可在评论界面与主播互动，对主播再生产有非常重要的作用。一对多和协助再生产是音频产品的显著特征。

因此，本书主要圈定了以下社交媒体以观察、搜集样本：分答（在行一点），荔枝微课、千聊，微信群，一直播、映客直播、虎牙直播，蜻蜓FM、喜马拉雅、得到。笔者于 2016 年、2017 年持续对上述应用进行观察，参与不同社群的互动，于 2017 年 11 月 5 日至 12 月 5 日间，从上述应用中截取了 30 个共 30 小时的语音沟通案例并转换为文字文本，作为具体的研究对象。每个案例长度约 1 小时，话题内容覆盖历史文化、情感心理、知识教育、生活服务、电子竞技游戏、明星和普通用户的个人展演，并做了从口语到文本的转换，总字数约 25 万，将统计出的沟通话题、交互符号、交互手段列为表 1－5：

表 1－5 不同社群沟通话题、交互符号、交互手段统计表

| 序号 | 实践平台 | 沟通话题 | 交互符号 | 交互手段 |
|---|---|---|---|---|
| 1 | 千聊 | （知识教育类）段庆：《道德经》中的教育智慧 | 语音、图文 | 界面内或弹幕 |
| 2 | 千聊 | （历史文化类）历史研习社：被误读的日本文化 | 语音、图文 | 界面内或弹幕 |
| 3 | 千聊 | （历史文化类）历史研习社：被误读的日本史 | 语音、图文 | 界面内或弹幕 |
| 4 | 千聊 | （情感心理类）周笃锋：如何用 1 分钟让大家爱上你 | 语音、图文 | 界面内或弹幕 |
| 5 | 千聊 | （情感心理类）优爱学院：为什么你总是被骂情商低？什么才是高情商的表现？ | 语音、图文 | 界面内或弹幕 |

（续上表）

| 序号 | 实践平台 | 沟通话题 | 交互符号 | 交互手段 |
|------|----------|----------|----------|----------|
| 6 | 千聊 | （情感心理类）陈海贤：接纳自己的不完美，找到幸福通路 | 语音、图文 | 界面内或弹幕 |
| 7 | 千聊 | （情感心理类）古风老师：如何走进男人内心 | 语音、图文 | 界面内或弹幕 |
| 8 | 千聊 | （知识教育类）师亭课堂：一堂课教你认识词牌，避免凑字填词 | 语音、图文 | 界面内或弹幕 |
| 9 | 荔枝微课 | （明星展演类）鲁豫有约（女力MAX）：专访孟非 | 语音、图文 | 弹幕 |
| 10 | 荔枝微课 | （明星展演类）杨澜晚八点：对话李玉刚：十年雕琢，遇见传统文化之美 | 语音、图文 | 弹幕 |
| 11 | 荔枝微课 | （明星展演类）杨澜晚八点：对话王力宏：生活就像一首简单的歌 | 语音、图文 | 弹幕 |
| 12 | 荔枝微课 | （知识教育类）胡萍：如何让孩子远离性侵 | 语音、图文 | 弹幕 |
| 13 | 荔枝微课 | （知识教育类）笙歌拂衣：《红楼梦》与昆曲——红楼梦对戏曲的借鉴与超越 | 语音、图文 | 弹幕 |
| 14 | 荔枝微课 | （知识教育类）杞文说论语：《论语》敏解三：生活更美好 | 语音、图文 | 弹幕 |
| 15 | 荔枝微课 | （知识教育类）倪老师：认识德国教育 | 语音、图文 | 弹幕 |
| 16 | 荔枝微课 | （知识教育类）吕昀卿：中产阶级家庭怎么买保险 | 语音、图文 | 弹幕 |
| 17 | 荔枝FM语音直播 | （生活服务类）一只美 kee（ki）招主播：风水 | 语音、图文 | 界面内或弹幕 |

（续上表）

| 序号 | 实践平台 | 沟通话题 | 交互符号 | 交互手段 |
|---|---|---|---|---|
| 18 | 一直播 | （明星展演类）乐嘉直播，推介性格色彩学付费课程 | 语音、图文 | 弹幕 |
| 19 | 一直播 | （知识教育类）心理学博士"安慰记"讲心理知识并互动 | 语音、图文 | 弹幕 |
| 20 | 一直播 | （知识教育类）"金爵士"教导主任聊 blues 并教弹 | 语音、图文 | 弹幕 |
| 21 | 一直播 | （生活服务类）深山大咖在武夷山旁教做美食 | 语音、图文 | 弹幕 |
| 22 | 一直播 | （明星展演类）吴尊：我和 Max Neinei 在文莱，和你一起！ | 语音、图文 | 弹幕 |
| 23 | 一直播 | （知识教育类）张雪峰：2019 考研形势分析和择校择业攻略 | 语音、图文 | 弹幕 |
| 24 | 一直播 | （生活服务类）根号世界：谈旅游 | 语音、图文 | 弹幕 |
| 25 | 一直播 | （生活服务类）小乔烹茶：推介"无字沱"茶叶 | 语音、图文 | 弹幕 |
| 26 | 一直播 | （电子竞技游戏类）XY、我是徐太浪啊：《绝地求生·大逃杀》 | 语音、图文 | 弹幕 |
| 27 | 一直播 | （生活服务类）珠香阁珍珠～做珠宝女神：直播下单开蚌，回馈顾客 | 语音、图文 | 弹幕 |
| 28 | 一直播 | （生活服务类）习茶趣：讲茶道并推介老树红茶 | 语音、图文 | 弹幕 |
| 29 | 虎牙直播 | （电子竞技游戏类）王者荣耀——KPL 秋季职业联赛（EDG. M VS QGhappy 常规赛） | 语音、图文 | 弹幕 |
| 30 | 虎牙直播 | （电子竞技游戏类）木木：电子竞技——绝地求生 | 语音、图文 | 弹幕 |

此外，本书将长期观察、使用的，典型使用了语音的专门应用，从百余次社群内部的观察和体验中抽样出具有区别性、内容代表性的案例做如下统计（见表1-6）：

表1-6　本书长期观察使用的20个应用平台的沟通案例

| 序号 | 实践平台 | 沟通话题 | 交互符号 | 交互手段 |
|---|---|---|---|---|
| 1 | 在行一点 | 向崔玉涛提问：婴儿对深度水解奶粉过敏，怎么办 | 语音、图文 | 界面内一问一答 |
| 2 | 在行一点 | 我被父母催婚，邻居态度也对父母施压，该如何和父母沟通？晨凤、紫竹姐姐、金山三位作答 | 语音、文字 | 界面内一问一答 |
| 3 | 在行一点 | 公司要求的保密期限是否符合离职的正常要求？杨杰律师、何元律师、范明律师三位作答 | 语音、图文 | 界面内一问一答 |
| 4 | 在行一点 | Mr. Hua：如何找到隐性商机，赚到第一桶金（16个音频，共33分钟） | 语音、文字 | 评论专区 |
| 5 | 在行一点 | 欧成效：房产财富精进指南（数月） | 语音、文字 | 评论专区 |
| 6 | 在行一点 | 赵周：沟通技巧训练营（共21天） | 语音、文字 | 评论专区 |
| 7 | 微信 | "一些事一些情"公众号与粉丝互动 | 语音、图文 | 界面内同步 |
| 8 | 微信 | 人大新闻发布群的直播 | 语音、图文 | 界面内同步 |
| 9 | 微信 | "郑老师的话"的400个百人微信群 | 语音、图文 | 界面内同步 |
| 10 | 蜻蜓FM | 蕊希："一个人听"系列音频 | 语音 | 评论专区 |
| 11 | 蜻蜓FM | 高晓松："矮大紧指北"系列音频 | 语音 | 评论专区 |
| 12 | 蜻蜓FM | 梁宏达："梁知"系列音频 | 语音 | 评论专区 |
| 13 | 蜻蜓FM | 蒋勋细说红楼梦系列音频 | 语音 | 评论专区 |

（续上表）

| 序号 | 实践平台 | 沟通话题 | 交互符号 | 交互手段 |
|------|----------|----------|----------|----------|
| 14 | 得到 | 董晨宇解读：《帝国与传播》 | 语音 | 评论专区 |
| 15 | 得到 | 施展：枢纽·中国史纲50讲 | 语音 | 评论专区 |
| 16 | 得到 | 郑伟：怎样让你的声音更有魅力 | 语音 | 评论专区 |
| 17 | 得到 | 武志红的心理学课 | 语音 | 评论专区 |
| 18 | 喜马拉雅 | 苏阳：5分钟教你挽回爱情 | 语音 | 评论专区 |
| 19 | 喜马拉雅 | 马霸霸：收藏那些事 | 语音 | 评论专区 |
| 20 | 喜马拉雅 | 大锤说史：只讲你不知道的真实历史 | 语音 | 评论专区 |

　　在此过程中，作者采访了社交媒体的知名主播，音视频客户端的管理者、音视频客户端用户，微信知名公众号主创：如蜻蜓FM总裁钟文明，"得到"应用中罗辑思维百人讲师团之一，微信公众号"郑老师的话"主创郑伟，荔枝FM华南区项目总监余文欣，蜻蜓FM"高速加油站"节目主播修奇，直播平台的游戏达人暨南大学学生，台湾世新大学口语传播学教授夏春祥、魏荫驹，研究生徐学明、张熙萌等。（详见表1-7）

表1-7　访谈基本信息统计

| 访谈对象 | 工作单位 | 访谈时间、地点 | 访谈手段 |
|----------|----------|----------------|----------|
| 向熹 | 黑匣时光 | 2018年5月24日广州 | 面谈 |
| 郑伟 | 公众号"郑老师的话"主创 | 2018年4月3日 | 电话访谈 |
| 余文欣 | 荔枝FM华南区项目总监 | 2017年12月15日广州 | 面谈 |
| 葛少奇 | 中国交通广播主持人 | 2017—2018年间多次 | 微信 |
| 夏春祥 | 世新大学口语传播系教授 | 2015—2017年间多次 | 面谈，邮件 |
| 魏荫驹 | 世新大学口语传播系教授 | 2015年11月台北 | 面谈 |
| 徐学明 | 世新大学口语传播系研究生 | 2015—2017年间多次 | 面谈，微信 |
| 张熙萌 | 世新大学口语传播系研究生 | 2015—2017年间多次 | 面谈，微信 |

访谈提纲：

（1）您每天使用社交媒体的频率是多少？总时长有多久？使用动机主要有哪些？

（2）请对"在行一点"，荔枝微课或千聊，直播平台，微信公众号及微信群，蜻蜓FM、荔枝FM或喜马拉雅五类平台，分别谈谈使用语音参与互动感受，对个人的社交习惯、生活习惯有哪些影响？

（3）上述五类平台的使用，有没有哪种语音互动对丰富个人的社会身份有作用？如果有，请描述这个过程；如果没有，什么原因？

（4）您使用最多的口语传播的社交媒体是哪一种？请用至少一个案例详细描述使用的方式和沟通的效果。

（5）在蜻蜓FM、荔枝FM或喜马拉雅中，选择两个您最欣赏的音频产品和主播，请描述他们作为传播主体及其作品的典型特征。

（6）社交媒体的交互界面承载声音、图像、文字三种传播符号，您在使用口语语音传播的过程中，有没有技术上的难度或麻烦？建议如何改进？

（7）在使用口语参与互动的过程中，什么情况下也会同步使用图文符号？图文和口语之间的关系是怎样的？

（8）您有没有购买过五类平台中的语音服务或音频产品？购买的内容是想要学习的知识吗？

（9）您是否赞同"音频平台的有声读物和个人主创音频将来一定走向付费购买的大趋势"？为什么有这样的判断？

（10）请评价"社交媒体大大提高了人与人之间使用口语沟通的可能性，提升了大家参与公共议题的沟通效率"这个判断。

## 二、文本分析

文本分析是把用文字、图像、音视频等记录下来的资料内容作为分析的对象，运用相应理论对其进行比较、分析、综合，从中提炼出评述性的结论。本书主要采用多模态话语分析理论对沟通文本进行描述与阐释。

"多模态"是针对出现于文本和传播事件中的现象，通过多种"符号模式"（表达手段）整合成一个统一整体而产生的，如将物理场景中对话双方的口语、语调、音色、面部表情以及手势和姿势整合起来的综合分析。"多模态话语分析"考察不同符号模式的共同属性以及不同的传播潜力,并分析这些模式是如何被运用于多模态文本和传播事件中的。梵·迪克在讨论多模态文本和传播事件时从三个分析层次——"话语""设计""生产"展开,认为这些都为文本和传播事件的生产及解释提供了各自的符号资源。

当多向、即时传播成为可能,口语语音携带的语气和情态具有彰显内在语的意义准确性,多符号融合使用打破了空间区隔对人际沟通产生的阈限,把多指向的多元个体之间的沟通关系向前推进了一步。本书第五章探讨了五种社交媒体中的口语沟通实践,若从纵向的视角看,"话语""设计""生产"三个层次,都为口语沟通的传播事件和话语文本提供哪些符号资源,这些符号资源是如何运用在沟通过程中的。若从横向的范围看,将从沟通实践的语言策略、符号资源、基本语态、关系语法四个方面展开具体的文本分析。

具体的数据采集路径如下。依据上述 CNNIC 社交应用用户使用行为报告对社交媒体的分类,直播平台的应用情况,及手机应用市场语音传播类 App 应用排名,本文选定了语音直播平台:荔枝微课、千聊,视频直播平台:一直播、虎牙直播,荔枝 FM 的语音直播平台。其次,根据平台已有的栏目分类,锁定知识教育类、历史文化类、情感心理类、明星展演类、生活服务类、电子竞技游戏类六大内容栏目,指定从 2017 年 11 月 5 日至 12 月 5 日间,由 30 个学生每人按照自己任务要求,选择提取一个完整主题的直播,时长不少于一小时,并以翻看回放或直播速记的方式,将整个沟通过程的语音部分转换为文字,每五分钟为一个记录单元,内容和格式按照如下要求:

| 时间 | 场景描述 | 主讲内容 | 互动内容 | 话语分析 | 互动界面截图 |
|---|---|---|---|---|---|

每个沟通文本平均字数基本在 8 000 左右,另包含 12 张互动界面的截图,后文将根据这 30 篇沟通文本对声图文的内容、符号、互动关系、社会影响展开文本分析。

此外,就语音公众号及语音社交群的选择来说,本书以作者个人关注并参与的微信公众号和微信群为主要数据来源,没有选择更多人为数据来源的原因是,每个公众号信息都可以由任何人关注,进而观察实践,根据经验选择有代表性的数据源更重要,如"郑老师的话""人大新闻发布群"等,后文也将根据沟通过程的实录文本展开文本分析,重点篇目详见文中案例。

第二章

# 社交媒体中口语传播交互性的现实形态

　　社交媒体改变了信息传播的方式，赋予每个用户创造并传播内容的能力，并逐步形成了以用户为主体的信息生态。社交媒体有什么特征？学者彭兰认为：一是内容生产与社交的结合，即社会关系和内容生产两者融合在一起；二是媒体平台的主角是用户，而不是网站运营者。[①] 也有研究指出其特点是用户生成内容和自主控制社交关系。[②] 也就是说，社交媒体既包含用户生成的内容，又包含用户之间的关系，基于社交媒体建构起来的是以人为节点的关系网络，而人与人之间通过其中的内容建立和维护用户之间的关系。社交媒体允许用户生产信息、分享信息，并通过互动来筛选和传播有利于使用者的信息。

　　口语，作为人际传播的基本工具，可以直播状态或可作为保存的语音片段，为社交媒体用户沟通所用。相比较大众媒介口语传播的单向性、权威性，社交媒体赋予口语传播最典型的特征就是交互性。那么，口语传播的交互性在社交媒体中表现为什么样的现实形态？本章将从交互性的实践形态、主体构成、产生条件来论述。每一个社交媒体用户都是潜在的主体，当他们进入社群内部便可选择性成为当下时空内具体的传播主体或沟通对象，进而展开多种交互形式的传播实践。本书通过网络民族志的观察体验研究，尝试归纳社交媒体中口语传播交互性可在五种实践形态中实现：问答型、微课型、直播型、社交型、音频型。由于智能终端集成了声音、图像、文字的多感官传播符号，口语符号可以单独使用，也可以与图文共商传播，因此，用户之间的交互行为需要伴随相应的产生条件，如感官功能的体验、事实观念的需求、场景关系的连接。这几个维度并不彼此孤立，而是交织在一起，使得交互行为本身丰满而立体。

---

　　① 彭兰：《社会化媒体、移动终端、大数据：影响新闻生产的新技术因素》，《新闻界》2016 年第 12 期。

　　② 肖琳、徐升华、王琪：《社交媒体发展与研究述评》，《图书馆学研究》2016 年第 14 期。

# 第一节　社交媒体中口语传播交互性的实践形态

根据 mUserTracker 数据显示，2017 年 5 月中国移动社交 App 的月度独立设备数接近 5.9 亿，移动端用户规模持续上升，2016 年经历较快增长后增速放缓，2017 年用户规模仍然稳步增长。① 用户量的持续增长，为社交功能的进一步拓展奠定了基础。当下，社交媒体已经广泛存在于互联网应用的各个方面，如虚拟社区、即时通信、移动直播、微博微信、音视频等。可见，"社交"的理念越来越普及，"泛社交"成为趋势，越来越多的媒体接入了社交功能，催生出更多细分的社交形态，如可作为单独平台的微博、微信，也可以附加或整合到其他应用和服务中去，如蜻蜓 FM、喜马拉雅、央视新闻、爱奇艺等音视频客户端，还有基于位置、电商服务的工具型客户端，如淘宝、京东、滴滴打车，还有基于网红、粉丝的社交入口，如网络直播，等等。因此，基于移动端用户的持续增加，社交理念的普及，社交功能在客户端的多向接入，有学者将社交媒体划分为四种类型：平台型、社群型、工具型、泛在型。②

第一，平台型。媒介平台是通过某一空间或场所的资源聚合和关系转换为传媒经济提供意义服务，从而实现传媒产业价值的一种媒介组织形态。媒介平台的功能是聚合资源、响应需求、创造价值。微博、微信就属于典型的平台型社交媒体。

第二，社群型。人类的社会关系经过血缘关系、地缘关系、业缘关系，发展到"虚拟关系"。有基于强关系建构的微信群，它是对现实关系的一种补充，具备现实熟人关系产生的信任感，如家庭群、工作群，也有基于弱关系形成的微信群，以趣缘为基础建立起来的微信群，成员之间的关系可以是熟人也可以是陌生人。显然，从"去中心化"的互联网又回到"再中心化"的社区。

第三，工具型。此类社交媒体把社交工具化，如基于位置的滴滴打车、虎

---

① 《2017 年中国移动社交用户洞察报告》，http://www.jiemian.com/article/1465811.html。

② 谭天、张子俊：《我国社交媒体的现状、发展和趋势》，《编辑之友》2017 年第 1 期。

扑体育等。

第四，泛在型。不是指一种独立形态的媒体，而是以社交属性的内容和服务"嵌入"各类媒体形态中，既可以被新型媒体所应用，也可以为传统媒体所吸纳。展望未来，社交媒体的发展方向是呈现出更多的关联性，它与现实连接将更紧密。

口语在社交媒体中传播时表现出三种存在样态：直播口语，即直播中主播的口语语言；音频语音，即形态相对完整的音频产品里的口语语言；碎片语音，即时限 60 秒的碎片化口语语言。长短不一、直播和保存都可，口语以非常灵活的样态在社交媒体中被使用，且可以实现"一对一"或"一对多"的即时交互，契合了社交媒体所建构的以人为节点的多指向和交叉性的网络状态。同时，口语具有特有的音声美，拥有图文符号所不具备的语气、节奏等人文属性，可与图文符号一起，大大丰富用户的表达能力。因此，社交媒体中的口语传播，是所有潜在用户之间实现公共议题的多向、人际间沟通交互手段。

经过对研究对象 30 个小时的网络民族志的观察和统计，对分散社群内的沟通案例长期观察、使用、分析发现，受各类社交媒体功能差异性的影响，口语的使用样态、传播中的形态各有差异，本书尝试归纳口语传播的几种实践类型，主要有以下五种：

## 一、问答型：语音问答与认知盈余

2016 年 5 月 15 日，果壳网旗下"在行"微信公众号推出了一款付费语音问答的客户端——分答，随后出现了一批知识型语音网络问答客户端。有学者认为，据此正式开启了新媒体时代知识"变现"的新阶段。"分答"上线仅 42 天就收获了 1 000 万个注册用户和 33 万个答主，交易金额超过 1 800 万元。紧随其后，这类分众化、细分领域的新型社交平台不断涌现，如格问、咖场、问来问去、e 问答、小育能人、哎哟阳光、老子问问、答语、知我等。其共同的定位就是"专业的知识问答平台"，而区别则在各自有相对专业的领域。截至 2018 年 2 月 6 日，"分答"和更名后的"在行一点"已经聚集了 2 万名行家，打磨了 3 万个线下约见咨询话题，总结了 300 个人生攻略场景，为 200 万人提供过服务，现在每天还能促成 1 000 场线下知识交易。问答型的口语传播形态，口语在一对一的快速语音咨询框架下完成交互，以解决个人用户在健康、法律等各种领域的个性问题。

问答型的口语传播实践形态，有几个典型特征：

（1）以个体明确的信息服务为导向展开交互。带着问题寻找解决方案，以满足个人对知识和兴趣爱好的渴求。

（2）以一对一的传播范式为主，一对多的公共沟通潜藏其中。信息需求方须付费购买，才能建立起一对一的交互关系。由于个体寻求问题解决方案的强烈个性化，每一个交互关系的建立是在对点契合的基础上，社群内其他听众用户须认同话题本身的意义或价值，才会参与。

（3）口语追求普通话规范语音、陈述语态。语音的时长受社交媒体平台的限制。

### （一）传播主体：作为知识优势方的主体，从知名度向专业性演变

以 2016 年 8 月改版之前的"分答""知乎"为代表，用户注册后可向已经入驻答主付费提问，同权反转，也可以有偿回答别人的提问，同时可以付费偷听其他所有答问，答问双方便可从每次偷听中分成获利。前期，平台充分利用了微信用户可以直接登录的庞大的入口流量，还利用了文艺界和网红的明星效应进行推广，立竿见影引来了 33 万答主和 2 500 万美金的 A 轮融资。明星的巨大影响力很快招来了海量以偷听为乐的用户，再加上部分答问被设置为免费收听，围绕明星隐私的答问和偷听一下爆发增量，活跃用户数飙升。最典型的话题事件："在行"联合创始人曾进向王思聪提问——"请问作为亚洲首富的儿子，您的人生还有什么买不起？"

虽然语音交互作为产品形态的互联网应用是首创，但其中基于知识分享的变现模式却不陌生。以往，人们所熟悉的"百度知道"就是一个基于搜索的互动式知识问答分享平台，任何用户都可以有针对性地提出问题，通过积分奖励机制发动其他用户来解决该问题，让用户拥有的隐性知识转化为显性知识。同时，这些问题的答案又会进一步作为搜索结果，提供给其他有类似疑问的用户，达到分享知识的效果。"百度知道"的用户只用文字交互，在这里学会了"分享就能得到回报"，交换知识就是获得知识，只不过从货币收益来看，还是免费的。可"分答"与"知乎""百度知道"最大的区别就在于：口语是交互的符号，文字只能是提问时的副体；"即时交互"触及了沟通的最深刻的底线，不必再付出过久的时间代价；货币收益极大地刺激了知识盈余者主动寻找信息关联的欲望，同时也提高了需求用户的信息获得与满足。在分类搜索的窄众导向

下，沟通双方的对接越来越容易实现，这非常类似于窄播内容的传受对接。

有了沟通主体直接对话的渠道，有了庞大信息服务需求者，有了货币收益的沟通推动力，再有平台方故意释放的明星吸睛术，"分答"推出后两个月，热门栏目才华榜的前十名如下：

表 2 - 1    "分答"推出两个月的才华榜前十名①

| 序号 | 用户名 | 身份 | 答问数 | 收听粉丝数 | 货币收益（元） |
| --- | --- | --- | --- | --- | --- |
| 1 | 鬼脚七 | 自媒体人 | 371 | 7 752 | 39 071.5 |
| 2 | 徐宏俊 | 医师 | 1 849 | 7 284 | 15 102.5 |
| 3 | 郎咸平 | 经济学家 | 27 | 8 879 | 20 059 |
| 4 | 薛伟 | 听说心理研习社创始人 | 360 | 810 | 10 728.5 |
| 5 | 赵昂 | 生涯咨询师 | 632 | 2 448 | 14 252.6 |
| 6 | 周国平 | 哲学家 | 120 | 9 203 | 28 700.5 |
| 7 | 唐缺 | 奇幻作家 | 1 750 | 2 474 | 21 233.1 |
| 8 | 张泉灵 | 前主播、投资新人 | 44 | 10 674 | 9 312.7 |
| 9 | Papi | Papi 酱 | 11 | 33 035 | 11 740.9 |
| 10 | 闲云野鹤 | 旅行、历史爱好者 | 500 | 8 248 | 6 198.5 |

才华榜之外的热门领域还有健康医药、教育教学、时尚美容、文艺体育等，在平台助力扩散影视明星效应后，海量用户涌入的同时，平台原本定位的知识传播很快变了味，严肃的知识慢慢偏向了娱乐八卦，交互成长被窥私欲望所取代，王思聪、柳岩、章子怡等明星都曾掀起过低俗八卦的吸睛潮。越多用户偷听，沟通双方就有更多的利益可取，打破了以往互联网免费的媒介消费惯性，明显加剧了不同人群板块往这里聚合，而他们之间的信息差是板块、阶层天然自在的属性，这种聚合并不是知识需求的正面反映，而是窥私欲望的渠道性疏解。克莱·舍基所期待的"创造性的新媒体"不再是唯一价值导向，平台做知识共享的目标似乎演变为对娱乐八卦、隐私等猎奇性问题的消极消费。

---

① 张慧：《付费语音问答平台——"分答"的传播机制分析》，《传媒观察》2016 年第 12 期。

因此，2016 年 8 月 10 日，"分答"改版并更名为"在行一点"，新面貌剔除娱乐八卦，回归到对知识的运用和社会公共议题的信息服务，沟通主体的知识盈余以严肃知识的答问形式出现。同时该平台嵌入了直播的语音微课和音频课，或在产品形态中将不同的语音形态交叉组合使用，后文再述这两种口语传播的实践形态。

**（二）传播对象、传播过程：付费"偷听"是点对点口语沟通的在场隐形听众**

语音问答平台的每个用户，并不只是在有信息需求时才来找点对点答案，因为平台设置了"偷听"功能，只要付费 1 元，任何用户可以听到任何一个答问。这就意味着，付费语音问答不只在点对点的沟通双方之间传播，知识传播可以在任何用户之间实现。

首先，"一对一"沟通，是问答语音平台最重要的特征，"付费购买"抬高了沟通门槛，这使得知识线索的明确性、知识传播的到达率、沟通效果的精准率都很高，只有高需求才能支配沟通行动。但如果平台只能满足无数个定点双方的使用，这无异于现实场景中的任何一个信息服务机构，如医院门诊间、心理咨询室等。物理场景内的面对面沟通，是原生口语"协商性"的真实写照，意味着解决问题的使用功能明显高于知识的扩散功能，这似乎和互联网的精神相背离。而"在行一点"平台的语音问答功能能够让公共传播领域内的所有潜在用户都有可能参与其中，显性身份和指向性话题的问答组合，形成无数个类似于现实场景内的协商性沟通。

其次，"偷听"，像是在无数个定点沟通的双方之间硬插入一个庞大的受众群，他们默默地、隐形于每个沟通现场，没有参与，却有好奇心和对知识的满足。这与广播电视访谈节目的现场观众很相似，只不过，平台上的口语沟通可以随时随地发生在任何用户之间。这大概是半个多世纪以来广播电视从业者完全没有想到的吧！

**（三）传播效果：口语沟通将认知盈余货币化，目前仍是初级的协作生产**

美国纽约大学的互联网研究者克莱·舍基在著述《认知盈余——自由时间的力量》① 中提出，认知盈余是互联网用户们的碎片时间与个人的创造性行为

---

① ［美］克莱·舍基著，胡泳译：《认知盈余——自由时间的力量》，北京：中国人民大学出版社，2011 年，第 5 - 20 页。

的产物，新媒体用户慢慢从单一的媒介消费行为转变为从平庸走向卓越的知识革命了。而一旦改变了认知盈余的使用方法，我们将重新界定"媒介"，正从一种特殊的经济部门转变为一种有组织的廉价又可全球使用的分享工具。

读书、看报、看电视等传统的媒介消费行为可以独立完成，因为传受分野的明晰，其消费行为的典型特征就是单一地接受信息，而社交媒体能把用户生产创造的能力全都挖掘出来。个人以往独立、个性化的媒介消费行为，变成了可以分工合作创造集体智慧的协作生产。社交媒体将个人的碎片时间完美地充盈入时间缝隙和空间空白里，让恰巧此时都在场的用户们集中在同一个细节，同在当下场景，文字、图像、语音可以同时交互，激活了碎片个体背后隐藏的社会网和知识深耕力，正所谓，聚合迸发出大能量。舍基最常用的案例就是众人创造的"维基百科"、国内的"百度知道"，如果用产品打个比方，当一部国外新片首播后，懂两种语言、爱看影视剧，并且有自由时间的一群人，他们分工阅看、翻译、整理、打字幕，很快就将一部外语片翻译成了中国人也能看的作品。

的确，个人的碎片时间被新媒体填充起来，并且有可能被网罗成一个庞大的整体。舍基憎厌旧媒体，拥抱新媒体，在《未来是湿的》和《认知盈余——自由时间的力量》里几乎把所有网络个人行动都看作美好的，集体协作的行动是积极的，把用户支配自由时间所做的共同创造看作让世界更加美好的一小步。当然，对舍基技术决定论的观点持批判态度的学者，也能举出摧毁大于贡献的例子。舍基看低了媒介消费行为的价值，因为，文本阅读本身就是一个创造性行为，我们必须不断地向字句的模糊性之中注入意义，头脑在这里并不是简单地被浪费。《认知盈余——自由时间的力量》译者胡泳这样认为，其实舍基正确地指出了人们使用媒介的三种目的：消费、创造与分享。20世纪人们消费媒介不再是单一行为，在眼下的社交媒体环境，人们越来越多地在思考如何创造和分享媒介。而答主使用语音交互，当多元多向的需求心理和碎片化的语音片段一一对接时，口语的音声美感所携带的语气和真实可感的态度，是人际沟通一味不可或缺的黏合剂。

知识吸取过程应该由获取、评价和内化三个阶段构成，而审视语音问答平台中的信息协作生产，尚停留在消解不对称的"信息获取"阶段，部分专业领域及小众化的知识，很难将所获取的知识内化纳入自己的认知模式。[1] 因此，

---

① 孟建、孙祥飞：《数字知识传播：创造、生产、消费、边界——关于互联网时代认知盈余和知识变现问题的学术思考》，《新闻爱好者》2017年第5期。

经过对语音问答平台沟通案例的研究发现，尚未实现真正的协作生产，目前仍处于初级阶段。

## 二、微课型：语音课堂与知识传播

以直播形式展开，客户端应用开辟出专门的分类话题，每个注册主播可以生成单独的直播界面供用户收听、收看和互动。语音微课堂的直播互动界面就像是一个网络课堂，有主讲老师和主动提问的学生，因此本书将这种口语传播形式命名为微课型。荔枝微课、千聊、在行一点等客户端都有微课型口语传播的实践空间，具有其特有的传播特征：

（1）任何拥有知识优势的用户都可以注册开设主讲微课堂，拥有某些资讯类信息优势的并不适合开设，因为易获取和易消费的可替代性很强。语音微课堂的影响力取决于主体身份、知识优势的程度、垂直用户的需求量及其口语的表达能力。

（2）直播的微课堂，主体与用户可即时互动，也可回放。

（3）口语语音可以保存，与图文共商传播。

荔枝微课平台强化了平台属性，细分了 35 个专题区，知识生产者提供专业性信息，吸引用户付费收听并在直播时与传播主体互动。

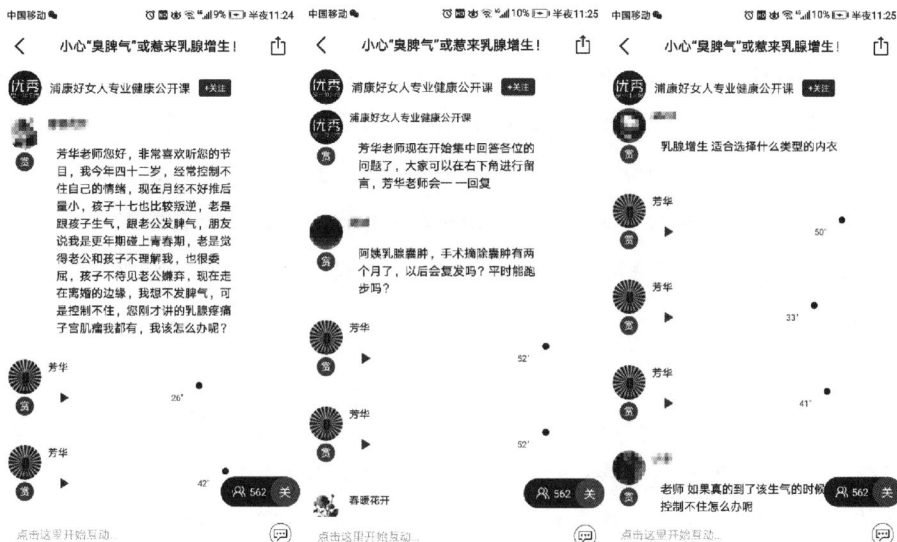

图 2-1　荔枝微课"小心'臭脾气'或惹来乳腺增生！"的直播互动

用户互动留言如上图，传播主体芳华的即时语音内容如下：

简单来说，不良情绪都是由身体决定的，有点早更了，是生理性的烦躁。如果老公、孩子听，我当然希望他们理解你，但更应该自己冷静客观地意识到我这样是不对的，是我有问题，我要改变，不是看几本书、听听音乐就好了，而是要找到并解决身体内部存在的问题。那么，像你这样的情况，我建议调节内分泌，用收肝引气的中药、罐疗，疏通一下肝经、胆经、脾经，子宫肌瘤、乳腺可以用一下消瘤和逆转增生的生物制剂，这个临床都有，都是可以调整的，不是死胡同。青春期没错，更年期也没错，如果更年期里太任性，挑战孩子的青春期，这就是你的不对了。所以希望这位朋友不要自暴自弃，可以在节目之外联系我，有问题我帮你解决。实实在在解决自己的问题，才能真正脱胎换骨，重新在生活中找回自己的位置。

这位网友问：阿姨乳腺囊肿，手术摘除囊肿有两个月了，以后会复发吗？平时能跑步吗？平时当然可以跑步，但这个囊肿会不会复发很难说，如果不去调节内分泌，改造体质，她的囊肿可能会复发。跑步，坚持运动没有关系，必须改脾气，改变生活习惯，调节内分泌，如果有时间，最好让她做全面查体，一个位置有囊肿可能其他位置也有肿瘤，有息肉，这样的体质叫痰湿体质或瘀血体质，这个是不简单的，可以给我留言，我们在节目之外细细沟通。

实际上内衣可以说是不管有无乳腺增生，都要选择那种大小适合、棉质透气的，要选择塑胸，但不能塑形，这是常识性问题，不给你重复了。

真生气的时候控制不住，该怎么办呢？那你就发火，不造成伤害别人的话就发出来吧，生生咽下去对身体伤害特别大。生过气之后得好好想想，怎么能不再生气。

我看到一个小伙子留言，很简单，笑出来：我女朋友很容易生气怎么办？好难回答，你不好对号入座，怀疑她有乳腺增生，看看她是不是撒娇啊，是不是恃宠而骄你太惯她了，或者说她是不是压力太大，或有什么难言之隐，先做好沟通，或推荐你的女朋友跟我联系一下吧，也许有些心事她不愿意跟你讲，但可能愿意跟我分享，对不对？

　　另一种以知识传播为目的，专门为讲师打造的语音沟通直播平台——千聊，是由腾讯重创空间孵化的基于微信的语音直播工具，它不受时间、场合和流量的限制，基于社群，又可以跨群直播，录音质量和上传速度都得到专门的技术保障。每个用户用一部手机就可以创建属于自己的直播间，或从 22 个类目的 10 万讲师那里找到心仪课程。它还可以潜入公众号、网站、App，听课人数无上限，内容保存可一键导出语音，支持语音图文、红包赞赏、加密微课、收费微课、开课提醒，是社群语音直播的变现利器。

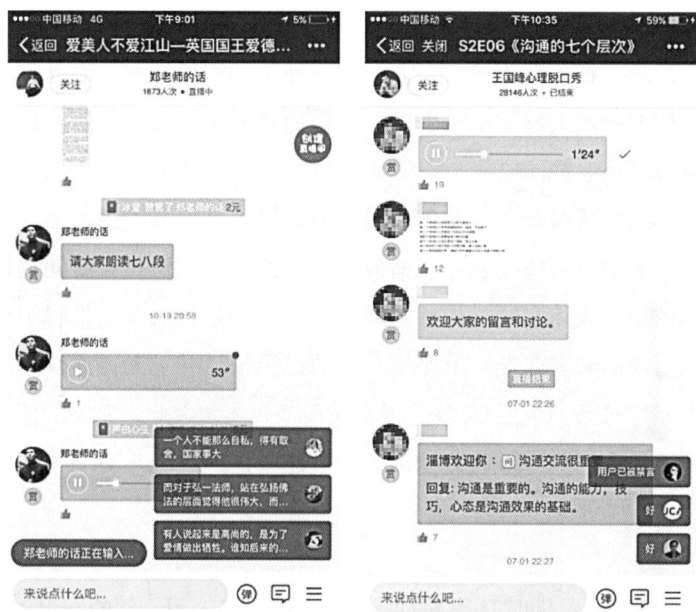

图 2-2　"千聊"语音微课直播室的语音、图文沟通界面

**（一）传播主体：知识优势是必要条件**

　　就像"分答"经历了从娱乐到八卦再到严肃知识的定位转变，社交媒体的运营者将知识传播定位为传播目标。如上所述的诸多社交媒体为用户提供了广阔的交互平台，分门别类的话题分区日渐多样且培育成熟，各类主题的课堂尽收其中。为什么知识传播最适合成为微课堂的目标定位？如果是资讯类消息，新闻也好，娱乐八卦也好，易获取、快消费，用户可以在很多渠道获得同类信

息，并且短、平、快是资讯消息的特点，并不具有价值量，供主讲用几十分钟的时间来直播讲授。只有当主题明确，且含有丰富的知识属性和可讨论价值，才适合在几十分钟的网络课堂中做谋篇布局的结构式安排。

因此，主讲人整体转向具有一定知识优势的群体，要想在直播中获得围观收听的用户，不断扩大个人在网络空间中的影响力，必定要拥有来自书本或是经验的某类知识，且能够以 60 秒为单位合理表达，小到一句话的表述，大到全篇的谋篇布局。

### （二）传播对象、传播过程：跨板块用户群体的线上社群，主体的语言表达逻辑严谨、清晰凝练

语音微课引人之处在于直播和即时互动，正如图 2 - 1 中所示，社群内的成员构成可能跨越各种人群板块，多人身处异地却如同处一室，展开面谈。口语在人际传播中的音声美感、语气态度，渗透到公共传播领域的广大用户中，彼此倾听，解疑释惑，共同协商。

虽然有图文符号可与口语共商传播，但直播的几十分钟内，围观用户须一直停留在互动界面，不断点触才能播放语音，用户与主讲在长时间内同在，因此，高质量的语言表达和顺时传播的语言内严密的逻辑关系，是吸引用户留下不走并提问互动的必要前提。微课堂直播的口语信息并不是以连续不断的语音来实现，而是以每条不长于 60 秒的语音来逐条表述。因此，完整的传播过程可再现为：每个单位时间内口语做精练表意，逐条语音合成为对一个主题意义的分解式排列。

### （三）传播效果：即时互动下的听觉感官拓展多元用户间的知识传播

刘亚律在《叙事文化的听觉之维》[1] 中提到，"声音沟通表现为人际间的'听'与'被听'关系，内中却包含着权力秩序关系，对人类社会架构产生'形塑'作用"。王馥芳在听觉文化研究中指出，"图像主义"的极致就是聋人文化，一旦听觉互动不存在，那么以听觉交际为基础的社交礼仪、风俗习惯也会被摒弃，甚至颠覆社会道德与文化规范，弱化人类的同情心与同理心。[2]

---

① 刘亚律：《叙事文化的听觉之维》，《江西社会科学》2016 年第 10 期。
② 王馥芳：《听觉互动之于文化的建构性——基于"图像至上主义"潜在的文化破坏性》，《江西师范大学学报》2016 年第 2 期。

语音微课中的传播主体和用户虽处于知识不对等的关系，但他们的讲、问、解，构成了社群内直播时段内的平衡关系，共同书写了系统的知识资源。这些知识被归类摆放、免费取阅或叫价售卖，供有相同需求的用户随时取用。即时互动的传播特征让用户和主体当下即可完成提问和解惑，以往物理空间必须同在的课堂，被移植到了网络公共空间，人与人之间口语交互的空间条件已然消失，网络微课堂为广大用户提供了学习的新空间，口语传播的新形态便由此而来。

## 三、直播型：音视频直播中的场景交互与感官抵达

移动互联网日益提速，社交媒体应用和很多综合客户端开辟了音视频直播功能，为跨越空间的互联网用户建立了连接可能，发起直播的传播主体从拥有传播权利的专业组织机构转换到任何用户个人手中，社会场景叠画于屏幕一端，在音频直播或"一镜到底"的视频直播时间轴线上，口语传播信息主导声画同步的规则秩序。直播型口语传播的实践形态，具有以下几个特征：

（1）专业机构、专业个体用户、普通用户皆可为主体发起直播交互，即时互动是其典型特征。

（2）一对多的传播范式下，主播以个人场景、个人所掌握的信息为中心展开社群内的交互。主播的主观能动性强。

（3）在音频直播和"一镜到底"的视频直播的框架内，口语信息贯穿始终，听觉秩序优先于视觉秩序。

### （一）传统媒体和社交媒体中的直播

从传统媒体到网络媒体，再到移动互联网技术支持下的社交媒体，直播经历了平台、内容生产、传播模式的代际式演进。2016 年，基于移动互联网的手机直播异军突起，网红秀场直播创造了一系列流量神话，也制造了蔚为壮观的网红主播身价和直播变现的盈利规模，一度成为互联网金融资本看好的项目。尽管经历了狂浪波峰的震荡，波谷下降的速度也会来得更快，但这短短一年的资本烧钱量也证明了直播必然是投资界和技术界的一个重要节点。

直播是指在事件发生的现场，伴随着事件发生、发展和结束，有媒介同步拍摄制作和播出的一种内容发布形式。第一阶段，是在广播和电视媒介中使用。1989年珠江经济广播在全国饮"头啖汤"，以点歌和谈话开启了广播直播的先河。电视媒介的直播从1958年中央电视台开播中国第一部电视剧《一口菜饼子》开始，不过真正的电视直播形成规模，从可预见性的事件类、大型活动类直播开始，如香港回归十周年直播报道，2005年的"连宋访问大陆""碗礁一号"直播报道，2008年北京奥运会开幕式直播，2009年新中国成立六十周年大阅兵直播……2008年12月21日，中国五十家电视机构负责人在北京签署协议，成立中国电视直播联盟（CSNG），中央电视台、凤凰电视台开始了中国常态的新闻直播业态，可预见性的事件和活动直播、突发事件直播报道的数量和质量都突飞猛进。当下，日常消息类新闻节目早已形成直播常态，在转播车和互联网速度的双重技术支持下，在电视台的行政管理和导向引导的规制下，各台的直播活动和突发事件直播也早已形成自己的制作和播出规则。广播电视媒介的新闻直播已然成为大众了解新闻的重要渠道。在这个平台上，来源于广播电视制作的新闻属于一对多的传播模式，受众依然适用"魔弹论"。尽管广大受众可参考网络信息来与广播电视沟通互动，但囿于"把关人理论"，一切来自公众的信源都在反馈的过程中被把关人再选择，导向性安全是内容生产的必要前提。

第二阶段：PC端网页的直播，也是新闻进军网络直播的入口。新闻（新近事实的报道）与网络直播的结合，必然要遵循真实性、时效性、权威性等新闻价值的规制，拥有采制牌照的门户网站自制新闻节目，成为新闻进军网络直播的转型产品，PC端和移动端都可以收看。也因为PC端和移动端可以提供显示屏界面的上下分区，直播内容和互动内容同步呈现，再加上弹幕技术的应用，强烈的互动因素嵌入其中，因此这类新闻直播产品的社交性特征明显。

新浪、人民网、新华网等门户网站的微直播、微访谈。如新华网依托微博，通过聚合来自各方面网友的实时信息，成为全方位、多角度展现大型报道及大型活动进程的直播平台。在微直播中，所有网友都可以参与现场，与新华网的主持人和访谈嘉宾等用户一起成为报道活动的主角。微博快捷的传播方式及庞大的用户群，使微直播成为大型报道及大型活动最方便、最快捷的传播展示平台。微访谈，有来自新华网的主持人根据网友的提问随时调整跟嘉宾的对话内容。2011 年至 2015 年，网页微应用处于发展的高峰期，多家门户网站的微直播平台纷纷展开对新闻大事件的直播报道。

第三阶段：移动互联网的社交媒体时代。智能终端的便携性和互联网带宽的快速提高，为移动直播扫除了技术障碍。根据 2016 年易观智库的报告，直播是指"依托网页或者客户端技术搭建虚拟现实平台，以主播（主要是草根达人）提供表演、创作、展示以及支持主播与用户之间互动打赏的平台，是一种基于视频直播技术的互动形式"。移动直播建立了基于手机端的虚拟社交平台，这种直播形态，打破了前一阶段 PC 端时代的形态桎梏，走向直播场景和直播内容的多元发展。多对多的传播模式下，移动端的每个用户都可变成内容生产者和传播者，个人当下所处的社会场景，立刻被复制载入到声画文同在的视频画面上，这流动的画面，携带着个人独特的社会属性，抵达同在此画面停留观看的任何一个用户。他们的看、听、说感官在媒介画面上即时碰撞，基于真实的社会场景，叠画形成了虚拟的交互场景。那么，在内容生产模式上依然有 UGC 和 PGC 两种，腾讯新闻中心制作了 2017 年春节特别直播《回家的礼物》，六位主持人连续几天在六个城市的机场、火车站等交通枢纽，从回家的人中寻找有故事的人，最后一天将和其中一人会合，给他（她）一个惊喜，满足他（她）曾经在直播中说过的新年愿望。直播就像一个长镜头，魅力来源于场景不断变换带来连续意义的情节故事，或者来源于场景中的人和他（她）身上的故事，这样才能让这个长镜头有连续不断的新信息。场景位移和人的故事，相对应的主要信息载体就是图像和口语，场景在变换中自带空间转换的客体信息，再辅之以人的语言讲述与空间和个体相关联的故事，而如果没有场景的变换，人的口语或身体所讲述的故事就是直播的全部内容。这类 PGC 新闻直播，难免有冗余信息，制作不如电视新闻那般精良。在直播时间的流淌中，人们可以在转场的留白中，在交谈的气氛里，感受人的温度、情感的重量和社会局部的面貌。在网友共同关注和评论里，PGC 新闻直播更追求在这个进程中去发现普通人的故事和情感，点滴描绘我们国家和民族的情感颜色。

图 2-3　2017 年春节腾讯新闻中心直播《回家的礼物》，其中四位主持人直播画面

　　网络新闻直播的优势，一是真实接地气，二是网友互动可以随时影响直播的内容。未来一段时间内，即时视频直播会有生命力，但值得注意的，一是监管部门的政策变化，二是如何从直播中衍生出盈利模式。①

　　另一种直播的主角是 UGC 的个体用户。目前，斗鱼直播、虎牙直播、六间房、ImbaTV、一直播、映客等早期发展最快的一批直播平台瓜分了大半市场份额。尤其是网红的秀场直播，直接带动了网红经济兴起，网红主播虽展演个人，但他们背后的平台、供应链、经纪人、资本市场等资源都是用户流量和变现能力的重要因素，平台经济和关系经济成为研究的关键问题。慢慢地，随着"打赏"这一表现出色的互动型赢利模式的兴起，即时沟通这一显著特征逐渐被其他综合性、商业性客户端所青睐，专门利用社会场景交互和感官抵达的传播优势，二次深挖用户流量潜在的商业价值。比如淘宝、京东这类电商的"用户卖场直播"等。

　　一般来说，新闻直播缺乏构建消费场景的能力，新闻直播秀的是事件，没有固定的打赏对象，难以产生粉丝效应，所以新闻直播一般只能做内容产品，也可以将用户流量导入其他服务产品中以间接变现。如湖南卫视"2016 年暑期粉丝直播季"做的几个融合案例：《透鲜滴星期天》当天共计预留出 150 分钟的各大平台直播时间，节目录制开场前一小时，直播平台 + 探班媒体进入录制

――――――――――――

①　谭天：《在中国，网络直播到底能走多远？》，《南方论坛》2016 年第 4 期。

现场，围绕揭秘芒果演播厅台前幕后大不同、现场体验整理食材、采访现场导演展开；节目录制前，张亮、包贝尔预留时间接受直播平台、在场媒体的访问和互动；节目录制开始后，网红主播前往"快乐天地"，探秘芒果美食与周边文化并和粉丝互动。而在节目录制的空隙，节目组预留 10 分钟左右时间，沈梦辰、姚伟涛分别与十大平台面对面直播互动《夏日甜心》。在线直播平台直接进入节目录制现场，这意味着节目还没开始，就已经聚合了百万粉丝来关注这一节目。探班短短三小时内，通过十大直播平台观看《透鲜滴星期天》探班直播的在线用户高达 500 万。观众已经不满足于只是"看电视"这么简单，习惯于边看节目边在移动端上点赞评论，再用自己的方式参与到节目中来。《夏日甜心》俨然已是电视综艺与直播要素结合得最成功的范例。从节目内容推广到主播价值营销，湖南卫视欲将芒果生态圈与网红经济无缝对接，打造更广泛的价值链条。这种模式主要还是利用了网红主播带来的巨大流量，而非依靠节目本身或明星嘉宾产生流量。

图 2 - 4　湖南卫视 2016 年暑期播出的《夏日甜心》等电视节目中融合移动端直播的画面

　　直播，作为一种信息传播方式，经历了广播电视大众传播阶段、网页视频直播聊天室阶段，进入当下移动的社交媒体阶段，并激励着传统电视直播和移动的新媒体融合传播。直播的本质没有改变，但因所在平台的传播环境发生改变，而直接导致图像、声音、文字所携带的信息发生了颠覆性变化。那么，口语——传播主体的声音源，伴随平台变迁的历程，也在传播性征方面发生了很多变化。

### （二）口语伴随直播平台的变迁而发生的传播形态演变

1. 口语主体从创作主体演变为沟通主体，口语从作品表达符号演变为沟通手段

大众媒介传播时期：前文指出，口语传播早在古希腊时期被智辩士最先写入学术史，经历了原生口语文化时代的口口相传，以民谣形式记录下了当时欧洲古文明的演变史。当文字印刷术开启了普罗大众的识读能力，加速整个欧洲的信息传播并促进了社会文化的觉醒，口语的不可记录和伴随时间的流逝性，在文字视觉传播重塑社会记忆方式的媒介偏向中，始终以同步时间的人文性与文字的空间优势交织着二元博弈。当电子信号产生，人类迎来广播电视大众媒介后，口语传播与大众媒介发生交集的结果就是播音员、主持人群体掌握着媒介赋予的口语表达权，成为大众传播研究的一个重要部分。当大众传播是社会信息流动的主流方式，播音员、主持人看似拥有媒介之于听觉、视觉呈现作品时的表达权，实际上，他们代表的是媒介机构作为信息生产者和传播权利者的权威性，是社会信息流动的准确来源。普罗大众的口语信息生产只存在于个人的生活场景中，不具有社会性和传播性，此外，还有小团体和组织内部的信息生产和传播。而只有当口语进入公共传播渠道，口语生产的内容方具备了社会属性，因此，广播电视大众媒介上的播音员、主持人的口语，成为社会信息生产和流动的样本。

电子口语文化时代的第一个时期（电脑网络期）：网络自制音视频的口语创作主体及口语生产。随着互联网的免费"共享"基因催生出凸显"个人"身份的网站，中国网络传播进入新阶段。网民个人不仅可以接收、讨论信息，而且开始了大规模生产、传播信息，个人逐渐脱离长期以来大众传播环境下的单向"受众"角色。一大批音视频网站如爱奇艺、腾讯视频等，开始开辟出专门栏目，让传统广播电视这些大众传媒制作机构之外的个人或团体上传他们生产的音视频作品，也延伸出相应讨论区供网友即时交流，统称为网站自制音视频。这时，网络音视频的创作主体大大拓展，UGC 生产模式始现雏形。利用口语进行创作的主体范围突破了广电媒体传统意义上的播音员、主持人，其口语表达的特征也必然打破广播电视节目表现出的"刻板印象"。比如爱奇艺的自制独播节目《奇葩说》，以辩论会形式不断吸纳"最会说话的人"，用真实热辣的语言讨论任何辩题。网络自制音视频节目里的口语是承载内容的主体，不论是节

目形态的主持人、参与者，还是独自成章的音视频流，由于创作主体拓展而呈现出了言论尺度大、针砭时弊有力等显著特征，它们成为代表民间知识精英的意识形态，以作品形态反映公众关注点和内心声音的一支新力量。此时，口语虽然作为作品的主要表达符号，代言的功能和意义已经显露，但社会人群之间的沟通渠道还未成熟，社会公众在网络虚拟场里还没有直接对话的平台。

电子口语文化时代的第二个时期（移动互联网时期）：直播平台两端的口语沟通主体及口语沟通行为。如果说网络自制音视频的门槛尚在，对创作者的专业要求尚高的话，网络直播的平台属性将两端主体真正实现了社会化，一直以来的"创作"行为演变为"沟通"行为，成型音视频作品的娱乐功能、教育价值等传播意义演变为围绕中心议题展开的交互与价值再生产。

2. 口语贯通了真实的社会场景与虚拟的沟通场景

移动互联网的直播平台最显著的特征之一是沟通主体所在的社会场景可被原封不动移植到手机终端，以流动画面将每个直播人的社会属性体现在移动的虚拟平台上。这较之广播电视媒介和网络自制音视频而言的最大突破，是真实场景和虚拟场景叠画于同一界面。以往，电视、电脑屏幕上的节目是创作主体意识观念的集中表达，是有充分的时间和把关人规制的，其呈现的形态是完整的声画文的集合体，其视觉秩序优先，是其中的创作者输出口语表达内容之前必然遵守的前提条件。而移动互联网中的直播平台带来的是所有主体的同时在场，戳破了视觉秩序优先的规则框架。画面从过去完整作品的呈现形态，转换为社会场景的存在要素，是伴随主体存在的，而口语，主体可以时时表达自我的符号，演变为贯通所有场景，并且带来可变信息量的主要符号。也就是说，以往的视觉秩序优先，变成了口语的听觉符号优先，因为直播状态下的场景是恒定的，或者缓慢变化的，其中的意义符号——口语，是即时可变的、负载主体信息量的，应当建立起沟通的优先秩序。

3. 口语主导，制造沟通双方的感官抵达

既然直播平台的两端是怀有信息欲望的沟通主体，他们之间的社会场景也被反映在了虚拟平台上，沟通话题也就因社会场景的属性有了天然的分类，这有点类似于社群社交，只不过直播的社群性质是主播自带的，无须在分类标签上注明。当下的场景有这样的特点：首先，真实场景的视觉秩序优先。场景是个空间概念，主要体现在画面上，这是沟通双方视觉启发的第一幕，身在其中的主播其口语语言必然符合当下场景的空间感。不伦不类的搭配，像无理由的声画不对位，也没有吸引力。场景陪伴、衬托出沟通双方的话题，场景烘托了主播赋予话题本身的情感，场景影响着双方的沟通欲望，场景决定了主播口语表达的内容。其次，虚拟交互场景里听觉秩序优先，口语主导沟通双方的感官。一旦直播平台上的虚拟交互场景出现，主播与对方便都开始了基于这个虚拟场景的一场想象之旅。主播口语述说自己的心绪，想象着对方会更加需要什么，对方用文字、图片等形式反馈后，主播再用口语调整着彼此的对应。也许伴随真实场景的位移，或场景中的其他道具，主播将这一切都回归到口语主导的听觉先行、视觉陪伴的一场感官抵达。

## 四、社交型：微媒体语音促进人际关系的黏性

从口语传播角度看，如果说付费语音问答是基于人际松散的社会关系而建立起即时沟通的话，那么微信、易信、WhatsApp、Skype 等客户端就是建立在人际紧密的强关系基础上的语音沟通平台，它们有以下几个特征：

（1）基于个体用户的社交强关系而发起的社群。

（2）一对一或多对多的传播范式下，社群成员的强关系决定话题的窄众化和个性化。

（3）语音及表达符合社群公认的规范，语态多元个性。以社群成员的共同需求为导向。

微信是腾讯公司于 2011 年 1 月推出的一款即时通信服务的应用程序，到该年年底就收获了 5 000 万用户，截至 2016 年第三季度，已经覆盖中国 94% 的智能手机，月活跃用户数达到 8.06 亿。它不但开启了智能终端即时通信的先河，更突出的是它的独特创新——微信语音，还原并整合了声音、图像、文字一系列传播符号，创造一种全新的传播现象。它在一对一、多对多的微信群以及公众号中的应用，让用户利用口语交互最大程度上还原了人文性的本质。

若想成为微信好友，需先有对方的电话号码、二维码名片、微信号等私密信息，才可以互发点对点的信息；若想成为微信群友，也需要有好友推荐或群信息名片。这也就是说，微信是建立在私密关系基础上的信息传播平台，是围绕个人真实的社交圈而建立起来的网络关系，这明显迥异于微博、网页关键字搜索就可找到目标的松散关系。而后来的微信公众号功能，则满足了个人用户和任何一个团体组织建立一对多的传播关系，完成多元符号的互动。

以微信公众号"郑老师的话"[①] 为例，主播主创郑伟于 2014 年初创办，经营三年半后粉丝突破 10 万人。目前，郑伟团队共制作公众号、语音微课、视频直播、主创音频四种产品形态，其公众号嵌入了知识推文和线上互动的入口，交流的主题是"怎样让你的声音更有魅力"。因此，主播与高黏性用户的主要互动方式就是微信群。"郑老师的话"和粉丝用户建立了 400 个百人群，其中 50 个五百人大群，还因互动频率和深度不同，为有高需求的粉丝建立了十人的小规模群。目前，主播郑伟与用户主要在两个平台进行交互：一是利用语音微课的直播工具上公开课，向所有用户开放。二是在微信群内与付费购买的用户进行一对一的有问必答式的交互。

图 2 - 5　"郑老师的话"微信群日常交互

### （一）传播主体：强关系社群内互为主体

基于强关系绑定的社交关系，高黏性颠覆了"一对众"的隐形关系，即便知识优势在主体之间有所差异，但身份关系的紧密性强化了彼此互为主体的显性关系。如"郑老师的话"郑伟本人每天定时在微信群内与网友展开深入的交流互动，尽管每个群都有二级群主角色的人，但郑老师与网友在规定动作内的互动必不可少，这也是持续维护用户关系的必要手段。主播日常的交互有两个内容：一是推送经典作品分析和示范，二是展示用户的声音作品并给予针对性指导。从用户的反馈来看，粉丝与主播的黏性非常高，把微信群内的知识当作

---

[①]　主创郑伟，公众号"郑老师的话"创始人，"罗辑思维"百人讲师团之一，主创音频"怎样让你的声音更有魅力"等。

重要的学习事项，甚至在小程序中每日打卡，受群里的志愿者跟进督导。同时，微信群营造了一种所有主体实时在线的时空关系，且语音功能可以保存，用户付费购买的知识和服务可以反复收听。郑伟因此而强调："鉴于主题带有深刻的知识性和学习性，维护用户黏性主要依赖微信群，而千聊等语音微课只充当拓展用户的一个工具。"

### （二）传播过程：语音通信统合了人的感官，易于消减传播中的意义隔阂

原生口语文化时期的人们，生活在一个万花筒式的世界里，处在没有文字的听觉场之中，对于周遭的认知依赖于眼睛和耳朵。耳朵听声音和眼睛看事物不同，它不能聚焦，不能停留，无法即时深思，而只能是通感的。听觉空间没有中心，也没有边缘的空间，它是人际真实的表露，是没有雕饰的。而诉诸文字媒介和视觉思考的空间则是封闭的、序列的、完整的。所以，有学者认为，"听觉—触觉的部落人参与集体无意识，生活在魔幻的、不可分割的世界之中。这是由神化、仪式模式化了的世界，其价值是神圣的、没有受到任何挑战的"①。这里的神圣，可理解为口语是人与人之间最本真、没有牵绊的基础沟通媒介，带有宗教意义上的纯洁性和崇高感。

传播学理论也认为，口语是人际传播，也是自我表达的最基础媒介。口语语言的功能不仅仅在于传递讯息内容本身单一的文字含义，它还通过人表达时的语气、节奏、速度、音高等声音语音的独特指标，来传递口语主体的背景信息。即时通信里的文字信息，或因用词多义，或因故意使然，可能会存在歧义。但若用口语语言表述，人的感情因素是确定的，在每句话里都有明确的语气，即便单独看文字可能歧义，但口语中饱含的语言创作因素，会将信息的内在语准确无误地表露出来。这种"超语言意义"的功能让语音在微信的社交场合里具有雄辩力。本来，手机已逐步成为人们不可缺少的媒介，无时无刻不在的伴随状态，使微信语音满足了人们处理信息快速、便捷等需求。即时的语音交互，是最快捷地消除隔阂的沟通方式。

"郑老师的话"之所以选择微信群作为和粉丝用户交互的最主要平台，恰恰是利用了微信语音的特点。第一，可保存的群内界面将知识本身保留了下来，

---

① 乔庆基：《媒介与感知——从人的延伸看媒介对人的构成》，《理论界》2012 年第 1 期。

付费购买的知识可以反复使用。第二，群内主播和粉丝用户同处于一个占据满屏的界面内，主播和粉丝的语音完全平等地排列出现，每个语音条同处于一个阶段的时间秩序内，具有同等的重要性。享受知识服务的用户愿意付出经济和时间成本，在手机媒介被完全占据的时间内全身心调动视听感官来体验语音承载的内容和情感。第三，在以上两个技术环境下，主播主体和粉丝用户实时互动的全在线，造成了一种同处场景内当面聆听的沟通情境。"郑老师的话"与用户沟通的话题集中在如何纠正普通话发音，如何朗诵诗文使其表达效果更具悦听性，沟通过程中彼此口语中潜藏的语气因素，兼有了精准表意的传播意义和服务于内容的双重示范作用。

### （三）传播效果：微信语音润滑人际关系，促合社交关系的黏性

微信语音还推进了人际传播的"湿性化"，以跳跃、活泼的音符代替单调枯燥的文字，润滑了人与人之间的关系。被誉为"互联网革命最伟大思考者"的美国学者克莱·舍基在《未来是湿的——无组织的组织力量》一书中提出了"湿世界"的概念，他认为未来的世界是湿的，是指社会里人与人之间充满人情味，变成黏性的、湿乎乎的存在。在一个黏性社会，人们不再单纯依靠制度被捆绑在一起，而是可通过情感交流联系在一起。语音功能使微信成为一种加强人际关系"湿度"的"润滑剂"，人们通过微信语音，通过个人独特的声音、语气分享个人情感和生活经验，并传递情绪，补充了文字媒介传播信息的不足，提高了人际交往空间的"湿度"。布伯认为，人的真实生活是"对话的相遇"。这一原则建立在人与人相互理解、相互认可和相互尊重的"我—你（汝）"关系的对话中。而微信传播是一种人际传播，库利认为，"人际传播作为人际关系的基础，把社会'黏合'成形"。因此，从某种意义上来说，微信契合了社会黏性化、湿性化发展的方向。"郑老师的话"微信群里的粉丝用户对主播郑伟和团队讲师的认可非常强烈，郑伟在访谈中确认："每日近千条的互动留言中持否定负面情绪的留言不超过十条。第一开放门户公众号的订阅人数 10 万余人中的一半参与了付费听课的微信群，用户最想要的就是个人语音承载的作品能够得到主播一对一的回复。"用户的黏性在微信中日渐提高，小程序"小打卡"的高频率使用，一方面提升了用户参与的必然性，另一方面也从经营的角度捆绑了用户的使用。

## 五、音频型：移动音频产品与内容变现

移动音频平台于十年前开始蓄势发展，特别是从 2014 年起，蜻蜓 FM、懒人听说、喜马拉雅、荔枝 FM 等客户端快速崛起，经历了"跑马圈地"的初级竞争阶段，目前已经进入白热化的竞争阶段，而三大赢家平台也在此轮竞争中显现出来，按照用户量排名，蜻蜓 FM、喜马拉雅、荔枝 FM 目前成为佼佼者。截至 2016 年 9 月，喜马拉雅拥有 3 亿多用户量、400 万左右的主播。

以蜻蜓 FM 为例，移动音频应用的发展经历了三个阶段：第一个阶段是广播电台内容，和传统媒体发生关系。第二个阶段是有声书内容，和出版社发生关系。如拿下金庸小说等文学版权，与中央人民广播电台合作，呈现给用户的作品是文学作品的有声版。第三个阶段进入个人主播阶段。在知识经济的时代，音频内容价值凸显，有声读物、个人主创音频从全面免费逐步迈进精品付费模式。相应的，音频平台的收益模式也从传统广告、冠名等模式快速演变为内容变现。应用于个人志趣和信息服务的付费模式，对音频产品的要求无论在内容方面还是在语言表达方面，都更为精进，紧密贴合用户所需。蜻蜓 FM、喜马拉雅、荔枝 FM 等音频内容平台不断整合各类内容资源，用差异化产品以瓜分市场份额。

上述音频内容平台本身并不是纯粹的社交媒体，但其中嵌入的产品具有社交的功能，本书用"音频型"来归纳此类口语传播实践，旨在突出主播准入门槛降低、点击量巨大、评论专区海量互动所表现出来的社交可能性。基于长期的观察体验，音频型口语传播实践具有以下几个典型特征：

（1）音频内容海量、类别多样，但声音转换和个人主创是口语实践的两大基本类型。虽免费产品数量庞大，但付费购买渐成趋势，强烈的需求指向让用户愿意付费，珍惜内容，重视交互。

（2）一对多的传播模式下，广大用户以接收口语传播主体的信息、知识为主，互动非即时。

（3）口语语言的个性、艺术性、感染力极强。

### （一）有声读物

有声读物，是最原始的付费收听。以蜻蜓 FM 为例，2017 年，该平台与数

字化内容版权方掌阅科技、金庸汉语有声作品全球独家发行公司朗锐数媒、音频制作方酷听听书达成了战略合作。从版权的购买、录制到互联网平台发布，蜻蜓 FM 在有声书版权这一块上已经打通了上下游渠道，形成了完善的产业链。有研究指出，当广播剧、有声书等形态的音频产品在移动端爆发式增长，投资风口已经到来，并且进一步影响到文学作品的传播路径和价值。①

### （二）个人主创音频

如果说对文学作品进行有声转换的有声书是免费或付费的初级产品形态，那么基于个人主创的个性化音频则迈进了更高一级的产品形态。产品内容从稳定意义的文学作品走向流动意义的知识观念，人际传播间流动的对于热点事件、社会议题、知识文化而产生的思想观点，可能以完整独立的音频碎片形式渗入公共传播领域。个人主播将个性魅力与人格品质融入对社会文化历史的解读，碎片音频携带的流动意义，更为便捷、直观地抵达用户感官，符合社交媒体多元用户之间纵横交织的交互关系。

个人主创音频的核心是主播个人价值，蜻蜓 FM 总裁钟文明认为："对于蜻蜓 FM 等同类的内容平台来说，个人主播可能是另一个内容付费的产品形态。现在这个时代时间值钱，个人价值值钱，钱不值钱，人格的价值无限量。旧产品形态很简单，和做出版、教育的人合作一个产品直接放到平台卖就可以了，但今天一个很牛的大学教授做的音频产品可能根本卖不出去，没有人听。"② 过去靠广告浏览人数而获得广告商费用的模式完全可能被替代，而且内容付费的额度一下子拉高了商业收益的天花板。

如"得到"平台，他们有小而精的定位——专做互联网知识的服务商和运营商，口号是"我们想要打造的是一个有灵魂的知识社群"，"得到"有主打拳头产品的百人讲师团，生产精品供用户购买。再如，2016 年 10 月，蜻蜓 FM 联合吴晓波打造的《腾讯是如何长大的》独家上线，PUGC 主播的进入，标志着蜻蜓 FM 正式踏入音频付费阶段。③ 从 2016 年底至今，蜻蜓 FM 付费音频进入深

---

① 张岩：《有声读物自助出版平台的建构模式及媒介功能重塑》，《编辑之友》2016 年第 6 期。

② 来自对蜻蜓 FM 总裁钟文明的访谈。

③ 张昊：《蜻蜓 FM + 广播电台：内容蛋糕的共享与融合》，《中国广播》2017 年第 10 期。张昊为蜻蜓 FM 的内容战略总监。

耕发展期。这一时期，台湾美学大师蒋勋系列音频、高晓松《矮大紧指北》等节目陆续独家上线，并且在业界取得了不错的反响。如马东的《好好说话》在蜻蜓FM上线一天的销售额破500万元，高晓松的《矮大紧指北》上线首月付费用户突破10万，《蒋勋细说红楼梦》累计播放次数达2.2亿，成为蜻蜓FM音频领域的顶尖精品。喜马拉雅在2017年12月3日启动了中国第一个知识内容狂欢节——123知识狂欢节，仅24小时，销售金额达到5 088万元。如今，在知识付费的背景下，蜻蜓FM和喜马拉雅为两大巨头的竞争，不遗余力。

再如"在行一点"平台，模拟真实课堂规模的大小和教学时长的功用，设计了三种语音课堂，传播主体（讲师）制作长短不一的音频，供用户购买收听：讲：1分钟语音问答无法解决的问题，可由30分钟的"讲"来实现，用户即学即用，解决当时所需。课：除了实用的招式，用户还有系统学习某个领域的知识和思维方法的需要。不同时长和系列的"课"，主打系统化课程，用户可以利用碎片化时间，跟随顶级专家学习学科的入门通识知识。班：除了听课，用户可能还想拜师学艺，和行家深度互动。"班"有主讲和助教双师陪伴教学，在每期21~30天里陪伴教学，帮助用户实现一个目标。

图2-6 "分答"更名为"在行一点"后的音频课堂

目前，付费内容定价已经形成稳定规律，上线平台的分成比例、主播个人知名度影响力、音频内容的功用性和语言的表现力、用户群体的规模等因素都会影响音频的价格和市场认可度。如果通过大幅度提高价格来扩增市场，前景风险大，最紧要的是要增加付费用户。无论得到、喜马拉雅还是蜻蜓FM，他们的内容都是在自己平台上做分发，而平台上用户数量是有限的，一旦潜在付费用户挖掘完毕，就陷入瓶颈。如果和BAT大平台打通，将会在流量基数上带来量级的翻倍，对多种广告盈利模式都有巨大的颠覆潜力。蜻蜓FM总裁钟文明在2018年5月22日深圳TMT策略会暨智能创新专题上交流时说："巨头目前能够带来的流量比例约为10%，比想象中的要少。"尽管流量是付费可能性的基数，但付费行为的发生还需要主播影响力、优质内容、表达效果、包装营销等几个因素的合力。

音频型口语传播实践具有以下几个传播特征：

1. 传播主体包括声音型主创和知识型主创

对传播主体的分类应与产品形态相互对应。目前市场上付费音频产品层出不穷、遍地开花，但总体上可以归纳为三种形态。第一种形态为"声"，即纯粹通过声音来进行价值传递的产品。有声书、广播剧就是典型的声音型作品。声音主播具有较强艺术语言表现力，而文字作品的来源可能是出版社，或个人作者，在双方达成合作共识后，声音型主创依据文学作品稿件进行二度创作。

知识型主创生产后两种产品：第二种形态是"知"，主要功能在于帮大家缓解焦虑，学习干货，比如"得到"客户端的精品音频、马东《好好说话》等。第三种形态是"识"，这也是蜻蜓 FM 主打的付费音频产品，它不是教大家去提高某方面的技能或技巧，而在于通过这种"识"的传输，帮助听众拓展思维、开阔眼界、增长见识。[①] 高晓松《矮大紧指北》、蒋勋《蒋勋细说红楼梦》、费勇《33 堂金刚经修心课》是目前在蜻蜓 FM 付费专区比较受欢迎的"识"类产品。第二、三类产品形态的主播，称作知识型主创，他们的个人价值，包括思想价值和人格价值，才是产品的灵魂。

此外，内容平台上草根与精英同在的局面营造了技术赋予所有用户平等权利的表象，其实从平台对主播的引入机制、阅听和互动的数量，以及平台培养意见领袖的手段等方面看，权力角逐的直接结果就是主播的层级化差异巨大。利用"名人效应"，可以实现可持续性、可复制性的知识传播以及利润盈余。

2. 传播过程捆绑场景下的消费习惯

日新月异的传播媒介对社会场景有巨大影响，宏观上推动了社会场景的流动、融合和去中心化，在特定场域关系、内容、终端网络持续融合，推动空间与媒介场景向关系场景转化，人与场景互相建构。[②] 虚拟与现实场景的融合，不同情境下的场景交替，多层次场景的叠加超出了惯常的想象，用户在不断地

---

[①]　张昊：《蜻蜓 FM ＋广播电台：内容蛋糕的共享与融合》，《中国广播》2017 年第10 期。

[②]　喻国明、马慧：《互联网时代的新权力范式："关系赋权"——"连接一切"场景下的社会关系的重组和权力格局的变迁》，《国际新闻界》2016 年第 10 期。

重塑自我的社会角色和社会互动，进而在连接一切与共享社群中找到归属与认同。① 当我们把声音作为一种场景来看待时，就找到了听觉的空间。人们对待声音符号需要全神贯注才能领会要义，但又因解放了双手更加随意舒适，这种对立统一使得声音场景可以无限细分。海量音频的内容通过细分的知识场景来抵达目标受众的听觉感官。

蜻蜓 FM 等内容平台的单个音频长度多在 30 分钟以内，具有相对完整的独立意义，系列音频合成的主题可适用不同场景。如喜马拉雅平台有儿童哄睡场景下的"一千零一夜睡前故事""糖粥粥睡前故事"；情感夜话场景下的"蕊希电台""夜听"；心理课堂场景下的"李蕾六六的女强教室""解忧信箱"；职场学习场景下的"孙亮：读魔法名著学英语""吴晓波频道"；嬉笑娱乐场景下的"非常溜佳期""一黑到底"；节日场景下平台助推的如"14 位恋爱导师情人节开讲""叶檀：婚姻也有经济学——新时代女性的婚姻观"；还有适听多种场景下的音频等，不一而足。

当然，场景细分并不是每一个音频必备的特征，在海量碎片的环境里，在声音魅力占据听觉空间的媒介使用情境下，用户的注意力被锁定的一个重要原因是满足了场景下的强烈的使用需要。场景明确细分的内容，具有明确的定位，带有鲜明的对象感，最易被识别。

3. 交互性的提升依赖于平台的设计与算法

平台的主播准入设计和培育手段，有意识地培养更多优质用户入驻平台。如喜马拉雅设立了喜马拉雅大学，分设儿童节目、情感节目、娱乐节目、有声播讲、设备及后期等 QQ 学习群，有专业的老师定期分享学习资料，菜鸟主播们通过上传语音完成相关作业。此外，喜马拉雅还在客户端开放声音录制板块，提供录音入口以及剪辑软件，缩小主播们的声音鸿沟。这些举措不断降低普通听众成为主播的门槛，帮助他们完成角色扮演，同时实现主播梦。多种模式下，主播与听众、听众与听众之间打破了传统的点对点的传播形态，建立起复杂的纵横交织的多元性交互关系。受众成为虚拟平台中拥有积极发言权和强烈参与意识的用户，甚至还会获得许多虚拟资本进而转化为实际商业利益。②

音频内容的分发接下来应该走向智能化，而算法推荐或许是其终极形态，

---

① 倪赛美：《移动音频平台的知识传播研究》，山东大学硕士学位论文，2017 年。
② 倪赛美：《移动音频平台的知识传播研究》，山东大学硕士学位论文，2017 年。

识别用户需求，完成精准匹配，如果模仿今日头条这类以算法推荐为主的智能分发平台，音频内容越来越精准地找到对应的潜在付费受众，留有无尽想象。

# 第二节　社交媒体中口语传播交互性的主体构成

## 一、社交媒体用户是潜在的全部主体

在移动互联网环境下，社交媒体的物质载体智能终端具备声图文的录入功能，因此，从理论上说，每个社交媒体的用户都是潜在的使用主体，都具备发起、参与口语或整合符号交互的可能性。但在不同社交功能、类型、目的的社交媒体中，潜在的使用主体会根据个人需求和社交关系把自己置于具体的社群里，大小规模不同，强弱关系有异。理论上，在社群内，每个用户都可能成为利用口语进行信息交互的主体。

伴随可能性增多而来的就是选择的必要性。当爆炸式的碎片信息充斥网络，如何选择社群参与交互，甚至可以决定用户时间的有效性和社交的品质。社交媒体"得到"的百人讲师之一、"罗辑思维"罗振宇的声音训练师郑伟接受作者采访时说："每个用户每天使用智能终端的时间很多，他参与社群和彼此沟通的内容，形成了一种个性风格的语境，在当下的媒体环境里，这种长期自我选择、培养、浸润的语境，就决定了自我的沟通环境和品味格局。"

社交媒体的种类繁多，功能多元，口语的传播样态各有不同，那么，每个潜在的用户都是口语传播的主体吗？正因发起和参与口语传播的可能性增强，成为真实的主体需要具体的社交关系和形成语境。根据社交媒体中口语传播的时间和空间特点，口语与完整的传播意义的关系，本书将口语传播的主体概括为两种：强关系中的传播主体和弱关系中的传播主体。

弱关系和强关系是两种不同类型的社会网络关系，从互动频率、感情力量、亲密程度、互惠程度四个维度可以测量出关系的强弱。马克·S. 格兰诺维特定义弱关系时指出，弱关系是两个行动者之间短暂的社会接触，如其他公司的合作伙伴或那些不太熟知的人，① 具有广泛性、中介性、异质性的特点。魏春梅认为，弱关系比强关系更能充当跨越其社会界限去获得信息和其他资源的桥，使人们接触不同的社会圈子，可以跨越更大的社会距离而触及更多的人。也可以通过本地桥创造更多、更短的路径，帮助人们获得他们不知道的信息，使其他群体的重要信息源源不断地流向本来不属于这些群体的某些个体，促成不同群体、组织之间信息的流动。罗斯玛丽·伦纳德、边燕杰等人定义的强关系，指长期合作建立起来的社会关系，如亲密的同事关系、朋友关系、家庭关系，具有长期性、稳定性、高信用度的特点。② 传播学者将弱关系和强关系理论应用到新媒体传播的研究中，认为在众多社交媒体中，以微信为典型，是基于强关系的社交媒体，个人好友和群好友是基于个人紧密的社会关系而成的社交关系。

强关系中的口语传播主体。微信创新的语音交互功能，把强关系中的用户绑定在一个随时在线并专门生成的对话框中，正因声图文随时在线，这个虚拟界面移植了现实社会关系中的一切场景、语境、语言。若为一对一对话，用户之间互为主体，上一条信息的内容形成具体的语境，对话的紧密度、私密度高。群内多个用户之间同样互为主体，他们因身份、兴趣爱好等紧密关系而入群，以彼此共享维系情感与兴趣的信息知识为满足，将稳定的、长期的社交关系作为个人现实社会关系的重要补充。

弱关系中的口语传播主体。微信、易信等强关系社交型之外的社交媒体，都是基于更广泛移动互联网用户而开发，也正是潜在用户的位置、场景、关系等因素的广泛性才成就了社交媒体服务于不同人群板块、不同使用功能的必要性。口语以直播和不同长短的语音样态存在，虽然每个潜在用户都具备发起和参与的技术可能，但浩繁庞大、细碎的话题分区只为那些口语内容和口语表达都极为精湛的主体提供了长久生存的空间。一对一问答型的口语传播主体是注册答主中的活跃用户，他们须将知识转化为解答疑问的表述，方能获得认可和酬金。直播型的口语传播主体，在同类型的话题直播区需要表达辨识度高的优质内容，才能得到粉丝的持续支持。微课型和音频型的口语传播主体，经过连

---

① GRANOVETTER M S. The strength of week ties. American journal of sociology, 1973, 78 (6): 1360 - 1380.

② 魏春梅、盛小平：《弱关系与强关系理论及其在信息共享中的应用研究综述》，《图书馆》2014 年第 4 期。

续的市场考验，越来越呈现出精英化的趋势。

## 二、公共社群内建立沟通关系的主体与用户

社交媒体中口语传播的交互主体是能够发起、参与口语传播，并在社交媒体的公共空间内利用口语及整合符号进行信息交互的用户。由于功能类型不同的社交媒体形成了"一对一""多对多"的传播模式，口语传播的具体实践贯穿于大小不同的单元里。除了强关系下的一对一口语交互之外，其他社交媒体的口语传播都是基于某一类社交话题而展开的社群内信息交互。每个社群生成，社交媒体就搭建了一个平台界面，口语传播主体和其他用户之间可展开第一个层次的交互，其他用户之间可同时展开第二个层次的交互。以口语传播的几种实践形态为例。

图 2-7　问答型："在行一点"

崔玉涛医生回答提问

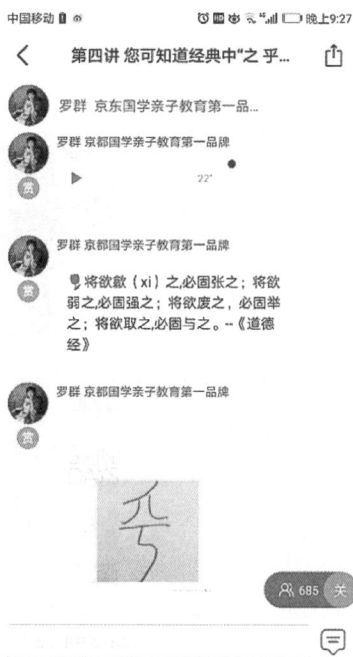

图 2-8　微课型："荔枝微课"

某课堂 685 人参与直播互动

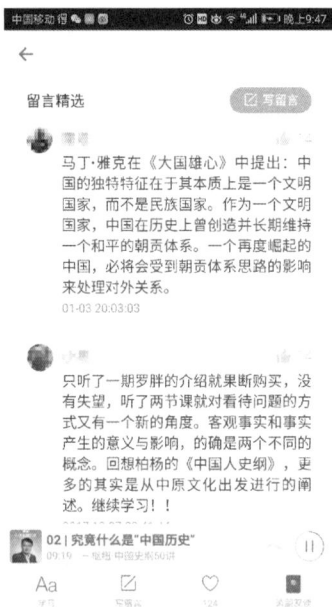

图 2 - 9 音频型："得到"App 中 "中国史纲 50 讲"与网友留言

图 2 - 10 直播型："一直播" 深圳交警直播与互动

图 2 - 11 社交型：微信群内的语音图文互动

本书以网络民族志方法挖掘了 30 个小时的社交媒体口语传播案例并转换为文字文本，从中总结出五种口语传播的实践形态，每种形态选取一个典型做出如上截图，认为口语传播的主体呈现几个特点。

第一，主体融合：传播主体和接受者"二位一体"。口语传播主体和沟通对象，若以传统媒体的视域思考，这二者的身份具有很大差异，正如现实课堂内的师生对话，公开演讲者与听众的互动，传播主体的话语是指向接受者的。而社交媒体中的知识、资讯，不再单指向，而是编成了一张链条结构的网络。个体在某个信息链中是传播者，而在另一个社群的互动中可能既是传播者也是接受者，或者这二者的身份交织于一体。"在行一点"问答社区，用户提出问题、浏览答案时是接受者，而当他主动回答问题，或者评论、转发分享时，他又成了传播者。所以说，社交媒体环境让口语传播主体和接受者的两重身份合二为一。正因为如此模糊的身份边界，用户进行双向乃至多向互动就更加顺理成章了，也成就了社交媒体面对所有用户开放而平等的传播环境。

第二，全民参与生产与传播。美国学者克莱·舍基论证的"认知盈余"概念认为，同时拥有知识背景、可自由支配时间以及分享欲望的人，他们将盈余的知识、时间汇聚在一起并互相分享，便可能产生客观的社会效应。[①] 认知盈余的现象不仅代表着社会生产力的解放，还代表着口语语音传播的过程中社交关系的释放，这个传播过程是个体化的，更加是社会化的。通过便捷的沟通、对时空限制的跨越以及自组织的协调形式，个体得以在科层制的组织之外参与集体协作，并在其中发挥自身的潜力与价值。[②] 例如问答型的解疑释惑；微课型的知识传播；音频型的有声书作为口语语音版文学作品，突破时间空间的限制满足用户可自主选择的志趣喜好；主创音频为个体用户提供自我展示的平台，主体与用户的身份随时转换，同时建构并传播知识和资讯、塑造自身的社会价值。主体和用户不是从属和被从属的关系，他们都处于信息链条之上。任何人都可以扮演任何角色，利用口语传播实现知识和资讯的社会化创造、传播与创新。

第三，呈现"去中心"的精英化趋势。在全民可参与的大背景下，口语传播主体在理论上具有丰富的可能性，但声音的传播力、影响力因人而异，并且

---

① ［美］克莱·舍基：《认知盈余：自由时间的力量》，北京：中国人民大学出版社，2012 年，第 1 - 30 页。

② 谢新洲、赵洛琳：《网络知识传播的沿革与新特征》，《编辑出版》2017 年第 1 期。

差异巨大。只有拥有知识优势的群体，能够满足广大用户的信息、知识、情感、使用功能的传播主体才能逐渐获得关注，并有能力维系动态的、不稳定的社交关系，谋得被人需要的、能够产生传播力和影响力的"话语权"。

# 第三节　社交媒体中口语传播交互性的场景还原

上述五种实践形态中，直播型、社交型口语传播可伴随着物理场景的同步叠加，其他三种则是纯粹的语音传播。尽管场景关系的交互，是社交媒体带来的跨空间优势，但反过来推想，对于用户体验来说，其意义的完整性、沟通策略的有效性，更需遵循场景还原论的规则。

基于此做以下分析：第一，场景内非语言修辞手段的连续使用。面对直播长镜头，说话者必然会用到诸如手势、体式、表情等辅助性的修辞手段。这些非语言修辞手段，具有不可替代的作用，他们可以传递许多很难用语言来传递的或胜过用语言来传递的信息。《诗经》中的"巧笑倩兮，美目盼兮"①，说的就是表情、眼神等信息传递功能。沟通双方通过视觉获取的信息，可以帮助判断对方的言语态度背后的心理态度，随时调整语言，提高修辞行为的有效性。第二，口语在直播中的连续性，让主体内容在演进和转场中的过渡性细节得到完全展现。用手机直播的主播，不管是 UGC 的普通用户，还是 PUGC 的专业用户，他们同样面对的都是不间断播出的长镜头，这里需要无隐藏、无间断的言语表达，在没有位移的场景里，主播言语与场景的关系是同步、紧密的。因此，主播的语言须真实、连贯，个人与场景内的人、事物的所有关系和细节，都得在公共传播的范围内，在对象感充足的沟通状态内表达。第三，场景是行为的"恰当的容器"②，不论主播口语内容与物理空间的紧密度如何，传播时间的连续性都决定了主播无法做任何删减的不可选择性。

场景还原论，最明显的应用体现在 PGC 的直播中。2017 年 2 月 19 日，客

---

① 参见中国古代第一部诗歌总集《诗经》中的一首诗《国风·卫风·硕人》。
② 鞠玉梅：《社会认知修辞学：理论与实践》，北京：外语教学与研究出版社，2011 年，第 111 页。

户端"央视新闻+"正式上线，其中开辟了记者直播板块，央视记者蒋林当天做了一场38分钟的直播，题目是"扶贫进行时 记者再访悬崖村"。蒋林来到四川省凉山彝族自治州昭觉县支尔莫乡阿土勒尔村，在扶贫工程改造好的钢梯上开始了直播。

图2-12 专业记者蒋林在"央视新闻+"的直播①

38分钟内，蒋林一直都在攀爬和解说，他自己手持一个自拍模式的手机，另一个同事持手机正常拍摄蒋林，共两个手机机位直播。在钢梯搭建好的场景内，蒋林的口语报道思路如下②：

（1）钢梯的由来——钢梯、护栏，老路与新钢梯的对比。

（2）去上学的孩子——踩点时遇到开学第一天上课的孩子（采访内容放进直播里）。

（3）缆绳——新设施的人性化设计（帮助人们下山时使用，细节引入）。

（4）进入第一段艰难爬行路段——手机交给同事，蒋林出镜，手脚并用上山（上山为了体验爬山艰辛，自己亲自攀爬，没有用腾云之术）。

（5）介绍同事白璐之前做蹲点日记时，为了与后方联系蹭信号的经历，从而引出大凉山最近新增了发射塔。

（6）悬崖村在这里，不是唯一，而是很多。蒋林就着现场又指明了对面山上的悬崖村。

（7）回应质疑：当地民众为什么不从大山深处搬走？指出所有搬迁是不现实的，因地制宜地制订扶贫方案，是一个值得思考的问题。

———————————

① 摘自微信公众号"晓阳特训营"和微博"公民蒋林"。
② 微信公众号"晓阳特训营"。

（8）从回应质疑自然过渡到扶贫攻坚的报道主题——他在气喘吁吁的状态下把一系列的数字信息说出来，扶贫是从最难的骨头去啃，可是脱贫可能是先易后难。

（9）平台处直播内容：结合现场，介绍当地扶贫攻坚的成效。新旧路线的对比、河床边上的学校、修路造田进行中、已经投入使用的新基站等，他依据现场一一道来。就在这个大平台，蒋林说了足足 9 分钟。现场信息与背景信息相结合，不干瘪。

（10）拉博站处的报道：说明当地人乐观的性格。

（11）最险路段直播：这一路段坡度有 75 ~ 80 度。最险路段攀爬时讲述钢梯是如何建造起来的，原来这是村里所有劳动力用了 45 天建好的。钢梯二期工程也要开建。后面还介绍了悬崖村在教育方面的新变化。

（12）最后的直播点：以四川凉山春晚分会场时的直播经历作为信息支撑。

主播选择扶贫改造的道路工程——钢梯为场景内的方向性线索，爬行过程中的每一个停留都是口语内容的指向，是场景决定并指引了口语报道内容的主体和方向。直播的 38 分钟全程，专业内容生产者的口语信息，内容丰富，冗余量少，位移转换的过渡语言和信息点衔接的过渡性语言，都要自然地融入主体信息，38 分钟一气呵成完整的口语文本。这一个长镜头下的悬崖村攀岩道路，主播的创作思路要根据场景中人、事物的出现排序来梳理，口语表达的内容，不论是声画合一还是不合一，都不能脱离当时当刻场景。

来源于场景、还原场景，是口语在直播过程中遵循的视觉依据，"一镜到底"的长镜头内，场景变化是缓慢的、连续的，或者是完全没有的。场景内的视觉信息固然有限，主播的口语信息就是优先于视觉信息的能动变量了。因此，场景关系的连接是社交媒体口语传播交互性最为重要的伴随特征，是视觉信息和口语信息组织配合的理论接点。

第三章

# 社交媒体中口语传播
# 交互性的本质特征

　　原生口语文化时代，公共传播指个人或组织在特定场合面向公众的公共表达行为，如公共演讲、作为"公共体仪式"的祭文诵读、誓师动员等。大众传播时代，公共传播主要体现为大众媒介的公共性实践。[①] 进入新媒体时代，普通公众由公共传播的被动受者变身为主动参与者，这为公共传播发展注入了新的活力和动力。与前两个阶段相比，以"公共参与"为特征的公共传播，更具有"公共"属性：多元主体的即时在场，使公共传播变成"共享的空间"，与大众传播构造的"中介化空间"有了本质差别，获得了更大的自主性。公共传播的广度和深度都有了质的提升，展现出新的发展态势。[②]

　　公共传播这一概念潜隐着在微观上解释传播变局并以传播和公共性为视角在宏观上透析现代社会发展的潜质。这种潜质包括两个方面：一是在工具或功能层面，它可以解释多元主体相遇、多元话语协商之下的传播生态，甚或解决部分实践问题。公共传播即多元主体之间的沟通、对话，旨在促进认同、整合与合作。二是在价值和规范层面，公共传播不仅关注多元主体之间的沟通过程、活动，更强调包容价值、伦理取向及整体性的认识论和方法论。[③] 这两个方面基本廓清了公共传播这一概念在中国传播学发展中的两条脉络。

---

　　① 学者潘忠党认为，大众媒介的公共性实践，指的是传媒作为社会公器服务于公共利益的形成与表达的实践逻辑，其服务的对象必须是公众，其平台和话语必须公开，其使用和运作必须公正。转引自艾萍：《清末民初报刊的公共性研究——以梁启超、刘师培的报刊活动为探究对象》，《现代传播》2014 年第 2 期。
　　② 冯建华：《公共传播：在观念与实践之间》，《现代传播》2017 年第 7 期。
　　③ 胡百精、杨奕：《公共传播研究的基本问题与范式创新》，《国际新闻界》2016 年第 3 期。

在公共传播的工具潜质层面，冯建华具体指出，在新媒体环境下，公共传播是指个体、组织等多元主体在由不同属性媒介构成的开放式传播网络中，围绕公共议题展开沟通对话而形成的知识、图像、符号和信息流。① 公共传播意味着一系列具有不同动机、不同目的的传播主体借助网络科技所提供的机会表达自己的意见，分享自己的经历，而不仅仅是传播新闻，这正是社交媒体公共传播不同于以往传统传播的重要区别。新媒介渠道传递的内容，并不全是新闻，相关用户的消费或关注兴趣也并不在于新闻，而多是一种社交联系。新闻回归了信息本质，公共传播的内容则加强了社会交往。②

从公共传播的工具功能潜质来看，社交媒体中的口语传播，其潜在的多元主体即时在场，在开放式的传播环境中，在丰富的公共议题框架下，通过自主控制的社交关系与直接对话沟通的交互行为，推动信息空间进一步走向"大众化"和"公共化"，恰是在践行公共传播的具体实践。因此，本书认为，社交媒体口语传播交互性的本质是作为公共传播的口语沟通，"口语性"——原生口语文化时代发端而来的主体间的协商属性，历经 U 形发展态势，在以即时互动和参与生产为鲜明特征的新媒体时代重新昂首。

---

① 冯建华：《公共传播：在观念与实践之间》，《现代传播》2017 年第 7 期。
② 原平方：《情境即信息：兼论新媒体传播情境的三重特性》，《现代传播》2015 年第 7 期。

# 第一节　口语沟通的核心内涵：公共传播领域多向主体间的口语及整合符号互动

跨越了漫长的书写印刷文明期，世界进入电子技术建立的沟通新情境。电子口语文化正在经历广播电视大众传媒期和电脑网络期。广播电视主要是用声音和图像这两个重要的情境要素，跨越时空的阻隔，如实地呈现历史和现实中的截图或片段，因此，观众看到的画面都是尽可能接近现实世界中人与人面对面沟通的实际情境。新闻学常识告诉我们：在有线电视网络线性传播广电信号的前提下，栏目、节目都有相对固定的时长，创作者必定经过充分的前期选择，在框架和细节中都注入了价值观判断，才最终呈现为观众看到的声画图像。而这价值观判断，也正是书写文明遗传给个体的主体意识和深度思考的表现。

电脑网络期，尤其进入交互技术为特征的新媒体时代，广电顺时传播被多向传播所颠覆，口语传播显然突破了广电期必经的价值观选择和录制筹备，也不再必须是人际面对面的实景沟通，而是朝着虚拟和现实融合到一起的多变项沟通模式迈进。因此，电子化的沟通，已不再谋求人际的双向互动，而是朝着多向互动沟通的目标发展。

如表3-1所示，本书结合沃尔特·翁、麦克卢汉、沈锦惠的成果做了整理，将电子口语文化时代与口语—文字二元争论时代、原生口语文化时代的口语沟通特质进行对比。总的来说，电子口语，一方面如初级口语般强调参与感、社群意识，专注于当下时刻，另一方面也保留了书写文字对于视觉秩序以及个人主体的重视。

表 3-1　三个口语时代口语沟通特性对比①

| | 初级（原生）口语文化时代 | 口语—文字二元争论时代 | 次级（电子）口语文化时代 |
|---|---|---|---|
| 知觉特性 | 听觉的 | 视觉的：版面配置 | 视听觉兼具：多媒介版面配置 |
| 时空特性 | 时间性 | 空间性 | 时空兼具 |
| | 疏忽易逝 | 持久、更改不易 | 虽可持久但随时可改 |
| | 受限于独特时空情境 | 文本为情境 | 媒介即情境 |
| | 内在的记忆装置，只供回味、无从查询 | 外在的记忆装置，随时可考证查询 | 内外记忆兼具，可反复考证查询 |
| | 当下此刻 | 彼时彼地 | 当下此刻兼彼时彼地 |
| 参与自主性 | 同步互动 | 异步单向传输 | 同步异步互动均可 |
| | 互作传受方，无从更改的社群共同体属性 | 传受区隔、各自超然独立、个人自主、不相干扰 | 可互作传受方，亦可相互区隔；社群属性可随时更改 |
| | 参与者身份明确固定 | 传方身份明确固定 | 参与者身份含糊浮动 |
| 沟通凭借 | 语言和非语言知能 | 识读纸本、印刷素养 | 阅听素养、相关科技常识与配备 |
| 意义产出 | 经由交涉协商 | 取决于文本 | 经由交涉协商 |

　　表 3-1 中，电子口语文化时代的广播电视和网络时期，广电媒介模糊了书写文明塑造的时空界限和沟通距离，广电节目尽管有亲临其境的同在，但其中有"中介"般权力的刻意介入。而互联网带来的则是一个纯粹符号活动的空间，普通人可以随意跨越各种疆界而与人交流沟通，是新型的公共传播领域。因此，电子口语文化时代的口语性，一方面如初级口语般强调参与感、社群意识，专注于当下时刻，另一方面也保留了书写文字对于视觉秩序以及个人主体的重视，是公共传播领域多向主体间的整合符号互动。

---

　　① 沃尔特·翁的《口语文化与书面文化——语词的技术化》、麦克卢汉的《古登堡星汉璀璨》和沈锦惠的《电子语艺与公共沟通》。

## 一、融合了口语和图文符号的电子口语特质

任何媒介的兴起，都起因于既有媒介已难再满足人们沟通互动的需要。原生口语文化时代古希腊智辩士式的说理，是基于连接、互动和演练，注重的是情境和关系，处于沟通情境中的各方人士都有回旋辩驳的空间。口语—文字二元争论时期，信息和知识依赖于文字印刷的记忆和传播，用口语沟通的情境被大大压缩，主体的个体意识进入鼎盛时期，口语沟通的特质对于文本的依赖深重。

进入电子口语文化时代，凯瑟琳·韦尔奇于 1999 年基于 100 年来视听媒介对人类沟通形式的影响，提出口语沟通的语言表达已经很难再纯粹遵循直线性的逻辑理性和客观超然的现实，尤其网络兴起后，这与原生口语文化时代人们可在同一情境下展开沟通互动的情形非常相似，因此她界定人们的沟通素养为一种心智间的活动（an activity of minds）。[1] 网络容许随性互动，模糊了传受分野，更隐隐呼应了口语沟通中交流互动重于个别行动的特质，凯瑟琳·韦尔奇称之为 screen rhetoric[2]（台湾翻译为"屏幕语艺"；大陆则译为"屏幕修辞"），区别于重个人本位与主体宣示的书写语艺（修辞）。当前台湾学界研究中，如游梓翔、王兆勇、倪炎元等学者，把注重多方互动的电子媒介视为继口语、书写之后的一套表达思维、探索现实、建构知识的象征符号系统。本书认为，当下的社交媒体传播环境，比凯瑟琳·韦尔奇和沈锦惠所归纳的沟通环境更多了几个特征，潜在的用户都可使用口语与图文的整合符号，从而成为信息的传播者和接受者，并且身份可以随时转换，在跨越空间隔阂的互动界面，在公共传播领域内展开多向的人际沟通。

## 二、口语沟通由版面内的秩序性互动转向多主体多变相的整合互动

广播电视媒介中播音员、主持人的播音活动和主持进程，口语沟通的主体、

---

[1]　KATHLEEN E W. Electric rhetoric. Cambridge, Massachusetts：The MIT Press, 1999：67.

[2]　KATHLEEN E W. Electric rhetoric. Cambridge, Massachusetts：The MIT Press, 1999：191.

过程、观众及反馈，皆由版面内的有序设计而来，社交媒体环境下的口语沟通，则转向全方位多变相的整合互动。

广电媒介的影音画面，是在创造亲临其境和人在现场的沟通效果，受众都经历了书写文化的洗礼，具有强烈的主体意识，参与媒体表达时，务必会和传播者共同在意场面的视觉秩序，不会像古希腊时期的演讲者或智辩士，滔滔不绝彼此回应辩论长达几个小时。可见，广电媒介重塑的口语沟通情境，依然是建立在时空局限、传者主控、固定版面的基础上，在这些因素的控制下，口语成为大众传播框架下的人际沟通的必要手段，短小精练、有序交叉。

社交媒体的传播模式发生了颠覆性改变，为沟通模式的演进提供了基础性、条件性的技术支持。移动互联网和多功能合一的屏幕，已通过软件实现了嫁接广电媒介，同时强化了使用功能，服务于人生活娱乐所需要的各种功能，可以说，智能终端已结合媒介和情境，造就了一个个有别于物理地理意义，任影音文字符号尽情穿梭其间的言谈空间。不论是在感官特性、时空区隔、参与自主性还是在沟通手段上，这一文化背景下的口语沟通形态，已然区别于广电媒介时期。正像哈弗洛克、沈锦惠等学者所言，真实的口语沟通情境不能以双向沟通模式为满足，而须朝着全方位多变项的沟通模式迈进。此时，再重新审视上述表格，似乎并未对广电媒介和新媒体环境的口语做出更详尽的区分，而后者，也正是本书研究的重点。

社交媒体的所有用户都成为潜在的沟通主体，互联网的赋权让每个人都有权利在公共传播领域去寻找问题的答案、共享志趣的快乐、获取垂直领域的专业知识，并且都有可能在细分的社群内自我满足。这个沟通的过程，不仅能够实现个人和目标之间的点对点直接到达，也可以将议题选择性公开，让更多人参与分享。

## 三、语音传播的时长等长性和排他性

口语符号可以单独使用，也可辅以图像、文字符号，但由于口语形成语音需要占有一定的传播时间，因此，社交媒体中口语沟通的实践形式都有各自的时间特性，如60秒限时，不超过30分钟的主创音频，语音播放和直播都具有界面使用功能的排他性，要求主体和用户对待语音要投入等长时间，专注的程度也因此具有了获得意义的重要性。因此，口语沟通的实践形式更多地运用在了适合深度思考和兴趣消费的知识传播领域，或者说更适合拥有人格魅力、知识优势和语言表达能力的社交媒体用户。录制播放语音的时间排他性，使口语具有音声美的人文关怀，这也决定了口语沟通的适用领域。

## 第二节 口语沟通的感官表达：感官统合

追溯口语与书写、听觉与视觉的互动关系在历史进程中的变迁，社交媒体促进感官在口语沟通中整合互动。

### 一、社交媒体催生口语沟通的感官整合互动

印刷术的发明，才开始为大众普及文字识读，口语文化与书写文化的二元依存、争论发展历千年。20 世纪中叶起，这段历史成为诸多美国学者关注的对象，他们研究原生口语文化时期的《伊利亚特》《奥德赛》等盲诗人荷马整理的口头史诗，研究现代南斯拉夫和索马里的口传诗歌，对几段历史时期进行对比分析，寻找口语与文字的关系中导致改变人们叙事习惯和模式的根本原因。

#### （一）识读文字使叙事的根基从"厚重"的英雄形象转向普罗大众

在原生口语文化和早期书面文化时代，大量诗歌具有口语文化的典型特征，套语式的段落结构和典型人物的角色形象，是口语篇章推演下去的结构特征。不难理解的是，"厚重"的人物形象产生，是要带着一种永恒记忆的目的去组织语词，且最有助于口头记忆。这类英雄人物是形象鲜明的，如暴怒的阿喀琉斯、足智多谋的奥德修斯等。联想起今天的口语表达，也有雷同之处，比如给孩子讲童话、讲寓言故事，讲求角色形象鲜明，并且有拟人化性格，讲者的声音要有区别性和造型性，这样做都是为了刻画鲜明的角色形象，以利于不识读文字的孩子能够体会故事的趣味和暗含其中的道理。

公元前 3500 年出现在两河流域的苏美尔人创造的文字，是人类所知的第一种真正的文字。不同于数万年前就已有的结绳记事，木棍、石子或其他记忆辅

助手段，这种文字之所以被称作真正的文字，归根到底，是因为它是另一套代码，代码必须要有图画之外的东西来解释，也就是用语词或完全人性化的、人们能够会意的语境来解释。这里所谓真正的文字不包含图画，文字不是事物的表征，而是言语的表征，是人说出的语词或想象中说出的语词的表征。①

书写发明后的头 15 个世纪中，只有少部分人才会读写，学会读写需要大量训练，费时费钱，只有精英阶层少数人掌握这一技能。印刷术发明之前的普罗大众，很难接触到手抄文本，因为那是神职人员和富人才能接触到的奢侈品。从公元前 14 世纪到公元前 4 世纪的古希腊文明时期，古希腊人的识字率就非常高了，他们富有思辨性的政治和知识文化，创造了第一个基于书面而非口头信息的社交媒体文化。但柏拉图和学生们在《斐德罗篇》（*Phaedrus*）里对文字的质疑，依然占有相当高的学术地位，因此，书写自发明之日起，被视为对口语地位的威胁，言辞依旧是希腊文化的核心。

之所以要努力明确文字和口语词的关系，是因为，文字这套代码系统不再是言语的附庸，它启发或者拓展了人类的感官使用，把以往只能口耳相传的言语推进了一个崭新的视觉感官领域，有能力赋予人类生命世界新的结构，因此说，文字的出现使得人类的言语和思维方式发生改变。

此外，文字和印刷文化改变了口语诗歌或现代口语故事的结构，最典型的特点是，叙事很少只建立在"厚重"的形象上。印刷术问世三百年后，叙事就可以在平凡的世界里自如展开，典型例子就是小说文体的诞生。从平凡的人和事入手，把最贴近世间普通百姓生活的镜像刻画出来，"小人物"的生命常态，隐藏在任何角落的世间百态，都会成为文字寄于思想的对象。正如阿尔伯特·洛德②研究南斯拉夫文盲叙事诗人的创造能力时发现：读写能力在脑子里产生一个文本的观念，而这个观念对叙事起控制作用。③

---

① ［美］沃尔特·翁著，何道宽译：《口语文化与书面文化——语词的技术化》，北京：北京大学出版社，2008 年，第 64 页。

② 阿尔伯特·洛德，美国哈佛大学教授，文学教育家，南斯拉夫史诗和"口头文学"领域的著名学者，"帕里—洛德口头理论"的创立者之一。

③ ［美］沃尔特·翁著，何道宽译：《口语文化与书面文化——语词的技术化》，北京：北京大学出版社，2008 年，第 45 页。

**（二）口语的内化力量、神圣情怀是视觉文化中人际传播的沟通要因**

关于口语与书写的对比言论，最早见之于柏拉图的对话录《斐德罗篇》①。柏拉图借助苏格拉底之口，表达了对文字的强烈质疑：认为书写文字使知者同所知分离，就传达知识而言相当机械化而非人性，不但破坏记忆，对读者的疑问也毫无反应，剥夺双方交流互动、厘清真理的机会。

尽管研究表明，文字开辟了人类的感官领域和思维方式，但口语文化的神圣情怀依旧是口语传播的独特魅力。文字和印刷品的读者是每一个支离破碎的个人，文字在书写者和读者之间建立了一道永恒的篱墙，文字的传播与识读就是追求在作者与读者之间建立联系的跨时空过程。而口语词的听众则不同，他们是一个场域内的整体群体。因此，声音里的口语词，拥有内化入心的力量，追求的是讲者与听众之间即时建立的理解关系。就像各宗教都拥有文字版的信念，基督教徒在礼拜仪式上一定要朗诵《圣经》，因为基督徒心中的上帝总是在对人"说话"，而不是在给人写字。因此，沃尔特·翁认为，口语词任何时候都是一件事，是时间里的流动事件，没有书面词或印刷词的静止状态，口语词内话的力量以一种特殊的方式与神圣情怀联系在一起。②

现代语言学家索绪尔也指出：口说的话才是一切语文沟通的根本，书写则兼具"实用性、局限和危险"。可见，口语与文字的二元争论长期持续。

20 世纪 60 年代，广电媒介开始普及，纽约大学几位学者共同将口语与文字的二元争论研究推向了高潮，他们共同反思口语文化和书写文化，才开始有人意识到口语与书写可能不是语言的一体两面，而是判然有别的沟通工具。但那时，口语与书写的论战基本是非主流和主流精英文化的代名词，可以反映出资讯品质、知识传递与关注度的差别来。麦克卢汉在《理解媒介》中说，视觉几乎等于理解和知识，书写和印刷铅字因倚重视觉，遂将视觉提升成理解的关键，西方文明也由说听文化转向视觉文化。

然而，与麦克卢汉同年代的学者沃尔特·翁直言不讳：视觉会剖析且造成孤立，听觉则能包容收纳景象使观者置身于他的观察对象之外，声音则倾注而

---

① 沈锦惠：《电子语艺与公共沟通》，台北：天空数位图书有限公司，2009 年，第 62 - 63 页。

② ［美］沃尔特·翁著，何道宽译：《口语文化与书面文化——语词的技术化》，北京：北京大学出版社，2008 年，第 56 页。

入于听者之五内……使其居于直觉与存在的核心。

人类的沟通不论形诸言辞与否，都有别于这"媒介"模式，两者之间最根本的差异在于：人类的沟通需要预期的回馈才可能发生。在这"媒介"模式中，讯息由传方立场移到受方立场。在真实的人类沟通中，传方若要传送任何信息，不但站在传方立场，也兼顾受方立场。①

可见，沃尔特·翁将口语沟通等同于人性之间的互联，人性之于个体，便是两个或多个主体之间的信息和感情交互。这对我们思考新媒体环境下网络平台多符号融合沟通中，口语究竟承担什么样的角色，颇有启发意义。

**（三）广播电视媒介时代的口语沟通，遵循书写文明遗传下来的视觉秩序**

麦克卢汉代表大众媒介研究的典范，他的研究屡屡暗示着书写文字将人类的意识钳制在视觉感官，而更倚重听觉，或者说听觉参与了一半的广播电视媒介，则重启并振兴了失落久已、非线性的、更丰富的口语沟通形式。

同时期，沃尔特·翁率先提出了大众媒介促使口语与书写的二元争论阶段进入了第三个发展期——"二度口语"（也叫次级口语）时代，特指大众媒介重新开启的口语知觉。它是经过了漫长书写文明洗礼后的知觉，如初级口语（原生口语）文化般强调参与感、外化表达和思考，专注于当下，另外一方面，也保留了书写文明对视觉秩序以及个人主体意识的重视。最为典型的例子就是美国总统辩论，2018 年美国总统候选人希拉里和川普的电视辩论，共进行了三场，在固定的场景、关系、时间、话题框架内展开论辩，这完全有别于古希腊时期的公开演讲，那时演讲的长篇无稿、不可复制、超长时长、套语节奏，在今天的大众媒体上不可能实现，那会让观众调转频道。两位候选人必须在有限的时间内用最有力的言语、最得体的形象、最出乎意料的证据、最难以把控的视角，让对方的回答败下阵角。用麦克卢汉半个世纪前的话说，"这是刻意练就的自然从容"，因为电视媒介呈现这个框架中的内容时，必须要求场面在不失去控制下还符合共识的视觉秩序。在这个前提下，才谈及辩论的过程和内容，给观众放大过程中各种人物角色身上的细节故事。

因此，我们说，广播电视媒介时代，视觉画面中的口语沟通，必须遵循广

---

① ［美］沃尔特·翁著，何道宽译：《口语文化与书面文化——语词的技术化》，北京：北京大学出版社，2008 年，第 10 - 19 页。

播电视"一对多"的传播模式，还要遵守画面框架里的视觉秩序，而这种秩序显然是来自书写文明的另一遗传。书写文明倚重视觉，有确定并可重复的文本依据，强调个人主体意识，追求主体和受众间的时空距离。线性传播的大众传播媒介里，书写文明遗传下来的这些秩序感，无时无刻不在约束着人与人之间可酣畅表达、即时互动的口语沟通，让受众的听觉和视觉共同在线性的广播电视里收集着两种符号共同传递的情境讯息。

**（四）口语直达沟通主体的内心，是社交媒体用户感官立体互动中的重要角色**

迅猛提速的互联网，冲破了大众媒介只能通过有线网络进行传播的先天阈限，进入到互联网时代，各种形态的新兴平台如雨后春笋，在手机、平板电脑等终端上独立嵌入应用。人们在移动中，用手中的精致设备便可完成观看、收听、使用所有媒介介质的动作。最关键的是，智能终端集合了声音、文字、图画所有感官使用的符号，每个用户，不管是在传还是在受，都可以同时使用所有符号来表意传情。

与文字、图片、表情等意会内涵更重的符号相比，口语有其独特的优势。听觉是最少受干扰便能知会内涵的感官，口语可直达对方听觉，扫除了沟通中可能出现的硬件的、理解方面的障碍。社交媒体用户之间打破了时空距离，口语沟通的即时性、抗干扰性、回应性等优势得以显著表现。

## 二、公共传播下的口语表达对感官集约的更高要求

公共传播，并非一种特定的传播形态，与大众传播、组织传播、人际传播相比，公共传播的主体、结构与空间更具有开放性。随着新媒体时代的到来，公共传播的意涵和样态已然发生变化，其趋向是从相对可控的传播行为走向多元开放的传播场域。[①] 社交媒体的诞生，不仅带来了信息传播规模和速度的变化，更深刻的在于，它催生了新的观念和背后可能的变革性的巨大力量。

在互联网世界里，传播场域无限放大，社交媒体所形塑的话题分区为复杂交织的社交关系提供了可供理顺的脉络，庞大的用户群体顺着这个脉络，寻找

---

① 冯建华：《公共传播：在观念与实践之间》，《现代传播》2017 年第 7 期。

自我价值的展现区域，寻找志趣和疑惑的解答方向。这种对接的可能催生了协作生产的实践，隐藏着巨大的增量价值。

口语符号有显著的音声性，随着问答型、微课型、直播型、社交型、音频型这几种口语交互的具体形式，被错综复杂的社交关系带入了公共传播的场域。在这个公共传播场域内，无数用户组成了潜在的传播主体，无限议题建构了传播内容，任何用户都可以即时互动，这无限和多向的传播特征，给主体的口语表达营造了什么样的环境？从表达层面看，究竟是从广播电视"中心化"的规范表达转变为没有规范的随意表达，还是"去中心化"的无限主体和内容，反而强化了竞争，对于口语传播主体来说提出了整合多层能力的更高要求？

### （一）语音时长框架是制约口语表现力的主因

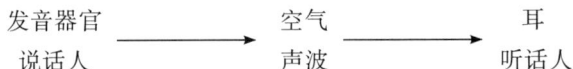

发音器官　——→　空气　——→　耳
说话人　　　　　声波　　　　听话人

**图 3 - 1　同一物理空间下口语通过空气传播**

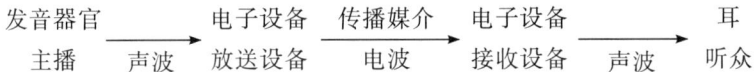

发音器官　——→　电子设备　传播媒介　电子设备　——→　耳
主播　声波　放送设备　电波　接收设备　声波　听众

**图 3 - 2　口语形成语音信号经由互联网传送在移动终端之间的传播**

如上图所示，口语形成语音，经过了电子设备的处理，与同一空间场景内的口语沟通不同，电子传播对于主体发声造成了一定的影响：第一，减轻了音量在发声中的作用。电子设备在录音、传输和收听的过程中，虽然不能改变空间感，但可以调节音量，这就降低了广大用户使用社交媒体口语传播的要求，声音音质不够明亮不适合做大场合公众演讲的人，可以用麦克风补足音量，增强个人口语传播的信心和内容表现力。

第二，电子传播使声音本身特性发生一定变化。电子设备无法完全准确地还原声音，有时可以美化，有时也可能丑化。① 使用社交媒体的主播、主讲人，需在听众的反馈中检验自己的传播效果究竟是音质本身的因素，还是口语语流的语言组织能力。综合上述两个因素，对于主播来说，声音音质若有圆润、饱满的特质，发声时会运用口腔共鸣，增强音质本身的厚度，在表达效果上凸显声音厚重、踏实的效果这有利于增强主体的可信度和亲和力。

第三，普通话的规范语音不再是必然要求，表达的语气和节奏，才是增强语言表现力的利器。问答型、微课型、社交型口语传播形态都对语音长度有一定的限制，60 秒往往是一个单位长度，即时互动的反馈机制下，每个语音条必须完全占据用户的同等时间才能传达意义，这就必然要求主体与用户之间在尽可能短的单位时间内，表达更清楚的意义。音频型的有声书或主创音频，以"得到""蜻蜓 FM"两大客户端为例，单个音频长度在 8～30 分钟，留言互动只能影响主体的下次内容再生产，音频时长可相对长一些。社交媒体的信息碎片无缝隙渗入，五种实践类型其实是框定了沟通的时间特点，无论是突出使用性的社交型沟通，还是强调满足知识兴趣的其他类型，在口语表达时，语音的标准与规范不再是必然要求，反而，每个单位时间内语言的表现力，才是提高沟通效率的必要条件。从表达技巧来说，哪些因素是提高口语表现力的利器？语气和节奏。语气，是思想感情的色彩和分量，语气恰切，贴合内容，可在听觉感受上提高意义的表达效果。节奏，是语流中轻重缓急的回环往复，没有语速、语气等形式的变化，平淡如一的语势，只会降低优质内容的表现力。

### （二）用户的听觉疲劳阈限影响口语生产的节奏

听觉疲劳的阈限制约音频生产的时长。"郑老师的话"主创郑伟告诉笔者："微信群语音含日常最大量的交互，因为百人群随时语音可能引起的时间等量占有，社群内部一般会设定互动的规则，比如发言频率，文字对语音的标题说明以减少每个语音条对每个人的等长时间占有，还有设置话题，让用户尽可能围绕当下话题发言，避免无谓的时间浪费，提高所有用户的学习效率。"喜马拉雅有声读物《蒙曼品最美唐诗》的制作团队认为：每一个独立音频时长最好为10～15 分钟，10 分钟以下的有一大半，其余的为 10～15 分钟。从多次的收听

---

① 中国传媒大学播音主持艺术学院编著：《播音主持语音与发声》，北京：中国传媒大学出版社，2014 年，第 9 页。

回访中发现，15 分钟以上的部分大家很难再去注意。目前我们没有研究到多么科学的地步，多长时间会引起注意力的衰退。不过我们有 180 秒的试听环节，这 3 分钟是要吸引注意力的，每个 3 分钟会有一个刺激点，因此我们会建议老师，差不多每 500 字就要注意一下。① 这是对用户听觉疲劳期的把握，对情绪控制点的刺激和迎合。

### （三）传播主体"去中心化"强化了语言传播力

社交媒体赋予无限用户成为潜在传播主体的权利，"麦克风"不再是广播电视播音员、主持人手中特权时，是不是意味着什么样的声音都能在社交媒体中出现？理论上，有这个可能，但实际上，"去中心化"的传播权利，反而带来了更加激烈的竞争环境，碎片化的信息样态同步加深了选择的随意性，如此庞大的公共传播领域实际上对主体的口语表达能力提出了更大挑战。

单位时间内的语意和结构，是参与传播的前提，贴合内容的声音美感，如音质、共鸣，贴合意义的表达技巧，如语气、停连、重音、节奏，如此更多的集成能力是增强口语表现力的利器。语言传播的生命力有三重空间：生存空间、规范空间和审美空间。② 社交媒体为口语传播营造了无限庞大的生存空间，达到规范，得到更广泛用户的关注，进而提升语言表现力的审美空间，方能利于传播主体在同质化、碎片化的信息流中谋得一席之地。如"得到"客户端中的主创音频，无不来自各个行业领域的精英，且拥有优质的声音表现力；有声书给更多优秀的非专业人士以展示的机会；语音问答的答主会配乐讲述对待疑问的观点看法，营造与这一个问题最恰切的情绪氛围；一个长镜头下的直播，其实是给出镜记者提出了更高要求，因为没有剪辑的大时段更考验记者对每个时间点的内容安排和恰当表述；社交微信群、直播微课堂的主讲，必须安排好每个 60 秒的语篇结构和表达形式，否则很容易就失掉了在线用户。

因此，本书认为，从主体、内容、互动等各个角度看，公共传播领域为社交媒体口语传播主体提出了更加集约的感官反应及语言能力要求。从内容到形式，语言传播的生存空间、规范空间和审美空间缺一不可，优质的口语内容和表达能力是谋得持续生命力的必要前提。

---

① 倪赛美：《移动音频平台的知识传播研究》，山东大学硕士学位论文，2017 年。
② 张颂：《语言传播文论（续集）》，北京：北京广播学院出版社，2002 年，第 179 页。

# 第三节　口语沟通的时空表达：即时交互

## 一、即时交互激发沟通欲望和需求多样性

社交媒体的传播环境下，口语传播主体和用户可以跨越时空的限制，身处不同空间的人可以无障碍地沟通，并且随时随地进行互动、发表观点、答疑解惑。过去大众媒介口语传播实践中从传到受的稳定单向度传播情境发生了巨大的变化，取而代之的是"传中有受，受中有传，边传边受"的多向度传播情境。即时互动的传播模式也会激励用户协作生产，用于知识的创新和扩散，这使得知识更新与知识迭代的速度大大加快。与此同时，传受合一、鼓励互动的公共传播环境有利于推动知识本身的"解放"，即知识解放知识，突破传统意义上"知识得以为知识"的本体论限制，真正使知识属于所有互动的参与者，从而有助于实现知识的平民化、大众化。①

## 二、语音音频流吻合碎片化的社交传播形态

新媒体环境下，资讯和知识的单位粒度由大众媒介的"篇章"降维到"知识元"，这些"知识元"可以通过超链接的方式组织起来，突破了以前的线性传播模式，而是以非线性的形式错综交织到一起，呈现出网状的组织结构。这恰好与人脑发散性的思维模式相契合，有利于体现知识单元间的相互关系，并方便了用户对于知识的搜寻、获取与理解。②

社交媒体环境下，口语承载了各类资讯和知识，并以可保存的音频和直播语音两种样态参与沟通。社交媒体即时互动的传播模式必然要求承载信息的音

---

① 谢新洲、赵洛琳：《网络知识传播的沿革与新特征》，《编辑出版》2017 年第 1 期。
② 谢新洲：《网络传播理论与实践》，北京：北京大学出版社，2004 年，第 15 – 16 页。

频载体不能过长，否则既不利于提高传播速度，也不符合专注收听的时间要求并造成听觉疲劳。碎片化的音频流，承载了点状信息的事实资讯和主体思想的知识观点，在错综交织的社交关系中，被主体和用户自主选择控制。可见，从更小粒度的信息点和知识元，到物质形态的音频，都与社交媒体碎片化的信息形态相吻合，也是即时、多向传播模式的产物。

第四章

# 语境：社交媒体中口语传播交互性的外因逻辑

　　新媒体、微传播的出现，为信息传播拓展了更广阔的传播空间。传播模式从原来的"一对多"，转变为现在的"多对多"。相对于传统传播方式，新媒体传播主要有四个转变：从一对多的大众传媒实现个人互为指向的分众媒体；实现了信息传播者与接受者之间的充分互动性；媒介的内容呈现方式多元化，在文本、音频和视频之间任意转换或兼而有之；实现全球化传播，消除了国家界限，信息以最低的成本让无数人共享。社交媒体实现了互为指向的人际沟通，用户使用口语和视觉符号融合传播，这意味着，社交媒体中的口语沟通行为存在于迥异于传统的语境之下。本章用"语境"这一视角来观察社交媒体对口语沟通实践带来的环境性影响。后文将从传播语境、文本语境、语境还原论三个维度展开。

## 第一节　"媒介即情境"理论：口语交互性外因的逻辑起点

每一种新的媒介形式诞生，都是为了回应现实人生的各种需求，推动社会文明向前进步。

媒介技术学派倡导者伊尼斯、麦克卢汉，他们最早提出，媒介除作为信息传播的渠道之外，本身也是信息内容，构成了一种环境。伊尼斯认为媒介的性质往往在文明中产生一种偏向，这种偏向或有利于时间观念，或有利于空间观念。[①] 麦克卢汉预测，当大型计算机充满办公大楼时，因特网将会给个人带来海量信息。而新的媒介形式改变我们对自身和社会的经验，这种影响最终比特定的信息内容更重要。他认为，每当出现新的媒介，都是对人类感官的拓展，每一种新的媒介都在寻找感官平衡的舒适点，媒介是人类感知和处理信息的延伸。之后，学者沃尔特·翁、哈弗洛克等人的研究，持媒介技术派的理念，他们搜集大量史料，探寻原生口语得以传承的记忆、表达规律，以及在日后的传播时代，如何在视觉秩序里和文字共商传播，以推动社会文明进步。

但是，美国传播学者梅罗维茨却这样回应麦克卢汉：无处不在也就意味着到处都无，拥有通往信息的各种渠道并不等同于能够有效地选择和使用信息。地球村在空间或时间上均无坐标。[②] 进而批判媒介技术学派的观点："他们的见解、观察以及收集的证据是因为研究媒介环境和研究媒介信息的需要，但是他们没有形成一个清晰的观点来解释媒介怎样重塑某种行为。他们找出了主要步骤，但是当他们最后试图将这些步骤说清楚时，反而使得媒介的影响变得神秘了。"[③] 梅罗维茨在《消失的地域：电子媒介对社会行为的影响》中提问：媒介理论学者们都声明，新的媒介导致了人与人之间和地域之间的新联系，以及存

---

[①] ［加］哈罗德·伊尼斯著，何道宽译：《传播的偏向》，北京：中国人民大学出版社，2014年，第53页。

[②] ［美］斯坦利·巴兰、丹尼斯·戴维斯著，曹书乐译：《大众传播理论：基础、争鸣与未来》（第三版），北京：清华大学出版社，2004年，第296页。

[③] ［美］约书亚·梅罗维茨著，肖志军译：《消失的地域：电子媒介对社会行为的影响》，北京：清华大学出版社，2002年，第20页。

取社会信息的新方式。但有一个问题仍然没有回答：为什么和怎样仅仅是在人与人之间和地域之间创造出新联系的技术，能导致社会结构或社会行为的根本转变？[①]

梅罗维茨把麦克卢汉的理论与戈夫曼的"面对面互动"（face to face interaction）论结合起来，进而提出了"信息情境论"：不应把媒介的作用仅仅理解为技术本身的决定性作用，而应理解为由媒介所造成的信息情境的作用。这就是说，媒介的作用取决于媒介所造成的信息情境，犹如谈话的地点场所一样，可以影响信息的传播，进而影响人的行为。他指出："当与不同的社会情境联系起来时，过去合适的行为就变得不合适了。当特殊的私人情境由于被转换到其他情境变得更加公共化时，行为风格必须调整和改变。这正体现了情境改变角色行为与改变社会现实组织体之间的联系。"据此，他明确提出主张："新媒介，新情境"[②]，且将"情境"分为"场域情境（即场景）"和"媒介情境"两类。

梅罗维茨提出了将面对面的交往研究与媒介研究联系在一起的切入点：社会"场景"结构，认为社会场景形成了人们语言表达和行为方式的框架基础，广播、电视电子媒介破坏了时间和地点的特殊性，可以将世界任何一方的场景带入我们生活的任何地方，社会场景和社会交往分离，电子媒介重组了社会舞台的表演，由此影响人们对"恰当行为"观念的改变，进而有可能重塑社会现实。

梅罗维茨观察的是 20 世纪的电子媒介，但场景理论对当下互联网环境下的社交媒体研究也有指导意义，并应得到发展。

媒介的物质形态、技术环境构成了传播的媒介环境，对传播活动有决定性的影响。历经纯粹的口语传播阶段、文字印刷传播阶段、电子传播阶段，进入网络传播时期，形成了种类繁多、多向交流平台的新媒体环境，以信息数字化、传播多向性、传播权利平等性、传播个性化等典型特征，塑造了当前的媒介环境。图像、文字、声音三种符号共商的新媒体环境，与梅罗维茨视野中广播电视塑造的信息场景有很大不同，场景的生成机制、场景主体的参与度、真实场景和虚拟场景的交错关联、场景的传播与社会性的关系等，都发生了颠覆性的变化，最重要的区别是，社交媒体环境打破了广播电视再造的信息场景与社会场景的绝对割裂，戳破了媒介呈现的信息情境是"第二性"的"新闻属性"，

---

[①] ［美］约书亚·梅罗维茨著，肖志军译：《消失的地域：电子媒介对社会行为的影响》，北京：清华大学出版社，2002 年，第 21 页。

[②] 王一川：《文学概论》，北京：中央广播电视大学出版社，2005 年，第 93 页。

将真实的社会场景嵌入虚拟的网络世界，真实与虚拟的场景交错存在，每个用户都可能在这样的信息情境里发生真实的沟通互动。比如，点对点问答让没有现实关系的提问者和答主找到对方并聚集在一个话题的互动界面内；微课式口语传播营造了大小不等的虚拟课堂，老师和学生可随时发言交流；微媒体社群搭建了一个时空同在的平台，真实场景和语音交互使得群逐渐具备用户维护真实社会关系和个人形象的功能；直播平台能让主播的个人空间演变为粉丝与主播、粉丝之间可两层交互的公共空间。社交媒体的用户被推送到互动界面，即时交互，不仅认识世界和获取信息，而是更加重视知识、资讯交互的过程，更在乎彼此间通过沟通这个行为而获得一些见解，或达成某种共识，再或是通向共识的辩驳过程，不再止步于一个定论式的结论或不可改变的状态。

口语，这一人类沟通最早使用的介质、最基础的手段，在历史的长河中，既承担过人际沟通的中流砥柱，也被文字文化和视觉秩序排挤过，但其直达沟通主体视听感官的直接性、反馈率和人文关怀性，始终在传播的介质中占有重要地位。这一典型特征，若置于当下的媒介环境里，借助被技术赋权的主体，在多向沟通的交互中最易彰显。那么，人文性浓厚的口语与"情境"因素会有什么关系？

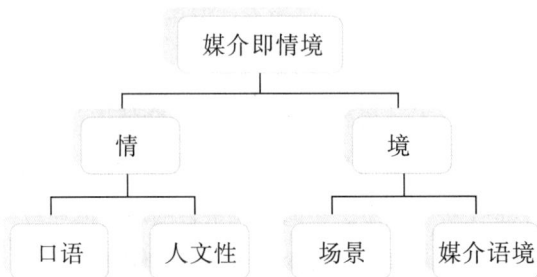

图 4-1　口语与情境的关系

当原本限于"面识"沟通的口语来到互联网双向交互的人与人之间和公共领域，口语本身最重要的感官通达和直照内心的人文属性，会给沟通的具体情境带来什么变化吗？如图 4-1 所示，将中文翻译的"情境"二字分解开来，也许并没有延续前人研究的路数，但在梅罗维茨把情境分为两类语境之外，口语跨越了真实语境，直入媒介语境，将原本"面识"的人文属性带入互联网空间，难道不是给"语境"增加了"情"的意味吗？

## 一、媒介情境理论下口语沟通再造公共论述的功能

理解"媒介即情境"，这情境并不是毫无现实对应关系的虚拟世界，它有着基于现实问题的背景和社群用户的需求。凯瑟琳·韦尔奇在著作 *Electric Rhetoric* 中将沃尔特·翁定义的"二度口语"改称为"electric rhetoric"（电子语艺[①]），就是要强调互联网技术所带来的颠覆，着眼于数字视听媒介再造公共论述的功能。[②] 她预见了日渐兴起的互联网为人类创造的电子沟通互动的新局面。因此，当今的口语文化被统称为"电子口语文化"。

凯瑟琳·韦尔奇还以 screen rhetoric（屏幕修辞）来表达电子时代的修辞特质。她将网络里的沟通主体定义为 logos performers（电子说理者），所置身的修辞空间鼓励全面的沟通素养，且要懂得兼顾不同情境和不同语言风格。她认为当下的说服，已超越了传统所崇尚的亚里士多德的观点，比较于智辩士的说理演示，重新界定所谓的沟通素养，并视之为一种心智间的活动。显然，社交媒体用户通过点触屏幕而捕捉传播符号，口语传播实践融合了口语、书写的符号特质，以及数字传播的平台特征。而口语传播的主体，凯瑟琳·韦尔奇笔下的"电子说理者"，是有能力兼顾不同情境和不同语言风格的人，他们之所以参与观摩讨论具体沟通情境，沟通主体（说理者）不会只顾自说自话或只管再现问题，其置身于具体的社会文化情境的修辞空间里，面对的是一个个有思想有偏好且愿意进行符号互动的主体。

谓之电子口语文化时代，是因为它将人际口语传播依赖的真实情境和人物关联起来，穿越了空间域限，在网络平台上重塑，真实场景与虚拟的沟通场景交错融合，结合了人际当面反馈的互动性和消除地域隔阂的社会性等特征。

移动互联网用户被技术赋权，理论上具备了都能在新媒体平台输入或接收个人感兴趣信息的实践可能。平台的功能区划，沟通符号的显性直接，促使沟通中的"电子说理者"以个人为中心，而后再辐射状延伸到各个社群里的信息交互，逐步呈现一种由点到面的圆形信息流束。每一个圆形就是网络世界里的一个人，而圆形每道信息流束则是每个话题在沟通进程中的再现，它不是固定

---

① 台湾学界将 screen rhetoric 译为"屏幕语艺"。

② 沈锦惠：《电子语艺与公共沟通》，台北：天空数位图书有限公司，2009 年，第76 页。

不变的，而是因沟通中的关系类型，如认同、热捧、商讨、争辩、质疑、批评、否定等，决定信息在交互中的意义。而沟通的价值并不在于得出一个确凿的答案，而是交互产生了意义的价值增值。

从沟通话题的范围来看，可以涉及国计民生、社会大事件的公共领域，社交媒体提供了各方参与论述的空间；从沟通的进程来看，公共论述的价值就在于沟通主体之间对意义的理解是相互的，产生了观念价值的增值。

## 二、媒介情境理论下口语沟通的是知识，也是行动

知识，以多形态的资讯储藏在人类的各种语言系统中，在三千年的历史流变进程中，它以人们交换符号的行为而取得意义，与社会文明的进步亦步亦趋。知识，在三个口语时代，分别呈现什么样的形态呢？

在原生口语文化时代，知识必须借助口语交流才能展现出来，如古希腊的男性演讲者为国家政治改革、民主事宜在城邦内发表演说，以博得公众支持。当没有文字时，或印刷术发明之前，牛皮纸文字只是极少数精英才能看到的，知识无法以抽象的观念存在于具象的物质载体里，只能蕴藏在大家共有的语言和文化中。而程序性强的知识可以通过师徒之间的口传身授得以传承，涉及社会意义和价值体系的知识，则以重复的主题、虚构的情节和既定的公式，被说书人的民谣神话一代代保留下来。如《荷马史诗》《奥德赛》，这都是后人根据口口流传下来的故事整理出来的原生口语民谣的文字版，后人方能以文字形式领略到原生口语的风采。知识属于时间，随着时间的流逝向人类展示。知识属于公众共有，储存在共同的记忆里。①

当书写使口语得以转变为一组文字符号，并且印刷定型在人手可取的纸张上，这意味着知识有了明确的创作主体和接受客体，原创的知识备受鼓励，书商出身的古登堡借印刷文明的扩散，开始到处寻找并鼓励作家多写书。正是因为知识创作主体和知识本身的分离，使得语言丧失了它的对话本色，开始以静止的形态储藏在多方共创的物质载体里。

而到了以参与互动为特征的互联网环境，知识不再以文本形式离开创作者

---

① ［美］沃尔特·翁著，何道宽译：《口语文化与书面文化——语词的技术化》，北京：北京大学出版社，2008 年，第 48 页。

而独存，原本知识创作的主体和接受的客体，可化身为沟通的主客体，也就是凯瑟琳·韦尔奇笔下的"电子说理者"，他们不再盯着自己原创的观点谋求像稿费一样的主体权利，而是转向关注互动过程中的关系营造和资讯的交流。这样带着二度口语或二度书写特质的互联网沟通格局，携带者超越了文字和口语，但又离不开屏幕和场景的多符号整合修辞与互动格局。那么，新媒体环境下的知识，可以理解为资讯本身和广大用户围绕资讯而展开的一场沟通行动。

　　关于知识的形态流变，早有学者预见。巴洛·约翰·佩里在文章《观念的经济》① 中提出过关于资讯的看法，他认为知识是一种行动，是动词而不是名词，是体验而不是财产，因此知识必须在移动中，靠宣传来传达。他还强调资讯是一种关系，以熟悉度为贵，甚于以稀为贵，它的意义跟随个案而异，但都保有价值。约翰·佩里的这些见解，是把知识当成人与人之间发展的"事件"和"过程"，占有关系网更重于占有时间和空间，因此说行动更重于观点，随机应变更重于手中持有。总的来讲，"知识的意义跟随个案的变化而改变，知识的意义更产生于沟通交流的行动中"。这与当下新媒体环境里我们对沟通意义的理解不谋而合，沟通是用户主体之间因为资讯而发生的一种交流观点的行为，因此也产生了资讯，产生了知识，只不过，这个知识不再是储存的物质和符号，而是在交互行动中体现出的知识的更新。

　　此外，法国学者皮埃尔·列维提出的"知识空间"构想②，也呼应了上述沟通行为的意义。他认为，人类的智慧在空间上自在四散，时间上则易于流逝，因此电子资讯时代的人类不宜流连于个人主体得失的"商业利益空间"，而应该打破社会地域和政治阶层，学习如何在虚拟集会场中"互为师徒"，以"即时民主"共创集体智慧。他眼中的网络空间就是"知识空间"的基础，知识的创造、储存、更新都在互动中同步发生。知识的创作主体再次和知识本身合为一体，每个人都有机会参与集体思考和表达，流动产生的知识成为社会资源的新构成。

　　借助文字、图像、声音符号整合传播，沟通在不同场域下发生，资讯知识在主体之间流动，这样的二度口语特质让沟通行为既基于知识，也生产知识，

---

① 转引自沈锦惠：《电子语艺与公共沟通》，台北：天空数位图书有限公司，2009 年；BARLOW J P. The economy of ideas：a framework for patents and copyrights in the digital age. Wired，1994 – 03 – 01.

② 转引自沈锦惠：《电子语艺与公共沟通》，台北：天空数位图书有限公司，2009 年；PIERRE L. Collective intelligence：mankind's emerging word in cyberspace. BORNONNO B，trans. London：Plenum，1997.

沟通有可能带来个人意见、集体智慧，乃至社会共识的改变，这对网络公共空间提振社会文明有重要的意义。

## 第二节　口语在社交媒体中的传播语境：口语交互性外因的进阶节点

移动终端的独特之处在于，它通过本地化和个体化的方式将多元模式的传播整合入日常生活中。因此，"移动"的传播与其说在于特殊装置、综合技术和个体使用者，不如说是上述三者共同发生作用的传播语境。① 移动性的三个方面——空间、时间、语境——在社交媒体中构成语境的完整内涵。语境与媒介类似，它既是物质现象，也是非物质现象。人文研究通常将语境依照字面理解为共同的文本（con-texts）或交互的文本（inter-texts），而传播学研究将语境同时作为物理场所和诠释框架。下面将从如上两个维度审视口语沟通在社交媒体中的传播语境。

### 一、传播语境中的用户交互：技术平权不等于主体平权，主体呈"趋中心化"

技术带来的平权并不会允诺主体的平权。布尔迪厄从关系角度思考出"场域"的概念，他指出在这些网络和构造中，对权力（资本）的占有意味着长期控制着特殊利润。② 以蜻蜓 FM 为例，主播搭建的 IP 场域，由于自身文化资本的先天差异、来自平台的准入机制考量、版权审查制度的干预，再加上资本驱动下的受众本位意识，都在不同程度上加剧了主体层级化的差异。

随着各类社交媒体的发展，广大用户逐步获得同步传受信息的权利，与传统大众媒介的权力分庭抗礼。这使得互联网信息和知识的传播呈现出"去中心

---

① ［丹麦］克劳斯·布鲁恩·延森著，刘君译：《媒介融合：网络传播、大众传播和人际传播的三重维度》，上海：复旦大学出版社，2015 年，第 112 页。

② ［法］布尔迪厄著，包亚明译：《文化资本与社会炼金术：布尔迪厄访谈录》，上海：上海人民出版社，1997 年。

化"的趋势，跨地区、跨阶层的各类网民都能够参与到信息和知识的生产、传播环节，实现了在技术上的平等权利。网络世界里，精英和草根并存形成了主体的多元局面，就不可避免地消解了传播主体的绝对权威。这主要表现在内容生产的 UGC、PGC 和 PUGC 模式上。UGC，即用户将自己原创的内容通过互联网平台进行展示或者提供给其他用户。PGC，指专业机构生产内容，内容分类专业，质量有保证，用来泛指内容个性化、视角多元化、传播民主化、社会关系虚拟化。早期一些视频网站采用的是 UGC 模式，现在大多采用 PGC 模式，分类专业，内容权威。而更注重点对点传播，以连接、互动、分享为目的的社交平台则以 UGC 模式取胜，以推进公共空间内的人际沟通。随着专业化个人主体的参与程度渐高，甚至全职，领域内的知名大 IP 用个人影响力黏合了巨量粉丝，在移动音视频领域，将 UGC 和 PGC 结合起来的内容生产模式，即专业用户生产内容，或专家生产内容，称作 PUGC。

具体到口语沟通的平台，用户的技术平权是如何实现的呢？先来看问答型口语传播案例，例如，付费语音问答平台经过两年的快速发展，已经进入专业领域细分、专家人士实名、知识答问并举的稳定状态，用户的权利体现在："我"既可以凭借价值信息和知识成为传播者，也能在平台上寻找并满足"我"的兴趣点和求知欲，所有用户之间是一种平等视角的多点交错关系。此外，UGC、PGC、PUGC 模式并存，"在行一点""蜻蜓 FM"等平台会在首页内主推名师课程，也会在分组社区罗列"牛人的主体学习圈"，还有"小讲"形式的30 分钟语音干货。用户可以按顺序查找或搜索兴趣话题点击参加，除了在老师开课时直播收听，还可以在评论区图文互动，主讲用文字或语音回答，其他用户也可以参与评论。例如昵称为"酷炫脑"的一位主讲人，是精神病学博士，耶鲁大学精神病学博士后。她最新的系列小讲题目是"摆脱遗忘魔咒，高效记忆第一课"，用户支付 9.9 元获得讲票即可收听 24 分钟语音和参与讨论。此外，也可以一对一提问，一个用户在 2016 年 12 月 1 日花费 28 元提问："请问有什么立竿见影地减轻抑郁的方法吗？"笔者在支付 1 元偷听费用后，听到了主讲人的语音回答："一个是增加日照时间。一种抑郁叫作季节性抑郁，冬天比夏天光照短，比夏天容易得抑郁症。另外一种抑郁叫作纬度性抑郁，高纬度地区的人比低纬度地区的人更容易得抑郁症，因为那里明显日照时间短，比如北欧的人更容易得抑郁症。所以一个有抑郁倾向的人要增加户外活动量，或者多开窗帘增加光照可以减轻抑郁。另一个方法是多运动，增加多巴胺的分泌，增加海马体神经元的生长。重度抑郁患者的海马体神经元有 20% 的损伤，多运动可以有效地减少海马体的损伤。"截至提问发出后的 11 个月，这条回答得到了 516 次偷听和 37 个赞。时过半年，再次向"酷炫脑"提问需要 99.9 元了。来自主讲人的语音讲授和付费用户的评论及主讲再回复，形成了兴趣社群内的一对多的同级往复传播，一对一答问和偷听，形成了兴趣社群内一对多的同级往复传播。一对一为主，无数潜在观众隐形在场。问答型的口语沟通音频在有效期内可以多次反复收听，同时，音频和文字图片同屏伴随释义，这呈现出跨越空间和阶层之上的偏向时间的媒介特征。

可见，任何用户都可以在这里发问，用户完成注册的身份核验便可以参与回答，技术平权完全实现，但身份、权力、知识等因素决定谁能成为社群内优质的传播主体。

再来看微信语音。社群内的语音对话是强关系辐射下的人际沟通，也是网络公共空间下的人际沟通，微信公众号可为任何一个官方认证的组织或机构推送信息及服务。当传统广电的知名频道、栏目和主持人，得到了在移动终端再次分发信息的机会，在顺时播出的时间之外再造了一个可以和用户互动的移动空间时，传播权利的"去中心化"在内容话题上又表现出明显的"中心化"取向。普罗大众的参与，平台的服务功能，最终带来的是传播主体主导下的观点众筹、使用兑现或知识变现。传统媒体知名节目和主持人的光环有力地帮助他们拓展了在新媒体平台的推广，这好比是自带粉丝的先天优势。

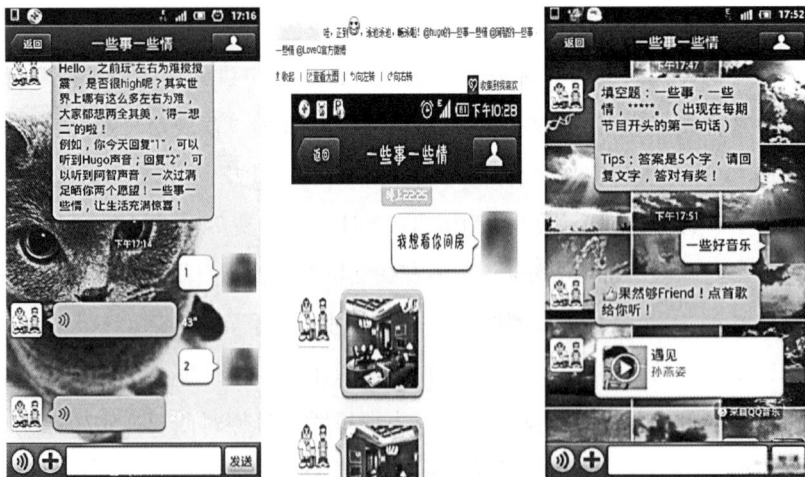

图 4-2　广东电台广播节目《一些事一些情》的主播在微信公众号与用户互动

• • • • • •

广东电台《一些事一些情》的主播在公众号里随时随地都可主持，这个公共空间将电台听众移植到了网络。主持人群发语音后发起小互动，自定义回复推送话题相关照片，即日就吸引了过万次回复参与。语音的加入，使一些互动小游戏更加亲切生动；而语音＋互动，让用户不再"只接收不参与"，使沟通变为双向。

再如，音频型口语传播的一个典型案例。央视二套《财富故事会》原主播人王凯，他以"光头王凯"为个人昵称开始了新浪微博的推广，带着节目主持人吸引来的粉丝量开始了新的项目。从最初众筹公益项目，到现在拓展了第二个"凯叔讲故事"的名称，逐步打造成了国内知名童年故事品牌，并在微信公众号、蜻蜓FM等其他平台联动推出零售服务。音频产品的口语样态就是20分钟以内的短音频，并在留言区与用户互动，此外还在音频界面链接着相关商品的售卖。2017年10月王凯在中国传媒大学的讲座中提到，仅一个项目"凯叔西游记"推出几个月就给公司带来了4 000万的利润。此外，"蜻蜓FM、喜马拉雅等移动音频应用的大咖主讲人，将他们本身所在的金融、教育、艺术等领域的知识获得转化为有声书或语音课程，每月零售的收益超几十万元的，非常普遍"①。

直播平台的网红主播，通过签约费和打赏而获得的年收益达千万元也算是新媒体直播带来的一个独特景观，尽管这一现象遭受职业道德和行业生命力的拷问，但数量庞大的网民就是这一景观的持续动因。

可见，互联网用户取得的技术平权，并不能意味着他们在沟通关系中也拥有平等的主体权利。技术权利的"去中心化"，为那些拥有知识思想、创新意识、行动能力的用户创造了与普罗大众沟通的空间和机遇，他们如何运用口语及整合符号的表达能力，在个人专业领域内知识"优势"的导向下，在知名度和影响力的辐射中，赢得沟通关系中"趋中心化"的表现。

作为知识层级的沟通主体，不管是在原本领域还是网络平台，意见领袖和明星光环有着无法代替的优势。同是信息和知识的生产者，背景领域、专业擅长各有不同，越是能够找准知识与用户的精准对接入口，并能用符合口语表达规律的方式加以转换，越容易获得认可，成为沟通关系中的"中心"一方。互联网强化知识精英主义倾向，事实上，这与用户平民化、大众化的互联网主流精神相背离。此外，在社交媒体平台，知名度更容易带来注意力经济，这在某

① 余建军，喜马拉雅总裁，2017年10月12日在中国传媒大学广告学院的演讲。

种程度上可以战胜"专业"对个体的影响力，数量庞大的用户形成了狂欢热捧的氛围，有时，并不能让所有用户真正区分"网红"和传统意义的专家。这也正是互联网同时拥有纷繁与精准的魅力所在。所以，我们说社交媒体平台中，先进的沟通技术和新型的沟通空间，并不能让用户的技术平权等同于主体平权，每个社会阶层在互联网世界里依然被打上了深深的阶层痕迹、角色印记。

## 二、传播语境中的场景交互：社会场景推送至媒介界面融合形成关系型场景

梅罗维茨将"情境"分为"场域情境"和"媒介情境"两类，并对"场域情境"做出解释，即场景。后来的相关研究也颇多，2014 年罗伯特·斯考伯和谢尔·伊斯雷尔在《即将到来的场景时代》中也提出"场景"概念，并指出：大数据、移动设备、社交媒体、传感器、定位系统是与场景时代息息相关的五大要素。① 国内学者彭兰 2015 年指出，场景涵盖基于空间和基于行为与心理的环境氛围，决定人们的行为特点与需求特征，其构成基本要素包括：空间与环境、用户实时状态、用户生活习惯以及社交氛围。② 2017 年北京师范大学喻国明研究指出，互联网带来的不仅是语境的转变，而是一种基础性的赋权范式的转变。关系赋权通过激发个体价值与关系网络，赋予公众讨论、参与公共事务的机会、权利与能力，社会治理的环境与格局正在经历前所未有的变迁。③ 由此看来，场景尤其是依托于新媒体发展起来的场景，已不单是一种满足受众需求、适配信息和感知的手段，更成为重构社会关系、调整赋权模式的全新范式。④

可见，社会场景这一客体因素，在受众（用户）这一主体要素使用媒介的激发作用下，加速了移动互联网改变媒介的进化语境，因此，受众不再满足于信息的单向传播和双向互动，而是产生了对媒介特质的多元需求。这些需求恰恰来源于媒介、用户如何与环境特征相结合，也就是主体和客体要素如何在进

---

① ［美］罗伯特·斯考伯、谢尔·伊斯雷尔著，赵乾坤、周宝曜译：《即将到来的场景时代》，北京：北京联合出版公司，2014 年，第 11 页。

② 彭兰：《移动时代媒体的新要素》，《新闻记者》2015 年第 3 期。

③ 喻国明、马慧：《关系赋权：社会资本配置的新范式——网络重构社会连接之下的社会治理逻辑变革》，《编辑之友》2016 年第 9 期。

④ 喻国明、马慧：《移动互联时代：场景的凸显及其价值分析》，《当代传播》2017 年第 1 期。

化了的语境下再次发生作用。

口语可以贯穿打通社会场景、媒介界面和反馈互动所有场景，所以，基于被细分的社会场景，本书更看重当社会场景被推送到媒介界面上，打通全场的口语会促使其演变为什么样的景观。有学者指出，在新的传播关系中，媒介内容与受众之间产生互动并超越了最基本的"刺激—反应"层面，产生了直接的沟通渠道，而互动界面正是其物质表现。当然，功能差异化的 App 应用，会依据主要解决的问题而设计出不同性状的互动界面，如专业视频直播、语音互动、声图文同时使用的界面等。

关于互动界面的本质及其对人类社会的影响，美国学者马克·波斯特做过恰当的描述：探讨社会景观以认识其中人机层迭的一个策略便是考察"界面"这一术语。我们暂且可以这样说，界面介于人类与机器之间，是一种膜（membrane），使相互排斥而又互相依存的两个世界彼此分离而又相连……在诸如电脑这样的表征性机器中，界面问题尤为突出，因为人/机分野的每一边如今都开始具有其自身的现实存在。监视器屏幕的这一边是牛顿式的物理空间，而那一边则是赛博空间（cyberspace，又称网络空间）。高品质的界面容许人们毫无痕迹地穿梭于两个世界，因此有助于促成这两个世界间差异的消失，同时也改变了这两个世界之间的联系类型。界面是人类与机器之间进行协商的敏感的边界区域，同时也是一套新兴的人/机新关系的枢纽。①

尽管上述内容是对互联网 PC 端时期的人机互动的描述，但也以极具深刻性和预见性的描述，勾勒出未来小屏互动界面的可能模样。本书认为，新媒体用户所在的社会场景，在移动终端形成了多符号的整合互动界面，这一技术层面的媒介景观在宏观上推动了客观的社会场景的流动、融合。口语作为一种可以独立形成意义的沟通符号，不用必然依赖他物，能够直接赋予亟待推送的社会场景以意义和沟通的可能性。概言之，社会场景通过媒介互动界面的符号再造，生成了用户之间真实存在的关系型场景，而口语则可以贯穿所有场景，成为可以独立存在的沟通手段。

社会场景中的口语是沟通主体向他人传播信息的主要手段。完成意义的沟通需要满足两个条件：一是沟通主体产生需求，如秀场主播的一场商业展示；

---

① ［美］马克·波斯特著，范静晔译：《第二媒介时代》，南京：南京大学出版社，2000年，第 20 页。

知识类音视频主播向用户讲述自己掌握的资源信息等。二是客观场景所内置的社会性、象征性、适配性等传播动因。如秀场主播在商业宣传的话语框架下，必然形成了一套"售卖模式"的口语表达规则，要把利益方的卖点和潜在客户的需求对接起来；很多社会机构团体在传播理念时派出主讲人，他们身处符合核心理念的情境下展开讲述，并在互动中辅之以现实场景中的道具、象征物件，再调整内容。如平安集团发起对乡村教师的培训直播课；光明网于本科招生季在多所高校的招生宣传现场开设的直播，采访招办人员并直接和网友互动。

伊尼斯早在《帝国与传播》中就论证了古希腊城邦的游吟诗人将生活与政治的信念编入诗歌，在不断地游走中宣传，口语这种沟通工具同时能跨越时间和空间的考验，能在二者中取得一定的平衡，帮助雅典人成功夺回了萨拉米斯岛，帮助雅典人建立身份的认同感。伊尼斯虽生活在 20 世纪中叶，但也预见式地提醒众人要重视口语的传播效果。伊尼斯没有机会体验今日的社交媒体，但古希腊时的游吟诗人和今天社交媒体的用户是不是在使用口语沟通方面有着某种相似？只是，社交媒体让所有用户没有了空间的距离，即可找到想找的那个人，到达想要去的地方。因此，口语为主的声音元素可以依赖场景，也可以超越场景，生成用户之间的关联关系，建构独立的沟通景观。因此我们说，口语，拉近了所有社交媒体用户的虚拟距离，推动媒介界面呈现出了关系型的场景。

## 三、传播语境中的生产交互：口语沟通尚未完全实现协作生产

社交平台赋予用户个体、社群组织以充分的资源组织能力和再生产的空间。很多中外学者以"协作、生产"为新媒体研究的核心议题，提出了各类社交平台在新型内容生产模式的推动下，对于社会各阶层人们在知识观念和行动力方面沟通模式的改变。

前文提到，克莱·舍基的研究指出，互联网用户协作生产的核心要义是——生产"认知盈余"，它是互联网用户在碎片时间，与他人分工协作并基于个人创造性行为的产物。社交媒体生成的社群聚集了大量志趣相投的用户，赋予每个人释放个体创造力的协作空间。那么，用户媒介接触的习惯慢慢演变成使用和分享，媒介也从一种经济组织演变成有组织的低成本的共享工具。

同理，喻国明研究也认为："开放、连接的社交网络将分散、异质的个体连接起来，聚集为各种各样的自组织群体，个体之间的交互、协同、互补形成了

'群体智慧'，并激发共享和利他行为。"① 通过观察发现，这些数量庞大的用户，携带了繁芜的信息，虽然没有外力的强制约束规范，却可以无缝连接，自主创造、衍生，从无序走向有序，表现出典型的自组织结构特征。因为这种自组织拥有几个特点：协同行动驱动组织有灵活多变的内在结构；组织的自我生长；小事件可能激发大力量的非平衡状态。这些特征都充分展示了互联网用户在新媒体平台的自我创造力和协同生产的爆发力。虽没有用同一个概念，但从特征描述来看，喻国明定义的"自组织"，就是新媒体社群的含义，"群体智慧"同义于"认知盈余"。

那么，具体到口语作为沟通符号的平台，协作生产的核心要义是否完全实现了呢？未来，口语的人文性特质该如何发力才能让平台有更强的生命力呢？

先来看付费语音问答平台的代表性产品——问和答。本书以最早出现、用户数量最多的"在行一点"（原"分答"）平台为例。这里的问答有三种模式，第一种是以用户问题为导引，找人解决疑问的"快问"。截至 2017 年 10 月，"分答"将快问区分门别类为四种话题，如健康类、情感类、法律类和育儿类。手机的互动界面以提问者的问题为主标题区，答主的语音或文字回答在分栏下半部分的内容区，而被最终采纳的回答可以获得提问者的 10 元酬金。从具体问题来看，提问者有的放矢、解决个人生活所遇疑问的目的性非常直接，如："我在某小区购买一套多层期房（总共六层），购买时告诉我有电梯，购房合同也注明有电梯，现在交房发现没有电梯。售楼工作人员矢口否认，说是当初套用合同。请问我现在能否提出赔偿，或者能以恶意欺诈提起诉讼？"（见图4-3）。第二种是定向"找专家"。平台除了不断推新名人答主外，也分出健康、职场、理财、学术、心理等门类，用户可向任何一位入驻答主付费提问，如名人李银河收费 50 元，研究自闭症的中科院博士生导师仇子龙收费 6.66 元，中科院博导、长江学者、天文学家张双南收费 50 元，美国 IMPI 认证母婴睡眠咨询师林小暖 bella 收费 128 元，微博知名房产博主"京城楼少"收费 50 元，等等。第三种是围绕主题的评论沟通，在主讲人语音课的互动区，用户根据课程内容与主讲人沟通。

---

① 喻国明、马慧：《互联网时代的新权力范式："关系赋权"——"连接一切"场景下的社会关系的重组与权力格局的变迁》，《国际新闻界》2016 年第 10 期。

图 4 - 3　"在行一点"寻找答案问答区的沟通界面

图 4 - 4　"在行一点"定向提问问答区的沟通界面

研究发现，以"在行一点"为代表的付费语音沟通平台，主体双方来自社会各个阶层、任何板块，他们可以自由交错，没有受到现实阶层域限和权力范围的阻隔。而且问题的个性突出，非常务实，具有一定的典型性，虽普遍性不强，但对于个体用户而言，由社会矛盾、情感心理、生活实际所提出的难题都有了直接疏解的渠道。每个人的知识占有量各有所长，该平台弥补了提问者的知识漏洞。

（1）音频型口语传播实践中的个人主创音频。2017 年 6 月，高晓松在蜻蜓FM 的独家音频节目《矮大紧指北》上线，很快便走红网络，200 元订阅成功可永久收听，该节目每周更新三次，总计 156 期。上线后四个月，播放次数达到了 3 508 次。这类语音课以知识精华为样态，主讲人凭借知名度和从各种渠道积累的人气，把他们已有的个体经验和知识进行再传播。从内容角度看，主讲人须用"满满的个性化干货"吸引用户订阅收听，知识传播依然是这类语音课程的核心竞争力。在这个知识生产的过程里，生产者根据自己所掌握的专业知识，用语音形式制作出产品直接搬运给对方，弥补了不同板块人群之间的信息差。收听用户在互动评论区的留言更多是共同兴趣用户之间一场欢庆精神满足的共鸣或情绪的宣泄，却没有实现，或者说没有意向实现互联网本质属性——共同、协作式地进行知识生产。

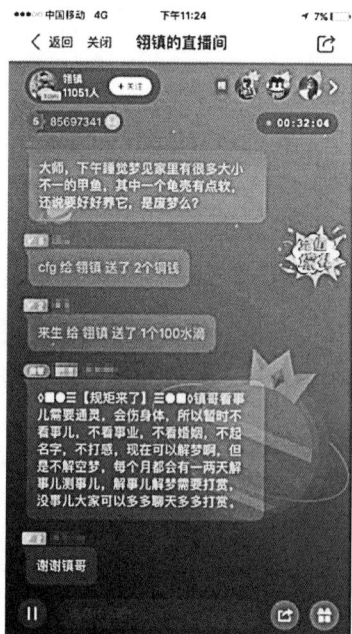

图 4 - 5　蜻蜓 FM 的个人用户"翎镇"的语音直播间界面

（2）直播平台的视频直播和语音直播。其显著的特点是现在进行时，直播主体的主动展示和回答提问就在此时此刻，线上的跨空间"同在"赋予用户强烈的存在感。从网红直播打赏变现、流量带货，到医生、教师等专业人士直播答疑，逐步演变为自媒体的传播矩阵，直播及即时互动所产生的存在感、接近感和认同心让用户愿意寻找社群并沉浸其中，但直播平台有视觉和文字的伴随，语音构成信息框架中的一部分。沟通双方同时存在于一个共享情境中，图像提供的场景信息渲染了沟通双方的体验和情感共鸣，很大程度上代替了口语中的情感因素，此时此景下的口语，须弥补图像无法传递的信息差。视觉图像给予用户强烈的空间塑造感，反而消减了语音信息的完整性，因此，我们说直播沟通增加了欣赏的心态和娱乐的窥视欲，这也是用户更愿在直播中同享冷暖的狂欢式心理内因。所以，直播的口语沟通，重在同时空的知识、情感、体验的交互，可协作的需求还没有对应清晰，可生产"集体智慧"和"知识盈余"的模式还不够明朗。而这也是未来直播平台可待深耕的着力点。

## 第三节　口语在社交媒体中的文本语境：
## 口语交互性外因的制约节点

上一节审视社交媒体中口语沟通的传播环境，立足于沟通主体——跨人群板块的用户、沟通场景——社会场景融合媒介界面形成的关系型场景、沟通效果——协作生产这三个层面展开分析。本节，我们将视角从传播层面进入文本层面，当沟通的具体行为发生时，也就是主体之间互动时，关注口语及整合符号在媒介界面上形成了具体的、诉诸视觉和听觉的复合文本。因此，口语沟通的文本语境，就是主体与用户将社会场景及语言推送至互动界面，融合生成一种新型的关系型场景内的语境。对文本语境的考察，应当包含社会性和媒介性两种因素。

### 一、口语沟通文本的修辞情境

社交媒体用户身处不同场景，在相同的志趣话题引导下进入社群，将各自独有的社会性场景和语言符号带入互动界面，沟通主体、广大用户、志趣话题、真实场景、时空时机便构成文本形成时的修辞情境。① 也就是说，修辞情境是一个动态的结构，修辞者会根据实际需要而产生无数种修辞行动的可能。我们的理论出发点是审视社交媒体中口语沟通在文本中的修辞情境，那么，有必要先来简要对比口语传播在三个时代的修辞情境。

原生口语文化时代：文本只存在于口语，在记忆术套语的规约下传承。古希腊时期原生口语实践的经典原型是男性主导的公共演讲，为推动城邦民主进步等具有公共意义的沟通目的而展开的演讲和辩论，一个演讲者未经任何中介，在某一个时间、地点，面对和他共享此时此刻的观众，向他们发表演说，并在各地游走，扩散观点。

电子口语文化时代的大众传播时期：文本产生于专业生产空间，由主持人和参与者按照提前设计的规则而制作，最终体现为声画合一的成品。信息以节目形式经过电子信号传输到世界各地，节目的主持者和参与者，拥有媒体赋予的表达权，他们通过人际的口语沟通，凝结新闻报道、思想观念的要义，再经媒介传给大众。来自权利之外的观众群体，直接参与公共表达的渠道较少，且都被"把关人"所控制。

比如电视人物演讲及访谈，代表性呈现了大众传播媒介的口语沟通文本的修辞特征。大多数看电视的观众在看电视画面时可以建构和评估被访者演讲或访谈时的原始情境。电视画面中会有一个隐形的媒介叙述者，或表现为用第三人称介绍主讲人的解说词，或表现为记录画面的摄像机选择拍摄的镜头，二者的作用是从完美的视角拍摄、介绍主讲人，记录下最贴近真实的声音和画面效果。此外，还有一个有形的媒介叙述者，那就是主持人，他（她）站在节目意图的角度，通过对话，尽可能展现主讲人的社会形象，烘托节目预设好的期待。

电子口语文化时代的社交媒体时期：文本产生于互动界面，由任何社交媒体用户按照个人沟通需求而产生，最终体现为语音或声图文整合的流动性音频流。技术赋权给每一个人表达的权利，他们在移动终端可以发起、建立与个人社交关系相关的任意自组织，通过口语及其他符号的整合传播，能够实现跨阶层的、具有公共意义的沟通。

---

① 袁影、蒋严：《论"修辞情境"的基本要素及核心成分——兼评比彻尔等"修辞情境"观》，《修辞学习》2009 年第 4 期。修辞情境由五大要素构成：缺失、受众、修辞者、场景、时机。

社交媒体中的口语沟通实践与广播电视媒介上的情境有相似的地方，最重要的变化是，电视观众看到的是经过媒体中介处理后的话语，移动端的用户看到、听到的是没有中介处理过，来自沟通双方连续时间线上的真实表达。那么，口语沟通实践在新媒体终端生成的文本话语将面临何种修辞情境？前文归纳社交媒体口语传播的五种实践形态：问答型、微课型、社交型、直播型、音频型，由于单一语音符号所带来的情境变化，与整合符号传播平台上的沟通实践相较而言，在空间感、介入度、感官体验等方面还存在差异。它们在公共空间范围的大小、交互性的强弱、符号使用等方面各有优势，也正是这多样的可能性，带给用户无尽的想象和开拓使用的空间。其中，直播平台呈现的文本最为复杂，在同时空内与粉丝即时互动，主播口语建构媒介文本的主线，因此作为重点专门探讨。

第一，直播平台的媒介话语世界和真实场景一一对应。

毫无疑问，广播电视的主持人和摄像机会选择最终呈现哪些场景、哪些对话，删除某些部分，观众无法看到删减掉的部分，同时又会在不同的语境中观看留下的部分。无趣的长篇可能被剪辑为精彩的五分钟，而长篇精彩的对话也可能被剪辑成没有逻辑的几个片段。演讲者、对话者连续说话时，观众看到的是不同景别中的不同场景连续变化，媒介的话语世界与真实发生的场景无法一一对应。观众必须自己去建构这两个世界之间的关系。新媒体中的直播与电视人物演讲访谈有很大的相似之处。主播在选定的场景中开启摄像镜头，一旦开始直播，就像是开启了一个无法暂停的长镜头，而且这个场景里只有一个机位。所有真实场景里的人和物都是其他用户在媒介上可以直接看到的，无法选择，没有剪辑。广播电视节目里的摄像机和主持人才是叙述者，他们通过专业的采访、编辑，决定了媒介话语的全貌，使得主讲人或未经编辑完整的对话可以用于表达主讲人原本反对的观点。也就是说，主讲人和媒体中介都可以通过主讲人的语言来建构观点。而新媒体直播里的主播，囿于不能移动或连续缓慢位移的空间场景限制，必须通过有质量的语言，来建构自己的意义和观念。除了低俗违规不得传播，没有人会为主播的语言框架来把关。而粉丝用户则可以在界面回复主播能够即时看到的互动信息。

第二，口语决定直播平台媒介话语的连续性。

广播电视向大众传播的节目所呈现的人物演讲、访谈等，是在节目主创、编辑所设定好的主题和情境下录制的，中间可能因失误或错漏而重新来过，后期经过编辑的甄选和重新剪辑，才使节目编成主创想要的样子。甚至不排除的一种可能是，节目编辑利用演讲者和嘉宾的话，节选、拼接而剪辑成为他们原本反对的观点。节目里的演讲者和嘉宾无法控制自己的言谈被分割为几个部分，被放置到哪一个主题框架内，在什么时间被哪些观众以什么方式观看。这就是新闻发言人在接受媒体采访后被呈现出的言论，往往跟自己的预期有差别的原因。只要新闻发言人被访时言谈的长度小于媒介呈现的部分，理论上就存在被选择和重新排列组合的可能。也就是说，决定媒介话语连续性的人是来自媒体的叙述者，而非节目中言语表达的主体。因此，大众媒介话语的立场观点，有可能是嘉宾言论建构的，也有可能是媒体叙述者重新建构的。主持人和嘉宾的言语，录制成片的视频，承载传播内容的同时，仅拥有符号性的权力。

社交媒体赋权给每一个互联网移动用户，不仅赋予其表达权和互动权，更赋予了每个用户独立建构意义的可能性。当没有了大众媒介统摄采制和编辑思想的叙事者，在传播技术方面，又是基于移动端单个机位的长镜头采录，可以说主播是在特定场景下完成了一个"长镜头"直播。"长镜头"概念取自纪录片拍摄，意思是一个机位长时间跟拍，中间不切断剪辑的一种摄制和编辑手法。那么，在符号学角度，直播平台的主播是如何建构了一场意义的传递呢？社会场景中的人，被推送到媒介界面上，相比较"长镜头"下的不变场景，口语是负载信息最大的符号，或者说，主播的口语主导着场景中的主要信息量，甚至，在口语的引导下，场景中位置的移动，及其随之而来的主题变化才能被连续地串联起来。口语，在新媒体直播平台里，不仅拥有承载信息的符号学功能，还有支配和建构意义的权力价值。因此，本书认为，口语决定着直播平台媒介话语的连续性。主播在特定的主题场景内，通过"自我展演"或"主导对话"来完成一场意义的组织和传播。来自其他用户即时的反馈信息第一时间贴到媒介界面上，被主播看到后，成为口语信息再生产的又一个动因。像罗振宇这样的新媒体资深玩家，更懂得如何调动平台上粉丝的积极性，来实现一次直播拍卖的目的。他坐在书房，同时在五个平台开通直播，调动粉丝参与数量，向数万用户介绍卖品和参与拍卖的方法。感兴趣的买主不仅可以看到彼此的评论，也可以向罗振宇提问。出于增强粉丝买主存在感和被重视感的目的，罗振宇积极关注反馈问题并回答，以此鼓励更多的粉丝加入其中。回顾拍卖直播，主题场景在书房，主播无须位移，也无须其他成本，便完成了介绍规则、吸引买主、介绍卖品、竞拍出价、竞拍成功这一系列任务。直播平台，仿佛演变成一个现实存在的竞拍场，画面、口语、文字，分别承担了拍卖现场、主持人还有买主表达的信息，形成了拍卖格局的媒介话语。其中，主播是绝对主导者，他的语言控制了线性直播的每个环节，推动着所有进程。

沟通主体在具体的修辞环境里，有意识和目的地组织建构话语并理解沟通对象的话语，取得比较理想的沟通效果，实现沟通的目的。沟通主体的修辞行为不只为特定环境下言语上的话语策略，沟通主体，也即修辞主体，还有沟通对象、说服策略、沟通效果、社会环境等方面都包含在整个修辞系统中并具有指向性的意义。

## 二、口语沟通文本的话语框架

在大众传播的媒介话语里，有一个"把关人"的角色，这就意味着广播电视里的言谈文本是在一个隐形的叙述者手中编排出来的。上文提到，广播电视谈话、演讲等言谈形式的文本，是经历了叙述者的中介化处理，一个有条理的口头发言可能被分解成许多部分，这些不同部分可能被反复运用在各种重组的播出片段中，观众仍然把言谈者和这些重组的观点联系在一起。而我们可以整合符号论、话语理论、修辞情境等多模态来审视最终呈现的媒介文本，那么，大众媒介里的叙述者是如何在各种规则之下建立出媒介话语的框架呢？其一，叙述者恰是通过"模仿"将媒介话语调试到必须适应各种模态，满足舆论引导，再现社会现实、媒介播出规律、文本语言规范等，以至于必须生产出一个文本的合理框架，来保证其持续不断的生存和生产。其二，不同的叙述者如何通过"叙事"将自己的声音在媒介话语世界中和世界外实现评论。其三，与观众感知到的现实世界相比较，媒介的话语世界又是如何被呈现出来的。[①] 显然，在大众媒介话语世界里，媒体叙述者用"模仿"和"叙事"建构叙述者的声音，观众感知的"现实"则来自媒体，以及观众个人基于认识和经验的解释和态度；媒体话语世界和观众感知的现实共同对理解过程起作用。

---

① ［荷］保罗·霍芬：《数字时代的公共演讲语艺修辞学》，李展主编：《数字化时代的口语传播——理论、方法与实践》，厦门：厦门大学出版社，2014年，第20页。

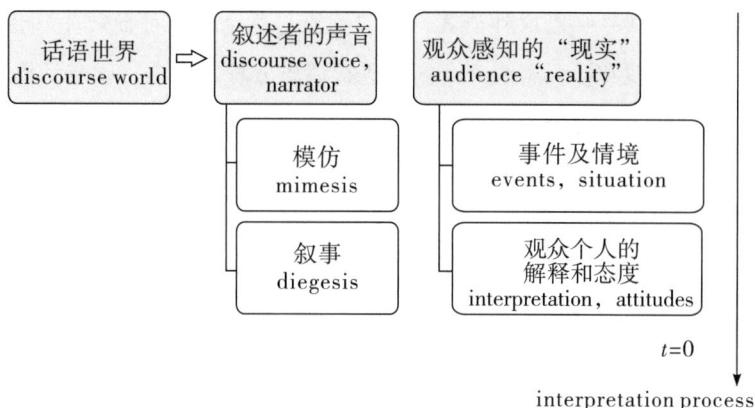

图 4 - 6　根据保罗·霍芬描述的大众媒介话语的框架而绘制

　　话语世界（即 discourse world）由叙述者的声音（即 discourse voice，也即 narrator）通过模仿（mimesis）和叙事（diegesis）所建构；观众感知的"现实"（即 audience "reality"），由事件、情境（即 events，situation），以及观众个人的解释和态度（即 interpretation，attitudes）所建构；观众在时间的向度上（即从 0 开始的 $t$）对媒介呈现的言谈进行理解的过程（即 interpretation process）。

　　也就是说，口语在大众媒介里生成的话语文本，本质上，是媒介叙述者所控制的框架内的产物，说话人本身并不是叙述者，他们提供的口语文本作为基本素材，被框架重新排列组合，最终以节目的样态呈现出一个个节选自现实却又形态完整的"第二性"的媒介现实。对比之下，社交媒体中的口语沟通，显然没有了直接的媒介"把关人"作为叙述者来生产口语文本。在符合传播法的规制内，口语沟通文本话语的生产者可以是每一个移动客户端用户，也正因为生产者身份的多元性和复杂性、沟通平台的多样性、口语符号的渗透性和适应性、即时传播的互动可能性等特征，使得移动终端的口语沟通文本呈现出独特的框架。

　　研究普遍认为，话语作为一种内容性的资源，在人与社会的交往中，在人与人之间的沟通中，建构主体自我，进而建构出社会现实的无数个局部的面貌。费尔克拉夫使用"话语"，也是把语言使用当作社会实践的一种形式，而不是一个纯粹的个体行为或情景变量的一个折射，也就是：话语既是一种表现形式，也是一种行为形式——以这种形式，人们可能与这个世界彼此产生作用。[①] 他从文本、话语实践和社会实践三个向度进行话语分析，将语言学与话语及语言相关的社会思想接合起来，以适用于社会科学内的话语研究。其中，对文本分析的框架是偏重于用语言学中的"符号与能指"概念指出，文本意义的分析可以被组织在四个主要标题之下："词汇""语法""连贯性"和"文本结构"。并且认为，对文本的分析尤其要注意文本的潜在意义和对它的解释。因为文本是由符号的形式所构成，经过了话语实践的具体铺陈，就具备了多种潜在的意义，一个形式的潜在意义是异质的，是不同的、重合的，有时是矛盾意义的复合体。因此，模糊不清的文本，解释着通过特定的框架组织和意义小组，来减少这种模糊性。[②] 而话语实践，牵扯到文本的生产、分配和消费的过程，文本是话语实践的具体产物。

大众媒介的言谈通过叙述者运用表达符号进行组合和铺陈，以广播电视节目的具体面貌示于观众，最终呈现出固定的文本。叙述者在生产文本的过程中，必须要遵循具体节目的多重语境和传播规则，比如《新闻联播》的编排顺序就是独特的，从时政到民生，从国内到国际，从财经到文艺等；人物专访里的被访者谈话部分，也必须按照叙述者的创作意图经过后期的剪辑和重新排列组合方能播出，其他各类节目中的人物访谈部分，同理，一定会在特定的主题框架下。由于大众媒介的生产、传播和观众的接受、消费都是一次性的单向进程，及其承担的社会功能，因此，叙述者需要尽力减少传播之前文本意义的模糊性。

社交媒体中口语沟通过程生成的文本，其意义处于不断的流动之中，颠覆了大众媒介中单次文本的固定意义。过去媒介叙述者在文本加工过程中，用于减少模糊性意义方面的工作，在新媒体环境中，则变成了多元用户主体建立沟通联系的必要进程，在时间的顺时轴线上，不断抛出小单元的片段意义，不断在交互中吸纳新问题，不断再次有针对性地抛出新的小单元意义。当同时空共享的时间结束，才能算是生成了完整的话语文本。

---

① ［英］诺曼·费尔克拉夫著，殷晓蓉译：《话语与社会变迁》，北京：华夏出版社，2003 年，第 59 页。

② ［英］诺曼·费尔克拉夫著，殷晓蓉译：《话语与社会变迁》，北京：华夏出版社，2003 年，第 69 页。

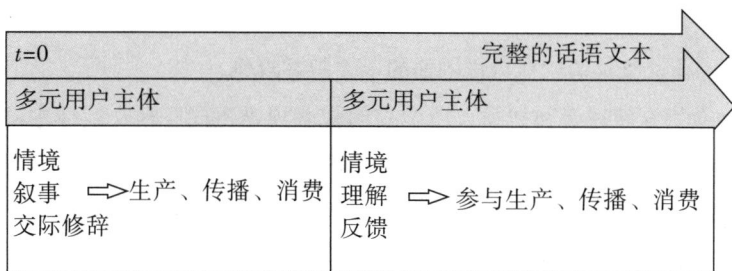

图4-7　用户全程参与而构成新媒体口语沟通的话语文本

**（一）话题与场景构成口语沟通文本的空间框架**

在新媒体口语沟通的具体实践形式中，我们发现，越是同时间在线，能够因相同的情境话题找到彼此出现在同一个交互空间，越有利于沟通的高效率实现。语音直播和视频直播，沟通主体开启直播的时长是有限的，开始时间点也是偶然的，文本生产过程在用户之间似乎有着"约定性"。也正是这个特点，日渐窄众的话题分类和更加具体的场景，利于塑造沟通话语文本的空间框架特征。

**（二）口语沟通的进程是生产完整话语文本的时间框架**

非直播的沟通文本，多元用户主体在彼此关联的情境中，不管是主叙事还是理解反馈，都必须与彼此互相配合。不管是分答中的答主、提问者还是偷听者，谁都不可缺位，方能在一个完整的循环中呈现一个完整的话语文本，即便彼此在线的时间是交错的，也需将断裂的时间片段组接起来看待，甚至偷听者对问题的理解有所深入，都是沟通对于话语文本的社会意义的共享。

而直播的时间轴线，更加连贯和完整，用户主客体同时在线对于文本的再消费意义重大。研究观察直播平台的内容分类时，沟通主体在自己建构的具体场景中介入丰富的盈利模式，有将个人经验和产品售卖相结合，有将他人经验作为叙事事实，在直播中让其他用户来打分投票，以影响商品售卖价格。还有像直播拍卖这种形式，利用粉丝用户对沟通主体的忠诚程度来进行商品销售等。口语作为直播中秩序优先的表达符号，贯穿沟通全程，覆盖整个时间轴线，以此作为生成最终话语文本的时间框架。

**（三）场景及其情境是口语沟通的重要叙述规则**

与大众媒介叙述者和把关人所掌控的叙事规则不同，社交媒体中的主体用户，在浩瀚的碎片信息海洋中，他们建立沟通的唯一可能就是共同信息点，包括兴趣、位置、求知解惑等功能性需求。不同于广播电视叙述者完全掌握主动权，新媒体用户的个性化需求成为建立多向沟通的必要前提。因此，沟通双方在共同的信息点会合，彼此在同一个情境下才能产生沟通的欲望和持续下去的条件，彼此所处的真实场景和具体情境则成为彼此沟通、共同生产话语文本的叙述规则。

## 三、口语沟通文本的修辞特征

从应用平台看，负载沟通信息的是功能多样的客户端；从沟通主体看，技术已经赋权给每一个互联网的终端用户；从具体的沟通语境看，无数个分类细致的社群主题基本规约了沟通多方的话语框架和文本；从沟通过程看，即时互动和声图文整合符号调动了用户的听视觉立体感官，他们利用交错符号的表达徜徉于信息的交互；从沟通的效果看，跨社会阶层的群体可以在任何主题社群内实现共享。那么，在新媒体如此复杂、琐碎、多样的社群内，究竟是什么让这么多迥异的人群可以凝聚在一起，他们的共同交集是如何体现在沟通的具体文本上的？社交媒体似乎营造了一种可能，让用户识别彼此而投入到建立沟通的某个"共同体"。

英国社会学家鲍曼考证并阐释了"共同体"概念。共同体是个明亮、温暖的褒义词："共同体是个温馨的地方，一个温暖而又舒适的场所。它就像是一个屋顶，在它的下面，可以遮风避雨；它又像是一个壁炉，在严寒的日子里，靠近它，可以暖和我们的手。"① 每个人都不可避免地卷入一个或多个共同体，在其中寻求交往、利益、爱、安全感、确定性乃至终极的价值皈依。

**（一）从信息、利益到价值——"共同体"在沟通文本上的再现**

学者胡百精提出，人类首先要在沟通、交往中建立信息共同体；其次，缔

---

① ［英］齐格蒙特·鲍曼著，欧阳景根译：《共同体》，南京：江苏人民出版社，2003年，第2页。

结利益共同体，夯实所有共同体的基础性条件；最后，在信息沟通和利益协调中，人们又不可避免——甚至强烈渴求——创造一个有关态度、情感、尊严、德行、审美、理想和信念的共同世界，即在信息共同体、利益共同体之外，还存在一个价值共同体。① 对于不同形式的共同体成员来说，彼此之间的沟通关系、利益关系，如果能够升华、凝结为一种价值上的认同关系，才是最坚韧、牢靠的。

如果说大众传媒组织的话语体系是完成了媒介组织和公众之间"组织需要去告知"的信息传播阶段，那么社交媒体中的说服者或是沟通主体，他们的使命由信息告知转变为促进共同体成员之间理性、建设性对话，以寻求理解、共识和认同。语音直播、视频直播、问答对话等口语沟通的具体实践形式，正是借助沟通过程，通过细分的不同内容领域里的对话，寻求社群内的共商共识。互动沟通所形成的具体文本，其中既包括修辞、叙事、语境调适、话语权分配等言说本身的问题，也包括重构公共领域和生活世界、彰显价值理性和交往理性、培育对话民主和对话伦理等思想创新、社会设计上的问题。

当个人提出问题，等待答主给出建议时，当直播平台如映客、一直播、六间房等专门游戏分区里的高手直播单人或合作游戏时，沟通双方在具体情境下共享信息，或解决问题或兴趣使然，形成或紧密或松散的信息共同体。当有经验的股票玩家在开市时间直播如何看个股、看 K 线图时，当沟通主体、发起人利用热捧粉丝的忠诚度而展开货品竞拍时，还有众多用户在自己营造的场景内，通过个人经验叙述或集体展演，提高观看用户的参与度和购买力，沟通主体在具体的情境下实现了两次信息的交互和一次商品价值的交互，打赏和购买何尝不是在建构利益的共同体。而价值共同体的形成，更多强调沟通者精神上的合一，有价值观上的共同追求。窄众化的兴趣类社群、微信群或语音微课，很多用户遵守群规，大家在良好的秩序内共享信息、传播知识，多少人义务给他人讲课，又有多少用户每天定时进行语音学习，长此以往，大家认可彼此的信念，有同样的追求，在持续的信息、知识以及延伸到生活中的人际关系的交互中，再造价值共同体。

**（二）言语修辞三要素：品格、情感、逻辑是口语沟通效果的判断依据**

社交媒体平台的口语传播，表现出主体多元、符号整合、言语琐碎、沟通

---

① 胡百精：《说服与认同》，北京：中国传媒大学出版社，2014 年，第 37 页。

多向、社群化等显著特征，因此，交互界面所呈现出的沟通文本并不是精练、少冗余的。本部分尝试整合几种适用于口语文本分析的修辞学理论展开分析。

在《修辞学》中，亚里士多德把修辞定义为"在每一事例上发现说服方式的能力"，他认为修辞具有以下几个功能：维护正义和真理并压制其反面；教化普通民众，尤其是那些缺少专业和逻辑训练的普通民众，更需要通俗易懂的说服论证；自我辩护和防卫。亚里士多德着重分析了三种修辞类型：协商演说、仪典演说和论辩演说。彼时，古希腊雅典城邦时期的议政环境，使所有演讲者就公共话题演讲时所追求的最高目标是幸福。每一个人和社会共同体都在追求这一目标的路上，践行用演讲的方式予以抵达。亚里士多德认为幸福是与美德结合在一起的顺境。

那么，什么才是好的演讲？从沟通主体的表达层面看，亚里士多德就给出了答案：品格、情感和逻辑。这也是中国修辞理论中"服之以德、动之以情、晓之以理"的西方修辞学来源。

首先，修辞者（沟通主体）具备良好的品格，至少依靠三种质素：明智、德行和善意，拥有至少这三种品格要素的人，才能给人以信任感，构建起修辞者（沟通主体）的人格魅力。就像霍夫兰用实证的方法论证亚里士多德的这个观点——修辞者（沟通主体）的可信度由权威、诚实、人格魅力来构成。[①] 以至于两千多年来，人们对于言语修辞者有了一个一以贯之的常识："从亚里士多德到霍夫兰，一个常识在发挥作用：有信誉、被信任的修辞者才能采摘说服的果子。"[②]

其次，在品格之外，还有两种修辞手段——情感和逻辑。情感是指修辞者（沟通主体）通过对倾听者心理的了解并进行言语上的调动，使对方与自己产生了情感上的共鸣。亚里士多德将这一"情感体系"区分为感情、意志和各种关联的人格因素。"感情"主要包括恼怒—温和、友善—敌意、恐惧—无畏、羞愧—无耻、感激—忘恩、嫉妒—倾慕、怜悯—憎恨七组二元对立的心理状态。"意志"是指，修辞者（沟通主体）一定要通过言语去着力触动、引发沟通对象积极、正面的情感，而压抑、安抚那些消极的和负面的情感。伯尼斯，命名了"公共关系"行业，是引领美国社会思潮和社会运动、生活方式的公关之

---

① ［美］E. M. 罗杰斯著，殷晓蓉译：《传播学史》，上海：上海译文出版社，2002 年，第 396 – 400 页。

② 胡百精：《说服与认同》，北京：中国传媒大学出版社，2014 年，第 61 页。

父，他通过洞察美国普罗大众思想和情感的细微之处，并保持着高度敏感，把说服公众和制造认同逐步运行为社会不可或缺的规则机制。他也借用了心理学家的资源，模仿亚里士多德，分析了人的七种主要本能和与之伴随的情感：逃避—恐惧、厌恶—反感、好奇—惊诧、好斗—愤怒、自炫—欣喜、蒙羞—服从、父母之爱—慈悲。[①]

　　逻辑，"事实之所以如是"的理性论证。亚里士多德在《修辞学》等著作中对比探讨了三种逻辑：有关客观真理论证的逻辑——科学逻辑[②]，辩证法，修辞逻辑。与事理无偏、毋庸置疑的科学逻辑相比较，修辞逻辑则是一种"或然性"而非"必然性"的逻辑，它蕴含着可贵的民主精神，它承认差异和多样性，鼓励以说服而非压服的手段达成共识。在客观真理之外，基于修辞逻辑的真理正式存乎意见交换之中。也就是说，互为沟通的平台，在技术变迁的时代中越来越便利，主体之间进行"或然性"的沟通，就显得更为必要。那么，言语修辞的手段，对于修辞方在公共领域或社群内部说服对方，就起到至关重要的作用。在修辞逻辑中，亚里士多德还着重说明了另一个值得注意的前提——"省略三段论"。由于共同的前提为沟通双方所共享，故可以省略不提，因此称为"省略三段论"。恰恰是这个可以省略的"共识性约定"，才是沟通双方都需要格外留意的地方。当下，社会的进步发展与冲突矛盾并存，人们对于同一现象或问题的认知背景差异巨大，客观的存在会延伸出千差万别的主观感受。看似无形的"共识"，未必恒定地存在于文本之外。它完全有可能因为修辞方为某种目的而有意错用，或无意中的疏忽，造成沟通双方的误解。如果是缺少客观必然存在的"共识"，修辞方还在徒劳地使用华丽的言辞，极尽说服策略，而达利益等目的，真是本末倒置。实际上，社会本来就是以多样化的差异而运行，以协商和讨论，来形成最终的共识和认同，才是沟通的极大成效。进而，社交媒体所带来的是沟通主体的多元参与，协商领域的不断扩大，达成认同的社会性程度更高。和而不同、多样协商正是现代社会认同与合法性的重要来源。[③]

---

　　① 转引自胡百精：《说服与认同》，北京：中国传媒大学出版社，2014 年，第 65 页；BERNAYS E L. Crystallizing public opinion. New York：Liveright，1961：152.

　　② 转引自胡百精：《说服与认同》，北京：中国传媒大学出版社，2014 年，第 65 页。台湾学者林远泽译之为"科学逻辑"。

　　③ 胡百精：《说服与认同》，北京：中国传媒大学出版社，2014 年，第 67 页。

社交媒体中的口语沟通主体对这三要素有必然追求。尽管具体应用平台有独特的传播特点，如直播的声音秩序优先，场景位移具有连续性；微信语音的播放和理解不得跳跃时间轴线，60 秒须将文字的完整意义切割为阶段性表达；语音微课的主讲人可以同时使用声音、图像、文字来为一个意义进行多方面的论述表达，等等。具体实践中的沟通主体，都须根据当下传播媒介的特性来统筹自己即将表达的内容。

如上海电视台记者白瑞 2017 年在腾讯新闻用电脑和手机直播《回家的礼物》时，犯了一个小错误，让自己在十几分钟的独白中陷入尴尬，又不得不尴尬地自救。这样的言语表达就是没抓住传播平台规律的表现。以下口语表达文字稿选自 2017 年 1 月 20 日，白瑞团队到达长沙湘雅三院为唐雨找到肾内科专家胡医生的直播。

大家好，我现在已经到达长沙了，其实在腾讯新闻让我做《回家的礼物》的时候，我就挺期待的。为什么呢？因为我们是在火车站这样的场合，采访回家过年的旅客，我们想了解的是他们回家的礼物都准备了哪些。但是通过这几天的采访，我真是觉得对我这个主持人来讲，大家觉得采访的人物感动了大家，但作为主持人来讲，就是在上海这座城市，在长三角生活的最普通的大众，他们朴素而真实的情感。我是一个每天在直播间内、在演播室里的主持人，我特别感恩这次采访，它让我接了地气，让我了解了，哎呀不好，重来，重来。（摄像说这是直播）啊（白瑞笑）在直播呐啊哈哈，我觉得就是说，我也特别感谢网友，那么原谅这么善感的我，其实有时候真的没有办法控制住，我们的编导，在火车站里搜来的这些人，我们之前对这些人一无了解，也特别感谢这些人，面对陌生的主持人，面对特殊的环境、陌生的摄像机，他们能够倾诉他们最真诚的那份情感，对父母的话，对孩子的，对太太的，对家人的，非常难过，我也在说，如果每年都有这次相遇的话该有多好。我也特别感谢腾讯新闻能邀请我来做主持人，对我来说是非常宝贵的财富，我会带着所有给大众的那份情感，好好地、努力地去生活，最基本的。上海是个移民城市，节奏非常快，压力特别大，一年中我们在努力地打拼，我们拼命地做事情，我们要赚钱，我们出来的目的就是这个。很多新上海人，也是这样说的，也是这样理解的，但是我们在过年的时候，会对家人的情感，他们始终在我们的心里，家人，太太，孩子，父母，亲人，始终在我们心里的一个角落，没有忘记，不会忘记，这是最真挚的情感。我昨天在虹桥火车站，为什么一定要回家，这么难，抢票这么难，你的家那么远。他说你是一个中国人，你要是忘了这一个点，忘了回家过年这一个点，那还叫中国人吗？这句话给了我很大的触动，可能我们中国人在过年这几天会集中表达我们的情感，像妈妈我爱你这种外露的，但是我们大多会通过礼物、通过团聚、通过回家这样的方式去表达。谢谢。我觉得我今天不会哭了。谢谢你们。现在我们的车，大家知道我们到哪了吗？昨天凌晨2点半到了长沙，但我们还是要努力去实现这个惊喜，我也很期待今天这个惊喜。……昨天的直播，大家记住了哪些人呢，我是很感动，我哭得稀里哗啦那一段，真是没有忍住，那个爸爸是在上海做水暖的，上海商品房销售很好，装修量很大，他是我们，我们还在会议室怎么找到他的。他昨天来得有点早，看到我们直播就在探头张望，问我们在做什么，我说在做直播《回家的礼物》，他就在那等着看热闹，我说那你就进来聊一聊吧，结果一聊发现他特别打动我，我相信也是特别打动网友的，你看他是初中文化，连那个高中毕业证都没拿到，那么他就是初中学历，做水暖装修这个工作，我问他有没有去了解一下这个上海大都市，他摇摇头，整一年也没有去了解过。

以上直播内容时长10分钟左右，属于PGC新闻生产的口语表达，是白瑞在行驶的车内的一大段独白式叙述。开篇她甚至不知道正在直播，依旧用传统媒体录播的习惯来承担口语表达，致错误发生。尽管网友留言里有理解、有批评，但对基本规则的忽视说明了态度的不诚恳。若整体观察10分钟内的口语内容，凌乱、无序，尴尬自救处也不够真诚。这段开场白的内容大概包括两个方面：感谢腾讯给了这个在陌生地点了解陌生人回家愿望的机会，希望总有触碰温暖的时刻；来到湘雅三院的背景和目的。在叙述的过程中，语句并不是围绕一个中心展开和进行的，时常插入不直接相关的内容，从整体上讲，这类主体介入式的直播，主体的语言表达质量并不高。尽管是在时间轴线上展开的连贯叙述，语言与场景也要相匹配，基本可以和传统媒体现场报道的语言表达部分相媲美，但这一篇，语言较为琐碎，表意不够集中，带有真诚感却缺乏更多人物细节和感人情节的支撑。

**（三）幻想主题修辞批评：互动生成内容体现沟通文本的整体性**
鲍曼在个体与社会交往方式的考察总结基础上，结合前人交际学的研究成果，创立了幻想主题修辞批评模式，即"象征趋同理论和幻想主题修辞批评"，象征趋同理论建立在两个假设之上：一是交流创造现实；二是符号不仅会为个人创造现实，而且不同个体对符号的理解会聚合创造出共享的现实或者共有的群体意识。[①] 其中，象征趋同就是指沟通中的双方或多方，他们的符号世界里，共同的、重合的部分越来越多，越来越相近。鲍曼给"象征趋同理论"的解释是，"几个或更多人在象征趋同过程后，他们的个人符号世界将部分产生重合，那么他们就享有了一个共识并具有了相互交流构成团体、讨论共同经历和达成相互理解的基础"[②]。鲍曼的实验研究是针对一个组织的成员展开的，当媒介技术打破了必须空间同在才能展开口语交流的限制，社群群体在新媒体中得以出现，并以流动的形态随时接纳成员的进出，社群成员可以随时在线展开多符号的沟通交流。那么，我们尝试将象征趋同理论的适用范围扩大到新媒体端的社群概念。

在此理论基础上，鲍曼教授提倡用幻想主题修辞批评方法，来审视沟通多方之间共同的修辞幻想。社群成员通过语言等符号方式将幻想得以呈现，不断融合为群体共享的真实，建构对外世界的整体认知系统，促使群体成员获得经验和行动的认同。他认为，在群体交往中，人们用一种特殊的语言来建构现实，在这种现实中，有许多属于共同幻想的成分，即修辞幻想，它是构成一个群体作为整体的重要基础。而反映在文本上，修辞幻想直接对应了一个观照现实的沟通文本的整体性。

为什么强调文本的整体性？当沟通多方的反馈得以即时反映，彼此在言语内容和思想上的对接顺时发生，并影响到修辞主体对表达的内容做出调整。彼此来往的相同时间和空间里，每一个表意单元内，沟通双方都在不断地彼此跟进。他们时刻的彼此关注和主题追随，会在沟通文本这个物理的界面上体现出紧密的内容相关，假设对某个时间点做个截屏，抽离出一幅正在进行时的沟通界面，多符号将会构成共同话题下的信息整体。在视频直播的互动界面上，粉丝的问题与主播的口语回应相呼应，而主播在一个长镜头下对所处场景内的人和情的发掘，也经历了不断试错后寻找到吻合目标的信息；在语音微课的互动界面，每个符号痕迹构成了对临近信息点的多方解读；语音问答形成的沟通单

---

① 李雯、邓志勇：《幻想主题修辞批评略论》，《时代文学（理论学术版）》2007 年第 6 期。

② 转引自李雯、邓志勇：《幻想主题修辞批评略论》，《时代文学（理论学术版）》2007 年第 6 期。

元，更为强烈地将双方置于一个共同解决难题的行动中，等等。沟通双方彼此照应形成了回环往复的信息节奏，他们在其中共同对不断演进的信息点及其对应的现实，产生叙述、疑问、解释、评论、情绪释放等自己的视角，在共同的讨论中构成观照现实的想象。

下面以摘录手机直播、语音微课的两个沟通文本作为案例。

**案例一**

直播平台：一直播

主播名称：根号视界

节目名称：《道听途说》

本期播出时间：2017 年 12 月 2 日　10:00—12:30

片段时间 00:05

（第一次互动）陆老师：刚刚看到有一些心急的网友就问我："陆老师，今天你打算跟我聊什么？"我们根号视界《道听途说》节目主打的是一个旅游频道，每一期自然离不开这个

图4-8　直播时主播和嘉宾的主机位画面

旅行。说到旅行呢，自然少不了几个元素，就是吃、住、行。（女嘉宾："那我们今天是聊'行'这部分了。"）对，之前我们做过两期是介绍中国的美食，中国的各菜系，还有两期是讲了"住"，出门在外，住什么样的酒店，今天我们就来聊聊"行"，出门在外我们应该选择什么样的出行方式。（女嘉宾："陆老师，您就别再卖关子了，我们先让陶子带我们看看外面的世界是什么样子的吧？"）好的，我们现在先切换到在第二现场的陶子那里去。

图4-9　直播时切入记者所在现场画面

片段时间 00:12

（第二次互动）想问一下各位直播间的朋友们，有见过黄包车的扣1，让我看一下。

**图4-10　直播时主播和嘉宾的主机位画面**

**图4-11　直播时插入资料画面**

片段时间00:35

（第三次互动）想问一下为什么我国的旅游日要定在5月19日？

陆老师：因为5月19日是徐霞客游记的开篇日，他的游记记录的第一天就是5月19日，所以我国的旅游日就定在这一天。

片段时间00:46

（第四次互动）有网友在网上留言说希望我介绍一下我乘这艘游轮的旅游线路。我是在上海坐飞机去到阿姆斯特丹，也就是荷兰的首都，然后换乘这艘海达路德游轮去到北极，有兴趣的朋友可以在夏天的时候从北京出发去到丹麦的哥本哈根，然后再乘这艘游轮去北极。夏天去北极可以看什么呢？就是看极昼，可以看到太阳永不落。其实有机会的朋友还是建议去北极看看。因为那里温度很低，到处都是冰川，冰川消融后会形成很独特的景观，而且其实我们现在全球变暖的问题比较严重，很多冰川消融的程度加剧，甚至是已经消逝了，所以有机会去看看还是很有意思的。

片段时间01:02

（第五次互动）刚才有网友在提问，在旅行中应该注意些什么？

陆老师：在这里呢就讲几个旅游中需要注意的方面。第一个就是一定要安全出行，因为我们知道生命是最宝贵的，失去生命就什么都没有了。比如说很常见的，闯红灯这种现象，其实是很危险的。我们知道每一秒就有5个人死于交通事故，千万不要图一时快捷、一时方便就丧失了我们宝贵的生命。在塞车的时候，特别是高速公路，有的人图个快捷，就会走隔壁的应急道，这种行为也是很危险的，因为应急道是紧急情况下才使用的，堵住应急道可以说是堵住了"生命的通道"，所以塞车还是要耐心等待。第二个就是要购买人身保险，要买意外保险，万一出现什么意外可以获得一定数额的理赔，对自己和家人都是保障。买了保险之后呢，一些票据、单据都应该妥善保管，不要随便乱扔，必要时这些单据、票据都是很有用的。如果是参加探险活动的，比如说蹦极、高空滑翔这些危险系数比较高的项目，不要抱着侥幸心理，在开始之前就要购买特殊的保险。购买之后，同样地，那些单据、票据好好保留。最后，如果是参加旅行团出行的朋友呢，最好选一些规模比较大、知名度比较高的旅游团，而且在参团前看清楚合同再决定，特别是保险内容的款项。

案例二

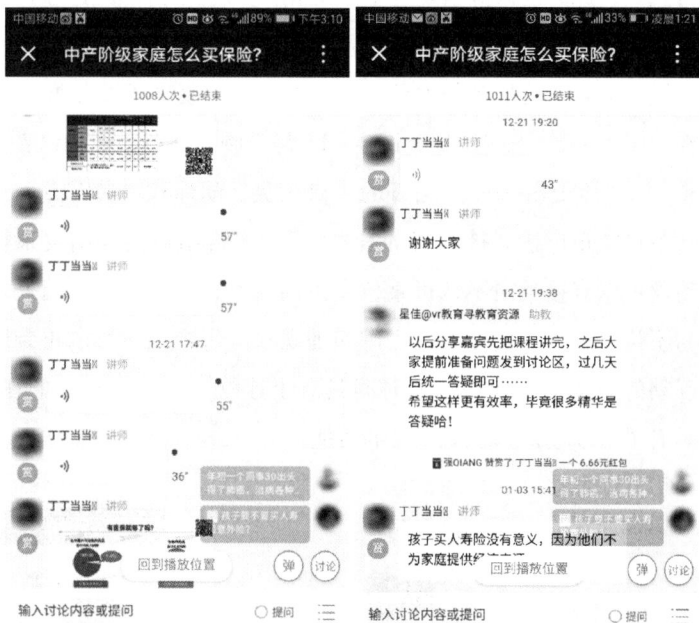

图 4-12　语音微课"中产阶级家庭怎么买保险"直播界面

从以上两个案例可以看出，直播时的口语可独立承载信息框架并形成意义主线，同时与视觉画面提供的伴随性信息相辅相成，因此具有以下特征。

1. 互动沟通生成主体的部分传播内容

上述文本都专门标注了互动内容，案例一的沟通主体是 PGC 的专业组织，互动只是作为框架中的部分而存在，尤其是网友提出的疑问，如"记者陶子所在游艇走的哪条旅游路线？""在旅行中应该注意些什么？"沟通主体分别给出详细的回答。而案例二，当占有知识优势的个人主播开讲，知识传播的色彩更为浓厚，主播吕昀卿围绕主题并将其分解为"中产家庭该给谁买保险、为什么买保险、应该买哪类保险"三个主要问题，在作者对她的采访中，她说："我将要说的几个问题分别准备好足够的材料，每个问题都拆解为观点、论据和案例，然后注意问题之间的逻辑关系，在讲课中注意衔接。"微课里的互动，同样因话题的知识性和内容行进的预设而有集中的指向。

2. 即时互动创造了社群内幻想主题的当下想象

在单向传播的新闻片、形象片、广告片等精致作品中，幻想主题更多抽象存在于价值观的形塑中。而在沟通即时发生的社群内部，相比较单向传播时的接收后的再想象，此时的修辞情境发生了变化。"后想象"演变为"当下问"，"后想象"的期待、接近、梦想中的共同价值，变成了眼下的快速消费。社群中的幻想主题，消解了价值观的抽象存在，而表现为凝聚了"小我"的、更加具体的存在。图 4 - 13、图 4 - 14、图 4 - 15 是千聊、荔枝微课的语音沟通界面截图。图 4 - 13"历史研习社"当日的主讲康昊、胡炜权、黄霄龙、袁甲幸等四位分别从各自视角讲述"被误读的日本史"，主讲用口语和图文来构建某个知识点，粉丝可以直接反馈不认可某位主讲的观点，或从中受益而反馈认同赞赏。赞赏与不认可，当下便可激发主讲和围观粉丝每个人内心的再判断或再解释。即时互动的沟通平台使得沟通时间具有了连续性，多方意见的往复交换，使得沟通具有了再度生产知识与意义的可能。

图 4 - 13　历史研习社
TED 分享"被误读的
日本史"语音直播界面

图 4 - 14　"杨澜晚八
点：对话王力宏"
语音直播界面

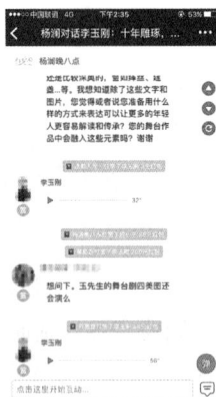

图 4 - 15　"杨澜晚
八点：对话李玉刚"
语音直播界面

　　图 4 - 14、图 4 - 15 是明星上线语音直播，以主持人与明星对话的形式，在语音沟通界面顺时进行。从图中可以看出，粉丝参与的热情比较明显地体现在情感的表达，如对明星作品的期待、对人的关心、寻求同在的心理接近、直抒胸臆的喜爱、现金打赏的表示等。即时互动的连续性，粉丝反馈的百分百到达，这种同时空共鸣，利于沟通多方在社群内共同、连续地生产多个幻想主题。

### （四）感官统合的媒介使用方式强化语气的表达效果

　　前文提及，按键录入语音的便捷性，利于缩小社会阶层之间的知识鸿沟。

　　美国学者帝奇诺等人曾研究过大众传播与信息社会中的阶层分化这一问题，并提出了著名的"知沟"理论。帝奇诺认为，传播媒介的普及不仅不能缩小人们获取信息和知识的差距，这种源于贫富阶层、高低学历者之间的"知沟"反而有不断扩大的趋势。而按键录入语音则解除了文字对那些低学历者的框限，简单化的操作降低了人们接触使用的门槛，显示了对人性需求和使用能力的理解和包容，以及对文化弱势群体的照顾。这一技术创造无疑对缩小社会各阶层和群体之间的差距具有巨大的现实意义。当然，语音传播也存在局限性，比如，在现实生活中，不免存在不能或者不便使用声音语言的场合；声音媒介不利于某些私密或者重要信息的保密等。然而，在社交媒介领域，语音毕竟创造了一种除了文字载体的另一种可能，它重新发现了人类的"耳朵"和"嘴巴"，使人类的感官重新统合，这是一次人类听说能力的逆袭。

　　当语音可作为物理存在时，在多向传播的框架下，口语的意义就具有了多解的可能。不论是微信语音，还是新媒体语音课堂，语音条码可以无限时保存，播放语音时，直达内心的感受便随之泛起。与图文传播相比，可保存重放的语音条，有哪些独特之处？当从文字读不出内在语时，语音可帮助确认；当从文字中读出了歧义和误解时，需要语音追加表述；当没有时间写出那么多字时，更短时间就可以完成的语音录入可以完成沟通；当连续发出多条语音，听完语音必须耗费与说话同等的时长，比阅读文字的效率低，也会造成对方不方便等。

　　口语携带语气，语气是人的思想感情的色彩和分量，语气可以带来意义的确定性，语气赋予碎片形态的口语以感性的表达特征。口语，符合人表达和听觉规律，是短句子的组合，是语气的产物，每句话都饱含变化着的思想感情，即便是听了片段，没有听完整体，也有可能曲解修辞主体的本意。鲜明的语气，决定了口语饱含感性表达的特点。也正如此，修辞主体的主观介入，将厚重、理论性的知识，在碎片化的片段中鲜活生动地讲解出来。这符合多向、交织于一体的社交媒体的传播特征。

## 第四节　口语传播的语境还原论：
## 口语交互性外因的归结原点

对于口语沟通的语境研究，我们本着一个思路：从广义的言辞外语境入手，到狭义的言辞内语境。广义的语境，指使用语言的主客观环境，并不直接表现为语言符号，但是可以影响和制约语言的使用及效果，一般称之为言辞外语境，即本章第二节的内容；狭义的语境，指说话的前后句、落笔的上下文，表现为语言符号的言辞语境，即本章第三节的内容。如果不考虑言辞外语境，就语言谈语言，只是在语言的语法和意义结构中打转，往往只见树木不见森林。因为口语，不仅是语音、词汇、语法的一种系统，而且是一个复杂的、多层次的、多种系统的组合，从系统论的观点来看，语言的各系统中，语境是语言运用的基础，正如学者王建平所言："言辞语境归根结底所反映的也还是言辞外的语境因素。"① 本节将探讨狭义语境在社交媒体口语传播中的理论意义。

### 一、语图互文的言辞语境

声图文之间的互文性关系关乎沟通文本，语言学谓之"语篇"。参考邓隽和钱汝敏的观点，王莹、辛斌将语篇界定为：在一定的时空内，运用文字、图像、声音等各类符号资源来表达意义的有结构、有意图的静态或动态的符号产品。② 并将语篇分为纯文字的静态语篇和影视作品的动态语篇。系统功能语言

---

① 王建平：《语言交际中的艺术——语境的逻辑功能》，北京：中央党校出版社，1992年，第38页。

② 王莹、辛斌：《多模态图文语篇的互文性分析——以德国〈明镜〉周刊的封面语篇为例》，《外语教学》2016年第6期。

学对动态语篇的研究，构建了多重模态功能这一新视野，特别是探索语言模态与其他模态如何契合一处来融汇为一个整体。① 社交媒体互动界面呈现的声图文多重符号的沟通文本——动态语篇，其与影视作品传统分类中的动态语篇之间最明显的区别，是文本生成与意义生成是同步的，具有可变性和流动性。本书第五章将从语篇的具体形式——以沟通文本呈现的语篇来深入分析。

　　语篇文本的狭义语境内，口语与图文究竟如何共商传播，下面以荔枝微课文化历史知识类的语音课堂（主播："诗享课堂"；主讲：余水容）作为一个案例进行介绍。

**图4-16　荔枝微课中的"诗享课堂"语音直播界面**

　　"首先是词，一个词牌有很多体，除了体，也分豪放派和婉约派，当然这个是婉约中有豪放，豪放中有婉约，苏轼的词不婉约吗？婉约得很；柳永的词难道就没有豪放的吗？也有，而且豪放得很。只是后来的好事者硬要给他们分个

---

　　① 孙毅：《当代隐喻学在中国（1994—2013）———项基于 CSSCI 外国语言学来源期刊的文献计量研究》，《西安外国语大学学报》2015 年第 3 期。

这些出来。"

"词牌是固定的押韵方式，大家知道了这些格式就不会填词，也不会去凑字填词了，我先把五个格式每一个分享给大家一首，大家就清楚词牌有哪些格式了，这一首《浣溪沙》是平声韵，（朗读）我为什么把这个'杯'读 bai，它是跟这个 ai 韵相关，它读 ei 就不押韵，'bai''tai''huai'平声韵。来，先讲格式，这是押韵的地方，上下两篇的，上下三句，押韵和对仗。词固定了就要跟着这个来，不然就不行。所以就是这么一回事。那现在呢，把这个词给大家吟唱一遍，这是我自己创编了一个调，以前就常常跟大家分享，今天再次分享。"

接下来一段71秒的音频可谓是整场直播的点睛之笔，余老师用自创的调子为听众吟唱了一曲《浣溪沙》，声声入耳，韵味十足。

1. 文字与口语的关系

以知识类语音课堂的口语沟通案例来看，知识传播的框架下，文字和语音共同充实了每一个分话题的血肉，如词牌的格式和载体的含义分别是什么，又如何具体体现在押韵和对仗上。文字承担了总结要义和突出重点的作用，口语承担了拓展解释和举例说明的功能。在每一个分话题单元内，两种符号互相补充，相辅相成，成为主讲向听众粉丝传达课程主体意义的整合传播方式。而有围观听众以提问或弹幕打在界面上的文字，和修辞主体之间形成问答。当然，这是以知识传播为主要内容的语音微课界面，此外，还有语音直播、视频直播、分答等其他实践平台，沟通中的传播和互动反馈都要在某一个具体的界面来实现，在顺时传播的轴线上，各种符号的呈现可以同步进行，来自沟通各方的随时插入没有任何技术障碍，因此，在某一个话题的进行中，各种符号参与传播的规律，一定符合意义表达最高效的秩序性规则。因此，文字和口语可以是随意无序的格局关系，但在同时在线的时间轴上，它们更须遵循在分话题单元的框架内相辅相成、互为补充的高效传播规律。

2. 图片与口语的关系

在非视频的沟通界面，图片可能承担两种功能：一是与上述文字同样的解释说明和突出重点的功能。二是图片可以承担场景表达的功能。在沟通主体主控的交互界面里，图片可以辅助文字、语音来传递主体所描述对象的视觉信息，或者展示沟通主体所处场景里的情境。这样的视觉刺激，对粉丝用户来说，有巨大的吸引力。而有视频的沟通界面，视频就是连续活动的场景画面，主播、主讲在场景内发起沟通连接，本身就是对场景内所有信息的再处理，包括场景属性、道具使用、身体语言等，这些伴随性的信息都在视频画面内被连续传播。

## 二、语境还原论

这里所强调的语境，指声图文共商传播所带来的多模态语篇，是其言辞内语境。本章第三节，用话语分析的方法，从沟通文本的修辞情境、话语框架、修辞特征三个层面展开对口语沟通文本的语境研究。而这里则是从语言学视角的多模态动态语篇，这一基于符号关系的视角来观察声图文之间的互文关系，及其在文本和意义同步生成的过程中，用户之间获得意义的当下语言背景。

### （一）符号即语境

社交媒体基于社群生成的交互界面表达具体的沟通文本，而对口语语意的解析则须还原到文本语境内。互动界面的沟通文本，是声音、图像、文字三种符号共商建构的叙事空间，在多向、即时互动的传播模式下，声图文在流动中生产意义，形成了具有符号性和流动性特征的叙事空间。问答型、微课型、直播型、社交型、音频型五种口语传播实践形态，口语言语的框架和意义指向，是在多符号的文本中实现的，因此，理解沟通文本的完整意义，须还原到多符号的语境中。而对于口语主体——修辞者而言，恰可以利用多符号语境的表意特征，来表达直接意义或内在语意义。

从历史的角度看，电子口语文化时代的大众媒介，口语传播主体——主持人在大众传播的框架下做人际沟通。主持人和沟通对象须在同一场景内，面对面交谈。关于主持人口语语境的研究，任俊英研究指出，主持人话语语境是交际过程中主持人表达某种特定意义时所依赖的语言知识及蕴含的非语言知识的总和。这个界定包含语言环境和非语言环境两大类（如图4-17所示），"前言后语"是她对语言环境的理解。她进一步分析指出，语言环境对主持人话语的制约，体现为对语音的制约和句式的制约，而非语言环境对主持人话语的制约，实际上是交际情景和社会的政治、经济、文化、伦理道德等因素对主持人的制约。

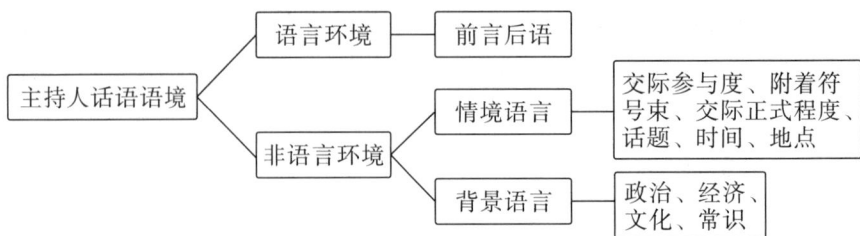

图 4 - 17　电视主持人的话语语境①

　　任何言语或言说的特定情景中，都蕴含着丰富的具体特征，但对相关特征的选择，则是语言的、文化的和社会的背景选择，而这种选择，只能通过语境才能实现。关于主持人的语境特性，任俊英研究认为：它必须在意向上是可交流的；对于相关问题，它必须约定是可与语言形式统一的；解释的形式必须是相关的一组对照集，即不同的特性对应于不同的对照集；语言形式必须是与常规的语法结构一致的。这是一种较强的限制，尽管它存在着确定的合理性和必然性。

　　由此可见，对主持人口语语境的研究，"面识"是规定性前提，而对社交媒体口语沟通语境的研究，则必须放在交互界面中多符号的物质形式下。在主体与沟通对象之间的即时互动，他们可以使用文字、图片、动画表情，在同一个沟通语境内同时使用视听感官，各方对当下的意义若没有一致的理解，就容易生出笑话来，也许某些时刻，这些笑话是故意设置的陷阱。在与口语互动的进程中，文字表达可含有内在语，表情符号和文字排列在一起时，内在语就可能改变。口语的语气是具体的、有思想感情色彩的，表情符号和文字组合时，意义却是多解的，尤其当二者含义是相反的，却组合到一起使用时。因此，多元符号语境有可能造成多解的和变化着的意义，口语这一诉诸听觉的符号，冲破藩篱被强行拉入诉诸视觉的多符号空间内，一起被生产、被接受。重视沟通界面的符号语境，是进行完全意义上的沟通的必要还原。

　　社交媒体中的碎片信息被整合到声图文共商的语境，对于信息的意义来说，它的传播就增加组合使用的符号，它的接收就多了几层需整合分析判断的语境。为什么会有这样的研究发现？沟通多方在沟通过程中，对同一个意义的表达可能包含好几个独立的表述，其中语音、图文符号可能伴随出现，那么，一个完整的意思就存在于符号互相补充的释义中，符号就是语境。

---

①　任俊英：《主持人话语分析》，《新闻大学》2004 年第 3 期。

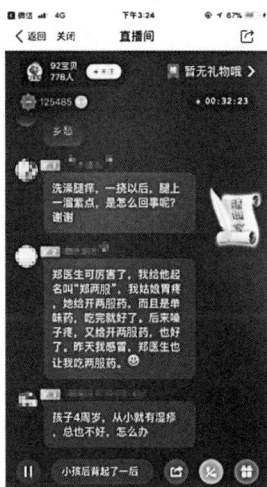

图4-18　"蜻蜓FM"
的语音直播间

图4-19　"在行一
点"一例问答

图4-20　"千聊"
语音微课直播间

　　图4-18的语音直播间，主播正在讲授"季节性皮肤的问题和护理办法"，主播关掉了粉丝听众的语音对话功能，粉丝的互动留言就打在了主界面上，实时直播过程中，主播的语言有两条主线：一是主讲内容的顺序；二是粉丝留言的插入性内容生产。文字留言需要跟随口语语言的主题和实时流动的分话题，无法追溯讲过的部分，留言提问协助生产了主播的口语内容。语言内容、语气始终在流动的分话题中才有意义，分别看待不同符号，则不知所云。图4-20是微课型语音直播间，主播语言内容也是来自主讲及其与粉丝互动再生产这两条主线，但主播的语音可以保存，也可以发出图文来补充语音内容，因此主讲内容的语境由来自主播和粉丝留言的多符号共同构成，而对于粉丝来说，既可以追溯讲过的内容，也可以实时根据语言和图文的整合语境，来发表个人的看法或提问。可见，符号的多样性和语音可否保存，都可以决定口语沟通的具体语境，对沟通双方的互动产生影响。

### （二）弹幕生成的语境

　　如果说语图互文的言辞语境是口语沟通文本的第一层叙事空间内的语境，那么，弹幕互动形成的意义单元——流动中的语篇，则与第一层叙事空间彼此照应，形成了第二层叙事空间的语境。两层叙事空间相互作用，于互动过程中建构意义、生成文本，形成了流动的语境。

弹幕，来自日本的线上动画分享网站，最初在中国的 AcFun 和哔哩哔哩的PC 端网站上被网友使用。它以文字和表情符号为主，当文字被打在影片上，就像一张帘幕一样，即称"弹幕"。随后，被电影院播放《小时代》时用在室内墙上，2014 年 10 月金鹰节颁奖仪式上，被湖南卫视直播晚会直接用在了电视屏幕上。到此，走出了弹幕参与大众传播最为重要的一步。但之后，电视屏幕使用弹幕的趋势并没有活跃起来。弹幕经历了电脑屏幕、电视屏幕，当新媒体的整合符号传播来临，弹幕真正开始发挥它的作用。

图 4-21　四川省凉山彝族自治州悬崖村的网红主播在直播（截图自腾讯视频）

图 4-22　"深山大咖"武夷山直播烹制乡村美食

图 4-23　荔枝微课直播间

　　如图 4 - 18 所示，当语音以直播并无记录的广播形式使用时，终端屏幕的沟通主界面显示网友提问，免费提问只有一次，再次提问则需要购买权限，若要开启弹幕则需要付费购买虚拟币或礼物，此沟通界面下的弹幕通过购买身份而演变为对话资格。如图 4 - 23 所示，主播主讲的课堂虽然在直播，但口语内容以语音条的形式在沟通界面保存时，很多主播为了保证口语内容的有序性，一般设置界面内的"禁言"功能，而开放了界面上的第二层叙事窗口，即弹幕，围观粉丝可无条件或有条件利用弹幕发声。

　　研究指出，窗口叙事是指由线性叙事的纸媒转换成电脑窗口和移动窗口的空间叙事。从沟通界面来看，网友发表的弹幕是根据实时界面内的语音和图像内容来发出的，弹幕本身并没有任何意义，它必须附着在同时空传播于当下的所有信息。主界面的叙事层和网友互动弹幕的叙事层，构成了叙事的双重空间，完成了两个传播过程：第一个传播过程，网络用户将弹幕叠加于手机显示的沟通界面，在语音的影响下，发送文字使之附着于画面，使这层新的话语空间文本，随着时间轴线的推进，具有了超强的流动性和交互性。它的优势体现在——超越了聊天室和社交电视的多层叙事空间的彼此隔离，再造了无数个话题的消费场域，同时也能够形成无数个基于话题消费的社交圈子。第二个传播过程，语音或视频直播播出网友弹幕，主播、主讲根据弹幕内容重新调整，再生成新的传播内容，打通了两个叙事空间的交集，实现了用户把个人意见即时反馈到公共传播空间的整合。如图 4 - 23 的直播间，看到截图也无法全部知晓弹幕对应的全部内容，因为口语对应的语音无法被时时保留下来，同样，也只有同时在线的社群内用户，才能相互解读弹幕意义，而形成这第二层叙事空间的群体观点。因此，弹幕的意义存在于互动界面里符号同在的伴随性中，沟通多方必须回到流动的具体语境中，才能把握完整准确的意义。

第五章

# 话语：社交媒体中口语传播交互性的内因呈现

　　从语境外因到话语内因，第五章对口语传播的交互性研究进入话语层面。沟通话语文本使用语音或整合符号，以长短不一的碎片形态出现，并将引入针对动态语篇研究的"多模态"话语理论，从"话语""设计""生产"三个维度分析社交媒体口语传播的内容资源、时长控制的设计资源、语气携带意义潜势的生产资源。随后，进入语用层面，尝试对口语传播的五种实践形态的语言样态进行归纳，论述公约数的陈述语态最利于提高公共议题的沟通效率。根据具体沟通文本，发现语言的交换结构"毗连对"在交互中有明显的运用。

# 第一节　"多模态"沟通话语的符号资源：
## 口语交互性内因的符号逻辑

图 5-1 是荔枝微课的语音直播间，沟通主题是"汉字之美，汉字之趣"。昵称为"深圳小刀"的汉字爱好者，他向围观听众讲解他的汉字知识和审美范围的"汉字与美"。图 5-2 是"分答"平台的问答互动界面，图 5-3 和图 5-4 摘自直播平台的主播直播进行时的界面，主讲人或主播在个人相对专业的信息领域或知识范畴内，开辟独立的沟通平台，任感兴趣的移动用户随时进出，与主播和在场的围观观众在同一个界面场景内进行对话。主讲人可以使用语音、文字、图片，所有入场听众可以使用文字和图片，他们的即时对话按照时间顺序依次排列下来，以独立的对话界面为外在形式，隔绝他扰，一幅幅生动的沟通画面，建构起框架明朗清晰的社群空间，形成了社交媒体口语沟通的典型话语文本。

图 5-1　荔枝微课直播间　　　　图 5-2　"分答"问答界面

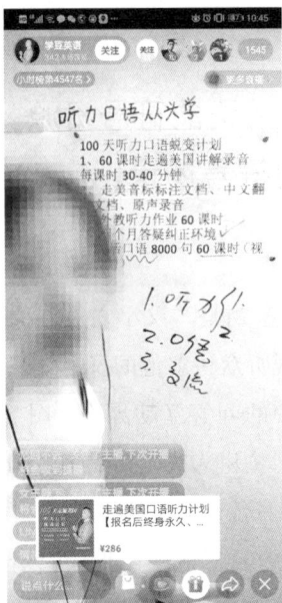

图 5 - 3　主播在抖音
直播授课

图 5 - 4　淘宝购物频道
直播界面

　　在历史的长河中，口语，从单纯人际沟通工具，走向了大众传播媒介平台，当下，又运用到即时多向互动的新媒体平台，口语符号的传播介质经历了从无到有、从单向到多向的模式变化。传播介质技术的进步，给口语符号插上了隐形的翅膀，让口语可以以碎片或连贯的物质形态，穿梭在互联网的世界里，填满了人们之间建立沟通空间的每个缝隙。在新媒体的环境里，口语成为沟通工具的存在形态并不是孤立的，正是移动端的各种应用，以不同的沟通模式为导向，给语音符号塑造了不同的传播物质形态，或纯语音，或整合多符号，或连贯，或限时碎片，在客户端应用界面形成了形态多样的话语文本，口语已然生存在一个"多模态"的媒介环境里。

　　梵·迪克主编的《话语研究：多学科导论》中的"话语符号学"一章，讲述了"多模态话语分析"的理论和方法。20 世纪有四个语言学流派，90 年代发展起来的第四个学派，受到语言学家韩礼德的启示，首次采用了"多模态"这一术语，开展了多模态话语分析的工具和方法。[①] "多模态"是针对出现于文本

---

　　① ［荷］图恩·梵·迪克主编，周翔译：《话语研究：多学科导论》，重庆：重庆大学出版社，2015 年，第 96 页。

和传播事件中的现象，通过多种"符号模式"（表达手段）整合成一个统一整体而产生的。例如，场景人物对话将语言、语调、音色、面部表情以及手势和姿势整合起来。"多模态话语分析"针对这样的研究领域，即考察不同模式的共同属性以及不同的传播潜力，并分析这些模式是如何被运用于多模态文本和传播事件中的。

20世纪60年代，当电视公众演讲或电视辩论，以及机构内部如医生患者、教师学生等会话交际是"多模态"最主要的分析对象时，语言学家是将交流中的不同模式分开来研究的，以声音符号、图像符号分别代表听觉传播和视觉传播。之后的罗兰巴特、赛伯，在对连载漫画杂志广告或网页的研究中，逐渐将视觉和言语混合起来。文字和图像不再孤立地产生意义，而是需要彼此依靠来传递信息。这不仅体现在多模态文本中，文本生产的方式也是如此。随着终端设备的功能集成性越来越高，以往分符号、术业专攻的录音师、排版工人、摄像师、录音师不再彼此隔绝。而来到当下的融合媒介环境里，每个移动用户更需在媒介接触中全面伸展各个感官以获取信息，当个人转变角色，即将投入信息和知识的传播角色时，必然要在多模态的环境中，用同样的表达方式完成一场信息的输出。

支撑多模态话语分析的理论是"社会符号学"，这一理论可以被描述为：对多模态交流中所使用的素材资源的研究；对使用这些资源来沟通和表达的方式的研究。[①] 首先我们要明确的是，什么是符号资源，它可以是生理上的，也可以是技术上的。生理资源包括产生面部表情的声音和肌肉，以及非言语交际的手势和姿势。技术资源则是延伸了生理资源的潜在可能。[②] 比如，言谈的同时，面部表情和手势也在交流，也可以让衣着和打扮自己的方式来与人交流。传播技术的不断迭代更新，也就是在不断拓展每个用户在时间和空间维度的符号活动的可能性。正因如此，理论上把符号资源延伸出去的各种可能称为"意义潜势"，这个概念由韩礼德提出，是指已经被确立为既定语境的固有组成的一部分的意义。心理学家詹姆斯·吉布森认为既定对象的使用潜能就是其"可供

---

① ［荷］图恩·梵·迪克主编，周翔译：《话语研究：多学科导论》，重庆：重庆大学出版社，2015年，第96页。

② ［荷］图恩·梵·迪克主编，周翔译：《话语研究：多学科导论》，重庆：重庆大学出版社，2015年，第96－98页。

性"①，源于它可观察到的特性。但与此同时，出于观察者的需求、利益及具体情况，不同的人可能会注意到不同的可供性。

梵·迪克在讨论多模态文本和传播事件时从三个分析层次——"话语""设计""生产"展开，认为这些都为文本和传播事件的生产及解释提供了各自的符号资源。

因此，我们接下来的问题是，社交媒体颠覆了传受关系，口语整合的符号资源在多模态的沟通文本中是怎么被使用的？当广播电视出现，公共演讲的口语符号活动就可以跨越距离的分布，获得超越时间流逝的保存，获得了跨越空间的全球观众。当多向、即时传播成为可能，口语语音携带的语气和情态具有彰显内在语的意义准确性，多符号融合使用打破了空间区隔对人际沟通产生的阈限，把多指向的多元个体之间的沟通关系向前推进了一步。那么，社交媒体中口语沟通实践，从"话语""设计""生产"三个层次，② 都为口语沟通的传播事件和话语文本提供了什么样的符号资源？

## 一、话语：话题情境和口语传播样态决定口语沟通的内容资源

我们将"话语（discourse）"定义为"关于某些方面的现实在社会中建构的知识"③。因此，话语是构建、解释文本和传播实践的内容性资源。它本身没有物质的存在：它是知识、脑力资源，我们会通过文本和沟通事件去了解它。但是，话语虽然是脑力的现象，但它同样也是"在社会中建构的"。对于口语沟通而言，多模态的话语文本是在特定的传播语境下发展、建构起来的，不论规模大小，一人"吃播"万人观看，"ASMR"口语触发音做"心理治疗"，主播直播商品售卖，各种主题的语音课堂，等等。

随着沟通主体和用户数量的同步激增，多向互动的碎片信息爆炸般增长，他们一定要在细化的话题分区里与未知的目标对象相遇。因此我们看到如此详细的划分：如专攻语音课堂的"荔枝微课"，首页靠顶部的标签有：婚姻、家

---

① ［荷］图恩·梵·迪克主编，周翔译：《话语研究：多学科导论》，重庆：重庆大学出版社，2015 年，第 96 - 98 页。

② ［荷］图恩·梵·迪克主编，周翔译：《话语研究：多学科导论》，重庆：重庆大学出版社，2015 年，第 101 页。

③ ［荷］图恩·梵·迪克主编，周翔译：《话语研究：多学科导论》，重庆：重庆大学出版社，2015 年，第 101 页。

庭关系、两性、恋爱、母婴、育儿、外语、小初高、营销、技能、培训、健身、医疗护理、形象、美妆个护、美食、艺术教育、人文、风水、佛学、国学、明星、时尚、心灵、星座、心理、科技、农业、电商、管理、金融理财、旅游、健康、摄影、国际留学等 35 种。这在很大程度上方便了用户寻找话题，当然对于主讲来说就有了一个明确的主题范畴。

实际上，对于用户来说，话题分类表面上是对目标用户做了分类，是用户生成沟通欲望、寻找目标指向、产生互动行为的"对话资格"；但对于传播主体来说，话题本身规约的是内容性资源，每种内容资源背后都有一套群内用户熟悉的话语规则，包括主体对选定分话题核心要义的理解感受、形成口语的表达能力、口语表达风格潜藏的气场。

再看社交媒体中的直播平台，可以分为两大类：一类是场景式直播，场景内的人、事物在自然发生的状态下被客观、同步记录到互联网上，其中客体存在的人、事物，作为一个场景内的整体被再次传播，口语是场景内的伴随信息。例如，庭审直播、电视报道的新媒体同步直播等。另一类是主播介入式直播。直播内容在主播的主观设计下展开，没有主播的出镜讲述和主导的位移，直播就失去了主线。如"今日头条"一则"人说山西好风光"的直播，延参法师在五台山的寺庙中边走边讲寺庙场景下的山西佛学文化。主播是整个直播的灵魂，场景是生成口语信息的背景和前提，口语是将场景内分散的信息点聚集生成一个个意义单元。直播平台如"映客"，娱乐和游戏两大主题分量最重，界面并没有明显的话题属性的分栏；"一直播"平台同样有强烈的娱乐主题，首页分栏标签设有热门、同城、明星、购时尚、游戏、知识、好声音、高颜值、现场等 9 种，当然这些分类未必全部合理，从主播直播内容来看，难免多有重复，不少个性化内容如炒股、美妆、销售等隐藏其中。

从口语沟通的角度来看直播，主播介入式直播与电视新闻里的出镜记者直播报道非常相似，出镜记者的能动介入，使新闻报道呈现主体报道形态[①]，强调出镜记者主观性的记录方式——"我在场""个性化"。介入报道的出镜记者让直播拥有了代替观众伸长感官触角去接近新闻现场的"同时空共鸣感"。而社交媒体中的直播，用户自带传播者的权利，可 UGC 的普通用户并不同于 PGC 的专业机构，他们可供直播的信息价值逃不出个性化的域限，与具有权威性和

① 任金州、马莉：《电视新闻摄影》，北京：北京师范大学出版社，2004 年，第 221 页。

公共意义的专业机构所能提供的权威报道还是有天壤之别，UGC 直播的优势在于发现独特场景、独特主播、独特信息在即时互动的传播模式下的时效和价值。因此，当我们翻开众多直播间的客户端应用，个人化、个性化的讲述总量巨大，我们可称之为"介入式直播"，口语应用的形态是主观介入性讲述。社交媒体的直播主播在一个长镜头内完成所有信息的表达，不论是与移动中的场景紧密结合的口语表达，还是固定场景内的主题明确的口语表达，都离不开话题、场景、主播表达能力三者共同建构的情境规约。

在有声书、主创音频等音频型口语传播实践里，以单纯的声音符号作为内容载体，主播的口语需要表述所有的信息，包括描述场景、铺垫情绪、主体表述、即时沟通等。也正因语音符号的唯一性，为主播的口语表达能力提出了更高的要求。在没有图像直观再现情境的条件下，场景中的人、事物所蕴含的信息，需要清晰、流畅、有条理的口语来讲述，于口语，这是互联网跨板块人际沟通的无限可能，同时也是对表达能力的挑战。

综上，社群分类的话题情境和与之匹配的口语传播样态，决定口语沟通的内容性资源。当沟通行为聚集在终端的互动界面上时，在主播口语主导的线性进程里，和伴随性图文共同生成了多样、丰富的话语文本。

## 二、设计：口语语音时长的可控性扩大了沟通关系的多种可能

五种社交媒体口语传播的实践形态，在语音时长上有两大特点：第一，图像视频直播状态下的口语流线性和主导性。第二，非直播时语音碎片化和有限性。

直播下的口语，伴随着直播在线时长而存在，不论是以讲述语态承载直播的主线信息，还是对场景中的人、事物做散点状的解释说明，口语始终可以以线性时长存在，等待主播随时开启。直播状态的口语，在线性的进程中具备明确的可控性。当然，这种可控性表现在时间上，是主播对口语与场景关系处理的使用特征。若从内容角度看，语言内容的清洁度随时受到网络"警察"的监督，内容的价值性也会随时接受网络用户的考验。

此外，时长可控性主要体现在问答型、微课型、社交型几种实践形态上。"在行一点"、微信语音和微课堂等应用平台都把语音时长限定为最长 60 秒。语音单符号传播，在限定时长的物质形态下，赋予沟通互动以极大的便捷性、渗

透性，把口语的关怀性从区域的物质空间拓展到网络空间，将虚拟的关系空间赋予了真实的人文性。"按键说话"，语音方便且易用，这种技术上的创造符合戴维斯运用理性行为理论提出的一个模型——"技术接受模型"。他认为，用户对信息系统接受时主要由"感知的有用性"和"感知的易用性"两个因素决定，而对于哪一种因素对人们使用某一媒介的驱动性更大，又受到个人内部信念、态度、意向和外部环境的制约。① 在具有公共意义的社群空间内，语音符号的输入更加快捷，与文字语言的使用相比，同样的信息量，输入一百个文字所需的时间远远比语音输入需要的时间更长，对于主讲人和互动用户来说，"感知的易用性"更强。尤其是对视力不佳和不识字的群体来说，语音是缩小彼此之间信息和知识鸿沟的重要渠道。

此外，60 秒的时长限定还有这样几个特点。第一，60 秒的时长符合听觉对语音单元的接受度。语音片段，需要耗费沟通对象同样的时间，而且要在手持听筒、心无旁骛的状态下才能听懂全部意义，若片段过长，容易让对方心生烦躁。第二，语音的片段传播，可以留给沟通双方充分的思考空间。对于主讲人来说，可以以短意义为思考的单元，表意清楚后，再开始下一个意义单元。这完全不同于公共演讲形式的口语表达，必须提前做好意义、篇章、语气的一气呵成。主讲人在片段间歇可以拿捏措辞，并选择最有利于沟通效果的语气来表达，既能显示出真诚的态度，又留有余地。对于对方来说，也可以根据主讲人全文的主题和每个语音片段的关系，片段之间留白的时长或辅助的图片、文字来判断主讲人的思维和表达习惯，或其中蕴含的言外之意。甚至"回信的速度"成为一些老年人看待社群内人际关系的一个指标。虚拟的关系空间里，由于人际的真实要素嫁接其中，老年人、低知识阶层的群体，就往往把真情实感带入虚拟社群，将它与自己真实的社会资源和人际关系紧密关联起来。语音解除了文字对低学历者的框限，简单的操作降低了人们接触使用的门槛，其人性化的设计，显示了它对人性需求和使用能力的理解和包容以及对文化弱势群体的照顾。这对缩小社会各个阶层和人群板块之间的差距有重要的现实意义。

当然，语音作为唯一的沟通符号时，也有缺陷。首先，生活中人们也有不适合说话和听音的场合和时间，图片、文字等辅助符号就必不可少了。其次，

---

① 张岩、李晓媛：《从传播学角度解读微信语音对人类全息化交往的重新回归》，《出版广角》2015 年第 3 期。

语音没有提示性记录。语音载入互动界面的一个个横条，并不能提示本条语音的意义，随着沟通推进，重新寻找记录就必须逐条顺时听完，比较浪费时间。最后，必须付出同等时长。在语音社群内，沟通的几方都必须付出和语音时长同等的时间才能获得完整的意义。如果只听一部分，由于语音的无提示性，很有可能曲解或误解彼此的本意。时间的代价是伴随单纯语音符号传播的一个特征。

## 三、生产：口语语气带入了经验性隐喻，丰富了意义潜势

口语的主体是人，那么，语音就携带了任何媒介代替不了的人的语气。语气是什么？是人的思想感情的色彩和分量①，口语可以最直接反映人的态度。耳朵和眼睛不同，耳朵不能聚焦，无法集中于一个时间定点的意义展开反复的思考，它只能是通感的，而且是顺时的。声觉空间没有中心，也没有空间的边界，在声觉空间里，人的所有感官都可以同时作用而感受到人的情感气息。

当人类有了文字，尤其当印刷术推广了文字的普遍识读和信息的广泛传播，人们就被迫走出了部落社会。那时，眼睛代替耳朵，线性的视觉价值和分割仪式取代了整体、深刻和公共的互动。文字粉碎了令人着迷的圈子和部落世界共鸣的魔力。② 原生口语文化时代，部落的意义在于公共性，口语演讲的意义在于推动社群民主的进程。这样的原始状态被后来的文字时代、大众传播时代打破了，人们的观念似乎已经接受了这种部落式的公共沟通是原始时代的产物，或者因"面识"的距离限制，而只是小规模组织内部沟通的形式，远离了现代意义上的公共性。但当新媒体的传播技术为社会人群，甚至全世界人群创建了虚拟关系空间里的人文沟通的可能性，几千年前的部落世界似乎又重新回到当代人的视野。布伯认为，人的真实生活是"对话的相遇"，库利认为，"人际传播作为人际关系的基础，把社会'黏合'成形"。③ 由此可见，充满人情味的语音符号助推了当代社会人群关系的黏性发展。

---

① 张颂：《播音创作基础》，北京：北京广播学院出版社，2001年，第36页。
② 张岩、李晓媛：《从传播学角度解读微信语音对人类全息化交往的重新回归》，《出版广角》2015年第3期。
③ 转引自张岩、李晓媛：《从传播学角度解读微信语音对人类全息化交往的重新回归》，《出版广角》2015年第3期。

从语音符号的表达角度看，语气拉近了沟通双方之间的心理距离，若从符号学视角看，语音的语气，语言表达中的语气词，口语携带的所有非语言符号，便是文字和图像无法携带的拓展性信息，隐藏着可供用户主观解读的"可供性"意义潜势。

## 第二节　沟通话语的陈述语态：
## 口语交互性内因的语态因素

本节将对口语沟通话语展开语用学层面的研究。

站在口语传播发展历史的坐标上回顾与瞻望，口语传播与广播电视大众传播媒介发生交集诞生了播音员、主持人，在"一对多"的传播模式下，他们代表着媒体发出的权威声音。播音员的新闻播报和主持人的语言传播是大众媒介的两大类口语语体的话语类型。① 具体深入两大语体内部来看，播音员和主持人语言表达的多元样态，作为语用学研究的基础，是中国播音学和主持人传播研究的议题之一。它将播音员、主持人（出镜记者）面对摄像机镜头、直接向观众传递信息的口语表达的语言样态，称作语态，受到语言表达内容、对象、语境的影响，而呈现出不同的具体面貌。语态一定是为节目内容服务的，口语主体使用语言时必须使节目的内容和表现形式相适应。中国播音学理论阐述了新闻播音语言样态的分类与特点：张颂在《中国播音学》中对新闻播报的语态做了如下分类：朗诵式、宣读式、讲解式、谈话式。② 吴郁在《当代广播电视播音主持》中提出，新闻播音自诞生以来，随着新闻节目改革的深入发展，消息类节目的内容、形式、传播对象等各个方面都有了更加细化的分工，来自媒体定位、区域特色、新闻理念的差异，使新闻播音的语言样态逐渐出现了多样化的格局，称为"新闻播报"更能体现其多样性，包括规范播报、说新闻、播说结合、读报等分类。③ 这些播报方式的区别不仅体现在语言样态，还有信息

---

① 陈汝东：《修辞学教程》（第二版），北京：北京大学出版社，2014 年，第 75 页。

② 张颂：《中国播音学》，北京：北京广播学院出版社，2002 年。

③ 吴郁：《当代广播电视播音主持》（第二版），上海：复旦大学出版社，2012 年，第 157 页。

加工的区别，而不同语态传播还存在栏目和个人风格的差异。

除播音员的新闻播报外，主持人的语言传播是大众媒介口语传播的另一种重要语体，主持人的言论、现场报道、访谈，是主持人语言传播的三种语言样态。吴郁认为，主持人语言以"人"为支点，以节目为核心，以受众为归宿，是主持人思想感情、文化素养、审美情趣、语言能力的具体体现，更是主持人节目传播特色的重要载体。主持人语言，无论是将文字稿件转化为有声语言，还是即兴口语，都应遵循主持人传播的基本规律而表现出非常明显的语用特征：汲取书面语的精粹口语、强调规范性的大众口语、讲究艺术性的传播口语、富于个性的正式口语。[①] 跳出语言样态的分类，关于大众媒介的播音员、主持人在各类节目中的功能，有一个基本共识：主持人控制节目流程和传播节目信息，语言呈"播报、讲述、访谈、评论"四种语态，表达严谨、清晰，呈现出规范性、导向性、权威性、价值性和审美性等语用特征。

社交媒体中口语传播主体和用户多元丰富，即时双向互动提升了沟通效率，沟通的语境虚实交织，口语符号可以整合图文，口语沟通的话语文本表现为多符号表征的内容资源，体现在口语表达层面，呈现出规范性与大众化、艺术性与实用性、限时长和常在线、连贯性和碎片化等并举的特征。本节尝试将具体实践形式里的口语表达，从语言样态的角度做分类研究。

## 一、口语传播的五种实践形态的表达样态

### 1. 问答型口语表达样态

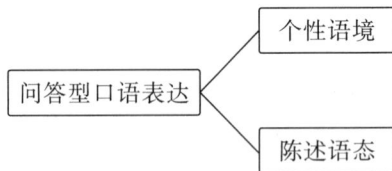

图 5-5　问答型口语表达样态

前文提及，付费语音问答像一个有无数隐形听众的点对点服务场景内的口

---

① 吴郁：《当代广播电视播音主持》（第二版），上海：复旦大学出版社，2012 年，第120 页。

语沟通。每一个问答都是极具个性的表述，只要对方愿意，不管彼此是大千世界中的哪一个人，便可将这个兴趣点生成一个语音信息并公之于众。从个人兴趣到对话空间，再到公共空间，一个跨越阶层和时空的 60 秒问答信息，几乎完成了"我"与"世界"的任何一种可能性勾连，并将其放入大众可及的公共空间以印证公共意义和产生共鸣。60 秒的时间限制，答主必须以清楚的语音、清晰的逻辑、简洁的组织，针对疑问点陈述清楚。只有这样的口语表达，才能获得听众的认可，才可能获得信息或知识变现的市场价值，才可能将问答模式可持续发展下去。

2. 直播型口语表达样态

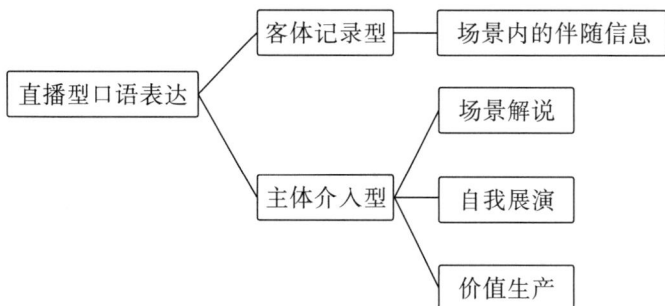

图 5-6 直播型口语表达样态

客体记录型直播，当用户打开界面，并没有直播主体主动介入场景，发挥主观能动性来传播信息，其中一切声音皆作为场景内的伴随性信息存在。它的特点基本是不受观看用户的影响，也不会考虑对象感和交流性。比如，新闻类客户端直播传统媒体的节目，这是新媒体平台的二次分发，以扩大节目、活动的影响力。

主体介入型直播有明确的口语主体，有明确的传播目的，向广大网络用户做"场景解说""自我展演"。如广播电视媒体和门户网站等 PGC 专业内容生产机构，在移动端开辟的直播窗口专业制作直播新闻；电竞类游戏直播平台的主播，解说正在进行中的比赛，他们在特定的场景内向用户讲解"客体"；再如网红或个人用户在个性化的场景里，以唱歌、讲故事、答疑解惑等形式展示个人经历、经验，与正在观看的网友互动，赢得礼物、现金，等等，这属于"自我展演"的口语表达。

关于"价值生产"，口语主体利用直播平台集聚的粉丝，植入产品售卖、竞买等二次销售的插件，有强烈的市场目的。口语在表达的过程中非常注重把粉丝向二次销售平台引导，表现出强烈的交互性。本书基于网络民族志的方法，积累了大量直播平台的沟通界面信息，总结出以上研究发现。当然，随着新媒体平台和应用日新月异的更新换代，口语在沟通中的表达样态还会不断地丰富、多样。

3. 微课型口语表达样态

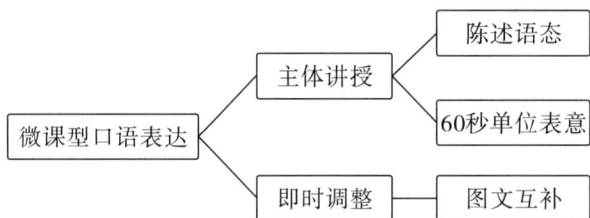

图 5-7　微课型口语表达样态

语音微课以直播完成。口语沟通主体和用户使用语音、图片、文字三种符号，60 秒时长是限定口语表达样态的主因。口语主体在直播过程中，必须以 60 秒（或少于）的时长为单位来设计语意，计划的直播总长被分割为多个 60 秒来安排全篇结构，必然要求每个意义单元相对清晰完整，而讲述语态最有利于意义表达。每个语音条之间，会不定时插入广大听众的图文反馈，主讲人在不间断地提问中还需要调整讲授的下一部分内容，在时时变化中掌控主线。如果只顾自己进度，不顾听众反馈，很可能会失去粉丝，同时也失去了平台的意义。语音微课的窄众化话题分类能够让广大用户找到自己最感兴趣的课堂，每个听众必须花去多个 60 秒全程时长才能获得自己想要的内容，或者评判课堂质量以决定去留的基本素材，主讲人的语音内容一定"满满干货"，用高浓度的知识精华来吸引听众，才有可能在粉丝量的基础上衍生其他盈利模式。如千聊平台上的"郑老师的话"，主讲人是来自北京高校的一位播音主持专业教师，以教大家说好普通话和朗诵为主，特别注重对听众问题的解答和鼓励，直播吸粉，多次植入了跟朗诵相关的系列文化产品的售卖。

4. 社交型口语表达样态

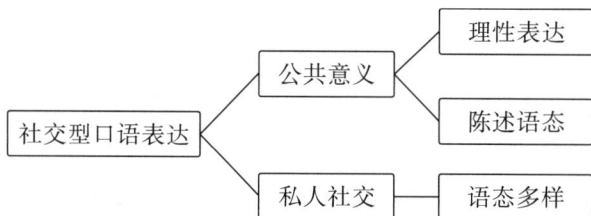

图 5-8　社交型口语表达样态

　　微信群是建立在强关系基础上，不断嫁接新的关系而编织成的社群。当然，这种建构社群的方式与个人朋友关系建立的社群是同一个道理，只不过社群的主题是否具有社会公共意义，决定了用户口语表达意义的语态特征。具有社会机构、组织背景的群，设定有社群聊天的特定主题，不断进群的陌生人，也都具有社群主题的相关性，因此，主题的公共意义则成为网罗更多用户入群的必要前提。不管参与人数的多少，用户基本遵守群规，更多以文字、图片、转帖为沟通的主要方式，口语直接聊天相对较少。鉴于语音占有听众与发言同等的时长，且语音条没有任何提示，播放有可能影响他人，相对于文字交流而言，其效率较低，对于社会中的知识分子阶层来说，公共话题的语音社群，使用语音沟通要满足一定的场景或必要性。比如，在不方便输入文字的场景内，在需要鲜明语气以表明观点的时候。而一旦开始口语直接对话，时长占用的天然缺陷，会促使用户在尽可能短的时间内讨论清楚而结束。口语携带的具体语气，把最鲜明的态度带给对方，时时在线使得彼此之间非常在意眼下的交流过程和结果，虽然彼此对着手机讲话，但语音形成的气氛好似同在一个空间面对面聊天。因此，这类具有公共意义的语音社群，用户特别在意语气的拿捏和即时回复的节奏，其中蕴含丰富且真实的关系。

　　私人社交关系建立的语音社群，口语表达的语态呈现出丰富多样的面貌。在这个虚拟空间内，彼此有亲近的真实关系，社群内的对话如同生活中一样，虚拟的空间并没有改变成员的人际关系。上述语音沟通的优劣势不会对成员的人际关系产生多少影响，因此，没有公共意义主题的语音社群，口语表达语态如同生活语言，丰富多样。

5. 音频型口语表达样态

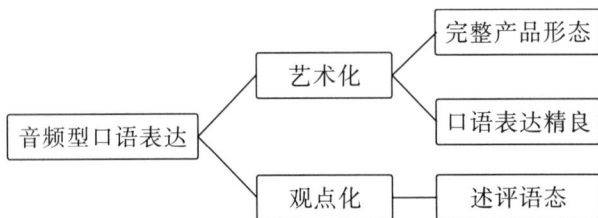

图 5-9　音频型口语表达样态

　　音频型口语沟通文本以有声读物和个人主创音频的完整作品呈现，主体与用户的互动在评论专区内实现。相对独立、完整的音频产品形态决定了主体口语表达样态是根据文稿创作完成，或者经后期剪辑编辑后再上传到播出平台。因此，对文学作品进行口语二度创作的有声读物，口语表达的艺术性非常强，对主播的声音品质、角色把握、声音造型有较高要求，口语表达的故事性、情节性贴合文学作品文字稿件的内涵。个人主创音频作为知识观点的个性化创作内容，主播个人的声音品质已构成口语风格的重要特色之一，无可复制，其语言表达的主要目的是将主播所具有的内容优势用流畅的语言，恰当的节奏和丰沛的交流感、对象感，向广大用户传播出来。在讲述知识、观点的口语文本框架下，叙述和评论的语态是最常见的。评论区互动的频率和热度，在一定程度上取决于内容生产的协作性和表达中潜藏的交流意识。

## 二、公共议题需要陈述语态以提高沟通效果

　　大众传播媒介的播音员、主持人、出镜记者，他们代表官方媒体的权威声音，其口语表达最具有示范意义，是集规范性、时代感和低冗余等特征于一体的表达典范。但社交媒体中口语传播主体无限扩大，来自日常生活场景里的语言，在升级的传播平台上，从私人空间进入媒介空间，被植入到移动端的应用平台，进而被功能、场景、话题等分类细目安排进入具体的语境里。用户利用每个可能混淆着工作、生活、娱乐、社交的碎片化时间，在移动端应用中寻找当下关注点的信息，把来自媒介的碎片信息，插入自己的碎片化时间里。如果说新媒体的碎片化特征正好吻合了用户碎片化的时间，那么，口语语音可以成

为勾连二者的有效沟通中介。

　　海量的碎片信息、鱼龙混杂的传播主体，增加了视听感官识别优质信息的难度。新媒体环境里的粉丝、人气基本等于"收视收听率"的含义，高人气意味着能够跨越人群板块而获得更广泛、多元的沟通空间。研究发现，客户端应用平台推送的精品语音作品、直播平台的人气主播、知名答主、微信社群里高效率的语音沟通片段，往往都反映一个根本的语音表达规律：越是议题公共性高、交互范围广的沟通语言，越是贴近传统媒介里的言谈特征，规范性、价值度、审美性高，符合社会的主流价值观。越是在语音方面表现出地方性、局限性，语言组织能力、表意准确性都偏低的口语沟通主体，越是无法获得高人气和粉丝量。因此，在新媒体环境下的口语沟通，考察的是：多元口语传播主体在基本语言表达能力基础上，在语音限时、场景伴随、细化语境的话语文本的整体框架内，对个性内容做出遵循互动时效的合理安排。

　　先看一则 2017 年春节腾讯新闻制作的特别节目《回家的礼物》，邀请 5 位主持人连续五天在不同城市直播，用他们的眼睛去寻找普通人的回家故事，帮助他们实现一个新年的愿望。以下是李小萌 1 月 20 日直播回看片段记录：

　　（儿童村操场的一角，楼梯口）

　　李小萌：我现在在福建莆田，从福州一个半小时开车过来，这里是 SOS 儿童村，这是一个什么样的组织？嗯，可能很多人以前不是特别了解，它是一个民间的慈善组织，通过募集善款来收养孤儿，但它并不是用一个班级的形式让孤儿生活在一起，而是用家庭的形式，每一个孤儿都有一个家庭，一个"妈妈"带着六七个孩子在这里生活，所以非常独特，也非常温暖。有的观众看了昨天的直播，可能还记得，我偶遇了一个旅客——李庆，她是来自中国 SOS 工作协会的一个工作人员，之前她也是在村子里做"妈妈"的，当我问她过年最惦念哪些人的时候，她说当然是那些曾经带过的现在依然叫她"妈妈"的孩子们。我问她村子里孩子们最喜欢什么样的惊喜礼物，她说："毕竟我们是用善款养这些孩子，日常生活满足之外，我们都特别小心花钱。"这些孩子不太会像普通家庭孩子那样想要什么礼物，什么娱乐都能满足到，所以她特别想给这些孩子精神上的娱乐，比如演出啊。

　　（转身上楼梯，边走边说）

　　李小萌：今天我和我团队克服了很多困难，做了很多努力，哪些困难努力就不说了，一会我们希望能帮她实现这个梦想。此刻，这个 SOS 儿童村的工作人员告诉我，李庆在这个楼的三楼的第四个房间，正在午休，我今天要把她叫起来，告诉她这个计划，跟她共同完成这个心愿。我通常是每一件事情都在掌控中的人，所以不大会制造惊喜和收到惊喜，在给别人惊喜的时候我心里还有点紧张，希望李庆不会觉得太突然了。

（上到三楼）

李小萌：1，2，3，就这里了，我敲门了啊。咚咚咚。

（里面开门，李小萌走进屋里）

李小萌：你好李庆，你还认识我吧？

李庆：认识啊，昨天在机场……

李小萌：对，你有心理准备吗？知道我要来？

李庆：也没有，就是我看见你，还以为，不知道说什么了……

李小萌：我打扰你了，不好意思。咱俩昨天聊天的时候我问过你，在 SOS 儿童村里当"妈妈"的时候，你最希望带给孩子什么礼物，你还记得吗？

李庆：我说我想带他们到海边转转。

李小萌：对，想带他们去玩，但不太现实，除此之外，你还说了一个，他们想看演出，想让他们开心，对吧？我们这个节目有个设计，就是帮值得帮助的人去实现愿望。今天，我就想请你跟我一块，给这个村的孩子带来惊喜，好吗？

李庆：啊啊哈哈！

李小萌：你穿上点衣服，咱们下去，好吗？

李庆：行。

（李庆转身去穿衣）

李小萌：你们每次来这出差，都是在这里住是吗？

李庆：是，比较节约资金。

李小萌：来，我们下去。（李小萌走到李庆身边）你可以打扮一下，来点口红什么的，你有没有准备？

李庆：现在随身都有准备。

李小萌：对啊，来吧来点。稍微化化妆，你要我们回避吗？

李庆：最好回避一下。

（李小萌边说边回头走向房间门）

•••　•••

李小萌：好好，我们回避一下。因为要跟孩子们见面，孩子们也喜欢大人美美的（已经走出门，关上门），所以我今天也打扮得美美的，呵呵。我特别怕这种冷不丁的出现，按理说我应该是那种"看我来啦什么的"，不过我不是这样的人，但是她还挺可爱的，并没有那种被打扰的状态。不过她马上就问，那怎么给啊，那确实是挺难的。昨天下午的时候她说了这个心愿，不经意间，今天我们就来了，我其实都不太相信这件事可能实现，你想有多少环节……一个很复杂的设计，所以这次团队的执行力还是可以的，我认可他们一下。（回头推开门缝看一眼）她正在涂口红，（回头转过身冲镜头）我问我女儿妈妈化妆好看还是不化妆好看，你猜她怎么说？都好看，只要是妈妈就好看，呵呵呵。来啦，（门口徘徊）你都没拿钥匙，一定要记得。

（两人边走边说）

李庆：不需要，不关门都没关系。

李小萌：没有安全问题。莆田的 SOS 儿童村你是第一次来吗？

李庆：第二次来。

李小萌：这里挺冷的，你看我还加了羽绒背心，我前两天在厦门，那时候还挺热，这两天突然有点冷了。

李庆：啊。

李小萌：跟这的小孩有熟悉的吗？

李庆：有大的熟悉的，不过都离村了。

李小萌：多大离村？

李庆：有的大学毕业。

李小萌：那么大啊。

李庆：或者 18 岁成人。

李小萌：大学得住校呀什么的。

李庆：对对对，会的，所以这也是一部分。

李小萌：一楼有一个活动室你知道吗？

李庆：知道，一般每个村都有一个。

李小萌：我们学校还有塑胶跑道，这个条件可以。（推门进活动室）在这咱俩做一个活动，你觉得理想吗，这场面？你相信一瞬间就让孩子得到你想要的那种礼物吗？一个 Party，你觉得要多长时间准备出来？

李庆：在我感觉得准备很长时间，好几天才可以。

李小萌：那我们试一下。进来吧，好像也没有多大惊喜，进来吧，都来。

（两人走到活动室另一侧门，同事捧着几大束气球进来）

李庆：我也喜欢。

李小萌：女人和小孩很多时候是相同的。慢一点啊，这时候应该有音乐声、掌声及欢呼声。哈哈哈可爱。看孩子们会喜欢吗？看这是什么，还有小伙子吗？来帮一下忙，最大体积，李庆猜一下是什么？

李庆：真猜不出来，那么大，充气那种东西对吗？

李小萌：对啦，这主意是我想的。

李庆：我觉得孩子们都喜欢。

（布场，来回走动）

李小萌：咱们在哪摆起来？这是一个 3 米高的充气城堡，咱们几个人一块，这需要充气泵鼓风机把它充起来，这需要电源，这里有电源吗？鼓风机带着吗？拆开看一下，我觉得好像没有。先把它打开，还有多的工作人员吗？都哪去了？多点人帮忙，我们一起打开，找好位置再打开。我觉得往一边靠吧！这个好像需要一个电的鼓风机，但看着不像有电机。想想办法吧！在室内用还得注意安全。正方还是长方的？（大家一起操作）往一边靠吧，那边得站人，往这边靠吧，横过来，要不两边堵上没法过人了。（工作人员：好像正方形）不是正方形，这不长方形吗？转一下，然后往舞台那边靠，再来点，那边空间太小了。舞台灯光热吗，热的关掉，要不对充气城堡有安全问题。（工作人员：不会不会）果然没有鼓风机，只卖充气城堡不卖鼓风机？拆包装之前，有没有一个盒子？（走到旁边摆放蛋糕水果的桌子旁）哈哈，这些蛋糕是连夜烤的。

（走出活动室，跟工作人员联系）

工作人员：我们正在跟卖家联系，本来是发了，外包这个团队可以解决，拍拍照片看看口，能不能接上……

李小萌：所以这些准备出点小纰漏，说明接下来会很顺利。咱们那个演员什么时候来，还没到位。

工作人员：我们在莆田当地找的，孩子自己有个联欢会，他们自己还不知道，哦，对，今天小年，不过南方小年和北方小年不一样，我也不清楚。

李小萌：一般会吃的不一样，我们是什么年都吃饺子。他们是演员吗？

工作人员：演员的服装在这里呢！

李小萌：那我们现在就准备吧！

工作人员：（冲旁边请来的演员）先去准备吧，搞起来搞起来。

李小萌：（冲布场工作人员）你们接到我们这个任务后，有没有觉得太紧张了，我们早上也准备了，这些气球什么时候开始打上了？

布场工作人员：早上九点多十点多。

李小萌：那些蛋糕怎么一瞬间就出现了，我们订的。你们有接过比这更急的任务吗？

布场工作人员：有，就是说人家要做生日，突然要做现场，三个钟头。

李小萌：那挺厉害的，还没难住你们。这个是干吗的？是给小孩玩的吗？这个不都现场吹嘛！

（和李庆靠在舞台边上）

李小萌：现在很多小朋友都希望过生日会的时候，爸爸妈妈给组织场地，吹上气球，请好朋友来，魔术师给变个魔术啊什么的。这的孩子没有这个条件吧？

李庆：会给每个孩子过生日。

李小萌：一般怎么表示呢？

李庆：蛋糕肯定有，有时候会有外面的人给买蛋糕来。

李小萌：有社会上的爱心人士来？

李庆：这种爱心人士很多，社会上的普通人，他们更加好，不求任何回报。有个老奶奶，夏天的时候，骑个三轮车就过来了，给我们送点水果什么的。

李小萌：真正的慈善就是，不图任何回报，自己心里真正想做。

李庆：对，其实这种工作做久了之后就会发现，感觉人真的很美好。

李小萌：这些年 SOS 儿童村发展过程中碰到什么问题了吗？

李庆：主要就是资金问题。因为现在中国经济越来越好，所以很多国际组织就慢慢撤资，每年撤个两百万三百万的，我们就要自己把这个缺口补上。

李小萌：现在筹款，没有前些年那么，就你们这个项目，没有前些年宣传那么多，以前还有电视剧啊媒体报道也蛮多，近些年少多了。

李庆：所以我们现在也想宣传出去，但我们都是门外汉。

李小萌：那咱们现在太巧了，怎么就撞到我们镜头的前面。

李庆：缘分呗。

李小萌：那你应该很高兴吧？

李庆：以前采访挺多的，就像你说的没有大惊喜，以前在村里的时候，会有这方面的。

　　李小萌：像我们这样不请自来的？

　　李庆：啊没有没有，以前都会安排好。

　　李小萌：希望我们费的劲，一会孩子们会喜欢。

　　李庆：越小的小孩越喜欢。

　　李小萌：这个村里的孩子都是多大的？

　　李庆：从幼儿园到大学都有啊。

　　李小萌：（冲别人说）你可以看看他们准备得怎么样了，不用盯着我们哈，关键是外面解决鼓风机的事是一个大问题，（稍微侧脸冲摄像镜头）我要出去看看，不要跟着我。


　　专业机构在直播平台制作特别节目，虽然是只在腾讯新闻网站和直播平台播出的特别节目，但议题的公共性尤为突出，李小萌和制作团队的专业性毋庸置疑，与电视新闻现场报道不同的是：他们在单机一个长镜头的时间轴线下开始场景内的主题发现之旅。在李小萌敲开门和李庆说接下来给惊喜，要留一些时间给李庆梳妆打扮，关上门后的等待时间里，李小萌直言如果是自己就不太喜欢这种冷不丁的出现，如果和孩子们见面也一定要美美的，这些心理活动在电视直播中出现的可能性不太大，但在长镜头下的线性时间里，在两个人各有独立空间，却又在时间上必须平行出现时，主播面对镜头不能无言，须用语言把两个独立的空间联系起来。还有，二人走下楼梯时，一前一后的身位，主播也会时时提醒当下的心境和将要面对的安排，并且用生活化的语态来对话，或陈述每一个细节。

　　专业机构 PGC 的直播，采用了主体介入式的口语沟通类型。新闻专业主义理念主导直播内容的采摄手法，专业记者会把一个长镜头下的所有时间都作为现场报道的时空框架来处理场景内的信息，所以要特别注意：口语内容与空间位移彼此贴合；时间轴线的有效信息非常饱满，打发时间的冗余信息较少，但语言表现出明显的生活化特征；所有与不同对象的沟通、空间的位移等细节都须在口语中予以体现；由于时间把所有进程全盘展现，因此口语内容特别在意展现彼此内心想法，以便后续对话能更为融洽、直接。

### 三、单位时间内口语表达要求采用陈述语态，简练清晰

新媒体空间容纳的海量信息，和每个用户所拥有的大量碎片时间，二者在理论上似乎有天然的吻合性。浩瀚网络世界里，在沟通双方产生确切勾连之前，不仅仅是彼此的共同兴趣能够让彼此一拍即合，还有一个来自信息传播效果的决定性因素——口语主体在时间轴线上的"前三分钟"效果。所有用户同在时间轴线上，体验跨越空间的共时性分享，而时间的同在，给沟通主体的信息传播能力提出了很高的要求，若不能在直播的前三分钟拿出足够的优质内容，营造恰当的气氛，恐怕很快就会失掉粉丝；若不能在 60 秒内将明确的意义用简练的语言表达出来，不会有人愿意消耗自己的时间一直等待，期待下一次的精彩。

传统媒体信息传播主权和权威性被新媒体消解了，广播电视节目传播在时间轴线上的顺时性无法被打破，新媒体的即时互动打破了顺时传播的连贯性，形成了碎片化传播的可能。从逻辑上来理解，恰是无数多元的沟通主体同在一条时间线上，点燃话题、即时交流、激发共鸣、打动彼此。口语是诉诸听觉的信息，在语音主导沟通秩序的框架内，听觉文化研究告诉我们，开始的"三分钟"是关键。

### 四、听觉感官易于接受陈述语态

新媒体用户可在时间轴线上跨空间同在，为公共议题渗入各个阶层的沟通主体提供了时效性和互动性的便利。越是具有较大公共利益、有代表意义、有典型性的话题，越是能够激发多元主体、双向互动的传播特征对于广大用户在探讨民生事件、推动民主进步时的积极效果。

2016 年人大新闻发布会，在微信朋友圈插入一个社群入口，发布会在电视直播里的所有信息，都被以声图文的符号载入社群界面。每个打开界面的用户都能听到发言人和提问记者的每句话，用户也可以参与界面互动，表达观点。这种公共议题在新媒体中被再次分发时，陈述语态最有利于说清楚核心观点，精练的表达习惯、准确的词汇选用，在单位时间内的精准表意，是这个碎片特征鲜明的传播空间里信息传递的重要特征。

图 5-10 2016 年人大新闻发布会在微信群的语音直播

广大用户在碎片语音信息的裹挟下，选择沟通对象的必要前提是选择清晰度高的共同语——普通话。不论是知识问答，还是直播里的介入式讲解，提高语言本身的可听性非常重要。这其中至少应该包括语言本身的精练、准确，此外，还应该考虑语音及图文辅助符号的意义共生空间对语言表达的影响。碎片语音，或随时可以连续或间断的口语，在多符号的包围中，随时可能发生时间的留白，伴随多种符号传播的衍生品就是节奏，它影响了核心信息传播的速度和效率。尤其是在语音社群里，一人一句的占时长的生成信息和收听信息，时间的节奏就决定了沟通的节奏。在时间的轴线上，公共议题的沟通，大家不约而同想要精准、快速交代要义，而个人自我展演式情境中的口语，更多处于情绪的宣泄，节奏较慢，让时间和声音本身带给彼此更多熏染和沉浸，是彼此建立沟通关系的首要目的。可见，主体建立沟通关系的必要前提是语言本身的悦听性。公共议题讨论中的语言，陈述语态集中表意，表达习惯严肃、规整、低冗余；而个人展演里的私人话题，语态多样，表达习惯受时间、节奏的影响，多情绪宣泄和气氛渲染。

# 第三节　沟通话语的关系语法：
## 口语交互性内因的语法因素

　　本章选取多篇社交媒体口语沟通的实践行为，做了口语到文字的转换，形成具体文本，本章第一节在"多模态"话语分析理论和方法的框架下展开，从话语、设计、生产三个层面对新媒体环境下口语沟通行为所涉及的符号资源展开分析，围绕场景嵌入和情境规约产生的话语内容，语音可控性塑造了多元的沟通关系，口语语气带动了整合符号的意义潜势。第二节是在社交媒体传播特征和口语表达语用学的两大理论框架下，将具体实践类型进行语用学特征的梳理。本节将用文本分析的理论和方法，观察沟通主体通过口语和整合符号在与网友的互动沟通中建构了什么样的"自我"身份以及社会关系。

　　费尔克拉夫提出，人际功能可以被分为两个成分功能，分别为"关系功能"和"身份功能"，它们必定与社会关系如何在话语中得到运用有关，与社会身份如何在话语中得到显示有关，当然也与社会关系与社会身份如何在话语中得到建构（再建、争夺、重构）有关。① 费氏选取了三种谈话样本进行分析，由此话语样本又深入分析类型，发现了：第一，互动控制特征可以确保互动组织的平稳关系，用来解释社会实践中社会关系的具体实施和具体协商。设定和维护议程，主体的阐述，是互动控制的重要成分。第二，轮流说话体系是主体间阐述的基础，是简单有序的规则。第三，互动的交换结构，"毗连对"是主要的交换类型，此外，还有问题—回答、问候—问候、抱怨—道歉、邀请—接受、邀请—拒绝等非常具体的配对。第四，语言中的情态、礼貌、普遍特质，是说话主体建构自我整体形象的策略，语言所体现的社会性就是通过情态（对表达对象的亲近感）之被质疑的程度来具体衡量的。

―――――――――

　　① ［英］诺曼·费尔克拉夫著，殷晓蓉译：《话语与社会变迁》，北京：华夏出版社，2003 年，第 127 页。

　　费尔克拉夫的文本分析理论建立在人际沟通的具体样本基础上，文本取自于社会真实场景下人与人之间语言对话的记录，进行了口语到文字的转换。那么，本节之所以将这一理论方法作为指导，恰恰是因为在新媒体环境下，传播模式的颠覆赋予了互联网下沟通主体之间直接到达的技术可能，而口语将他们在虚拟平台直接黏结到点对点的关系或社群关系。尽管，整合符号配合完成了沟通的具体过程，但口语的人文性被完全复制到了新媒体平台。因此，我们有理由借用费尔克拉夫文本分析的理论和方法，来审视新媒体环境下口语沟通的文本。本书采录并转换了大量口语沟通文本作为研究样本，将从以下几个层面分析口语沟通主体如何通过语言建构"自我"身份和社会关系。

## 一、互动控制维护口语沟通主体的组织平衡关系

　　新媒体口语沟通的几种实践形式，如问答型、微课型、直播型等，即时互动已然成为技术可能，但由于具体平台的应用特征有其独特的指向，因此，互动的频率、互动对沟通主体生成内容的影响，都有着不同的表现。

　　在直播平台，图像和声音同时传播，互动粉丝在媒介终端必须打开这个互动界面，同时开启视觉和听觉的接收刺激，才能够将直播"同时空共鸣"的优势尽致发挥。因此，优质内容直播、自带流量的明星大V网红直播，粉丝"在线等"的观看状态就决定了互动的时间是与观看同长且同步的，主播呼应互动且再次生成新信息点的机会始终都在。这是由声画同传所决定的，沟通双方开启视觉听觉，具有同时聚焦且排他性的互动特征。善于利用与粉丝互动的主播，还会嵌入商业行为进行商品售卖而变现。因此，直播主播在口语表达中的语言会鲜明地表现出对互动的重视和控制。

**案例一**

　　直播平台：一直播

　　主播：乐嘉

　　时间：0～5分钟

　　表明直播平台，传播媒介是一直播和喜马拉雅同时直播，介绍自己身处的

环境，说明自己直播的原因，并描述自己要直播的内容，大致要讲的是性格色彩学。

时间：5 ~ 10 分钟

介绍自己的卡牌性格色彩学，介绍自己的卡牌非常神奇，能够瞬间测出你的性格、你的人际关系、你的未来、你的局限。

时间：10 ~ 15 分钟

让网友问问题，说明本次直播主要通过解答网友的问题来进行。有人问课程可不可以便宜点，乐嘉表示不能再便宜了，同时推广自己的线上课程。

时间：15 ~ 20 分钟

有网友问，下一本出的书是什么。乐嘉表示，会出大概三本书，一本是关于演讲——《演讲六字真言》，让任何一个口吃的人都能够非常厉害。第二本是关于性格色彩学说的普及书籍。还会出一本关于女儿的书籍——《女儿奴》，内容大致为讲述自己和女儿的故事。

时间：20 ~ 25 分钟

回应了网友近期遇到的舆论风波，如大骂金星、被指离婚三次，然后调侃着说自己："那个说我离婚三次的太低估我了，我怎么可能只离婚三次，我太生气了。"紧接着介绍自己的性格色彩学婚恋宝典，并与星座等做对比，以显示自己学说的合理性。

时间：25 ~ 30 分钟

讲故事：一个从小与世无争的孩子，有一天被学校的混混打了，然后回家和老爸哭诉，老爸让他打回去，如果打不过老爸帮你打。小孩是红色性格，老爸是黄色性格。当两种性格相处在一起，孩子将会在未来的人生中逐渐成为黄色性格，会逐步走上老爸想要走的路，然而这个黄色性格是假性格。性格色彩学就是为了让你发现自己的真性格，从而让你更好地处理人际关系。

时间：30 ~ 35 分钟

讲故事：夫妻关系，老婆是一个黄色性格的人，老公是一个红色性格的人，老婆总在拿隔壁老王的优秀来说自己的老公，期望自己的老公能够更加厉害，而老公是一个与世无争，更愿意享受当下放松生活的人，如果两个人长此以往，红色性格的人在生活中会非常累，有可能产生一系列矛盾。

时间：35 ~ 40 分钟

有网友进一步追问大骂金星的事件。乐嘉表示自己不屑于回答，并说希望真的有兴趣的人去看一下当时的具体情况再来发问，并讲述了录制节目时的情况。"小太监在男人花心的这件事上都比大圣人做得好"，乐嘉说，这是他在节目现场的原话，而这段原话来自于 2010 年出版的一本书，原封不动地用下来，仅仅用作争论男人花不花心的问题，并没有针对任何人，然后说明节目录制时间是在"乐嘉大骂金星"的新闻出来的前一年半，为何有一年半之久才被挖出来，他表示，当时东方卫视刚好有一个节目叫《中国式相亲》，巧的是这个节目的主持人就是金星。该话题到这里戛然而止，不再过多赘述，也不做评论，然后开始讲信任的问题。乐嘉说，如果是"色友"（指性格色彩学的粉丝），不论如何都相信我、支持我的朋友们，我非常感激你，但如果是黑我的人，我也不会回应，反而我觉得你有一些问题，既然不信我为何花时间到我的直播间里听我的课程，浪费自己的时间不是有毛病吗？乐嘉说，自己也理解网络世界大家都难以分辨真假，希望更多不知道真相的人可以认真地认清事实思考一下。

## 案例二

直播平台：一直播"购时尚"分区

主播：珠香阁珍珠~做珠宝女神

场景：为回馈顾客而直播开蚌，一张桌子，一块白板。价格表写在白板上，桌面上摆 6 个蚌，桌子左上角碗里装有十几颗珍珠。

时间：15:45—15:55

主播：网络粉丝（用户 ID：洛神）下单开蚌后，主播现场取珠，并对珍珠做测量，告诉顾客、观众相关数据。用户"洛神"下单开 5 号蚌，在开蚌取珠的过程中，用户"怡曦"观众与她起了争执，主播尴尬回应：和气生财！主播继续开蚌，"洛神"与"怡曦"的争吵仍在继续，主播和用户"我要这铁棒有何用"观众一起规劝。

时间：15:55—16:10

主播：女主播将"洛神"刚开的珍珠放在手上，观众对这批刚出炉的珍珠质量赞赏有加。主播讲述本次活动的优势：多开多赚，通过对下单观众收益情况的分析为商品的贩卖做宣传。呼吁观众互动。其中多用网络语言，如"宝宝

们，各位亲"等。直播开蚌活动的赠品，送精美"戒指和耳钉"，宣传客服微
信号和淘宝店地址。呼吁观众一起聊天互动。

如果以 5 分钟为一个时间单元来记录口语沟通的文本，直播主播对每个单
元时间内的意义表达，基本有一个可以看得到的节奏。费尔克拉夫将人际口语
对话中双方之间信息如何交互，深入至控制话题、阐述、轮流说话三个层面，
那么传受分野模糊和即时互动的传播特征赋予了新媒体平台中口语沟通的信息
交互以新的解释。

首先，控制话题的权利不再独属于沟通主体某一方。如果说主播控制了整
个沟通场的主话题和展开的层次，那么，围观粉丝的疑问就指引了层次中分话
题的构成。案例二中的直播开蚌，网友"洛神"和"怡曦"的争执直接影响主
播开还是不开这个蚌，主播一句"和气生财"表明了商业直播的原本属性，将
沟通方向拉回到直播的目的上。而案例一，网友提问对主播建构话题的决定意
义就更明确了，网友提出的如何买书、询价、希望乐嘉回应网络流言等问题，
直接决定了接下来乐嘉的口语内容。研究发现，社交媒体中的口语沟通实践，
控制话题的主体便一分为二——以主播为代表的主控方和粉丝网友的分控方。
在不同功能的沟通平台，主控方和分控方各自发挥的空间大小不一。如语音微
课中的主讲以讲授知识为主的课堂界面，粉丝以收听增长知识为主，提问或认
同的成分为辅。而带有画面的直播，网友的视觉听觉被同时占用，主播在被打
赏变现的期待下，和网友互动的频率非常高，对网友任何互动信息都予以反馈，
分控方对主播表达内容的控制力就更加明显。

## 二、对话规则：主体阐述和意义接续规则

口语的语体表明，叙述是表意的基本方式，对话是交互的基本方式。我们
在语音直播、视频直播等实践平台上看到主播在场景内，还有各类口头表现的
艺术形态，如唱歌、快板、评书等。场景内的画面、口语外的声音信息，都需
要口语言谈来实现最终的沟通目的。而当手机仅作为摄像镜头客观记录时，沟
通平台的人际沟通功能便暂时失去。

费尔克拉夫看到了人际对话文本中的互相对应，是轮流说话的交流层次，
但在社交媒体平台，一对一或一对众的传受模式都有可能出现，其交互方式，

便与同一个物理空间内的人际沟通有所同，有所不同。相同的是，只要大家同时在沟通界面，按照信息交互的层次和需要，便可即时表达。但不同的是，互动界面明确限制了用户发表意见的符号，以及在沟通界面的显示格局。如"分答"平台的网友提问是用文字，答主的回答以语音为主，也可以辅助文字；直播中网友的意见反馈，以图片和文字为主，显示在屏幕上的时间受其他网友留言量的影响，在界面保留的时长可长可短，被主播看见的时长就有所不同。也就是说，新媒体口语沟通的各个平台，功能指向不同，沟通双方表达意见的符号不同，沟通界面上彼此发生连接的那个瞬间，彼此感应到的"场"有所差异。

图 5 – 11　千聊微课"接纳自己的不完美，找到幸福通路"直播界面

图 5 – 12　荔枝微课"杨澜对话李玉刚"直播界面

　　语音微课的沟通界面，主讲会铺排好内容进展层次，也会设定听众的提问直接介入主讲语音的界面，表情和评论以弹幕方式在右下角出现。图 5 – 11 中，"千聊"平台陈海贤主讲"接纳自己的不完美，找到幸福通路"的课程中，最

后环节听众发出提问：陈老师对女性更年期有研究吗？这个年龄的妈妈总处于缺乏孩子和丈夫的爱中，这个年龄真的那么糟糕吗？陈海贤语音："众生都在生长，更年期的我们变得不再年轻了，有一些没有实现的愿望也没有机会实现了，但是我们懂得更多了。不能说变得更好，但是你变得更加深刻。"但同时还有听众认为主讲讲得"太烂"。图 5 - 12 中李玉刚在即时回复网友的各种提问，期间还被多人打赏。显然，沟通是以时间为轴线向前推进的，主讲语音搭建了整场对话的框架，反馈听众提问的即时生成内容，不定时充实每个层次。而听众的留言则可以同时呈现，但再多的反馈也有赖于主讲人的控制。

以微信为代表的微媒体社群里的语音对话，则显示出与同一空间内人际口语对话相同的规则。每个用户发言的时长和频率完全自主，但沟通效果不能与之等同视之。最主要的区别在于：其一，可保存的语音条拉长了个体之间获得他人信息所耗费的时长，这对群内讨论议题的沟通效率提出了挑战。其二，虽有语音语气和图片的辅助，但没有人的表情、姿态、面对面那种生动的谈话场，一片符号连接起来的沟通界面，失去了个体之间观点和情感对撞的火花，话语意义的"接续性"规则先行，其后，才有意义和语气在交互的信息场域内发挥作用。

## 三、互动语言的交换结构：毗连对

费尔克拉夫在对同一空间内的人际沟通样本做话语分析时，提及辛克莱和库尔萨德关于教师话语交换的开拓性研究，他们的研究发现了"发起—回答—反馈"的结构，同时费氏也将对话样本纳入复杂程度与特殊程度比较低的结构类型，引入"毗连对"研究。[1]。"毗连对"是一种普遍的结构类型，包括言语行为两个有序类别，第一个可以预示第二个的出现，但类别非常多样，如"问题—回答""问候—问候""抱怨—道歉""邀请—接受""邀请—拒绝"等。而"问题—回答"的毗连对是众多交换类型的中心。交换系统的本质不仅与轮流说话相关，还和人们谈到的事情种类有关。费氏用教室内师生对话的样本说明很多场景内的对话比较封闭，阐释较少，两个言语行为的序列关系更为清晰

---

[1] 转引自［英］诺曼·费尔克拉夫著，殷晓蓉译：《话语与社会变迁》，北京：华夏出版社，2003 年，第 143 页。"毗连对"（adjacency）由沙格洛夫和萨克斯于 1973 年提出。

和纯粹。

回到新媒体平台，每个在线用户所处的物理场景差别巨大，当沟通对话的连接点从实体空间转移到网络空间，物理场景对话题的种类就失去了决定作用，也恰恰是互联网的无边界，让不同物理场景内的人们能够同时空连接到一起，为新媒体口语沟通注入新的意义。

**案例三**

平台：一直播

主播：小乔烹茶

时间：2017 年 12 月 5 日

| 时间 | 主讲内容 | 互动内容 |
|---|---|---|
| 13：05—13：10 | 今天主推的这款茶，名叫无字沱，是一款很好喝又很实惠的茶 | 观众问主播今天在推荐中放的是哪一款茶叶 |
| 13：11—13：15 | 介绍从昆明机场到云南昆明茶室的两种途径。告诉大家离茶室最近的地铁站的位置 | 观众向主播提问茶室的地点，想去品茶，主播给观众介绍茶室位置 |
| 13：16—13：20 | 主播回到话题点，介绍今天的茶，是 2002 年的无字沱，一整沱有五个，一个一百克，五百克是 580 元 | 期间有熟客与主播闲谈，主播也很接地气地与观众聊天 |
| 13：21—13：25 | 主播介绍无字沱这款茶很甜，很柔，而且有十五年的时间，这款茶已经达到了最佳赏味期 | 熟客与主播闲谈，开会时候喝的茶很干涩，主播解释原因 |
| 13：26—13：30 | 无字沱是一款熟茶，从上架到今天的销量呈递增的走势 | 观众提问主播的身体情况，主播回答已经休息了很久，身体恢复，并且春城昆明突然回暖有了秋天的温度，很舒服宜居 |

（续上表）

| 时间 | 主讲内容 | 互动内容 |
|---|---|---|
| 13:31—13:35 | 主播茶室里是做普洱茶的，无添加、无拼配、无掺假，并介绍茶的真实品质 | 观众提问想看看紫砂壶，主播拿下架子上的几把壶进行介绍 |
| 13:36—13:40 | 主播介绍养壶的方法，一个人最多一把壶，顶多两把，用壶不要太频繁，泡茶时间不宜太久。用完要勤清洗，一两个月基本就养好了，几天之后外圈会有油乎乎的外观 | 观众提出色差的问题，主播建议把照片跟实物对比一下颜色，避免有色差 |
| 13:41—13:45 | 王平制作的壶，都是传统的壶型，主播拿出了石瓢、西施、天地泰如意，其中如意壶肚子偏大。朱泥的壶价位很高，因为密度大，泡高香型的茶没有问题 | 主播用的壶是不卖的，但想买的观众可以定制 |
| 13:46—13:50 | 主播介绍，定制的朱泥壶铁元素很高，提升茶的品质。如果观众想泡铁观音，铁观音茶叶会伸展开来，所以要壶肚子大一些 | 有的观众想定制名为"思亭"的壶，主播回答订壶的人很多，要到12月才能拿到。朱泥壶的价格在1 800元左右，泥料很好，对健康有益 |
| 13:51—13:55 | 子冶石瓢是王平制作的名家壶，价格在1 600元左右<br>主播手中的西施壶，养都还没养就已经很亮了，而且不是涂层亮，是材料亮 | 观众说红茶价格实惠，泡着喝的女性会偏多一些 |
| 13:56—14:00 | 主播介绍下一款壶，秦权壶，秦始皇统一六国，统一货币，这款壶象征着秦始皇的权力，价格在1 500元左右 | 观众提问茶壶的出水怎么样。主播介绍壶的出水是最基础的，就跟人的吃穿一样，出水好都达不到，就说不上名家壶 |
| 14:01—14:05 | 主播又介绍了两款紫砂壶，小汉瓦、供春，都是传统壶型，大家最担心的是泥料问题、健康问题 | 观众怕壶的质地不好，会影响身体健康，主播强调：真的朱泥并不便宜，希望大家不要被价格蒙蔽 |

图 5 - 13　一直播"小乔烹茶"直播界面

图 5 - 14　荔枝微课直播间

研究发现，网络空间里的沟通，话题覆盖各个方面，有知识的传授与求解、明星线上直播、个人才艺展演、商业行为直播等。语言互动部分显著的特征是，"提问—回答""问候—问候""叙述—认同""建议—满足""叙述—表态"模式的信息交换结构最为常见。主播在沟通行为中为自己设定了话题内的传播者形象，掌握着话题内的知识或经验优势，沟通对象与之可能形成几种认同感：信息认同（提问求解）、态度认同（弹幕表态）、行为认同（打赏购买）。主讲、主播、谈话主导者在社群内得到的反馈越多，其为自我在网络世界里设定的社会形象越能获得关注、认可，其后又可顺势延伸至现实世界，用网络中的身份定位和形象，换取真实的社会形象或者直接变现。可见，互联网中的口语为人与人之间建构的沟通关系可能会成为现实世界沟通关系的序曲或替代。

## 四、口语中的情态、礼貌辅助建构口语传播主体的社会形象

情态，是英语语法学中的概念，语法情态传统上是与"情态助动词"（"must""may""can""should"）相联系，后者是实现情态的重要手段。在叙述语态中，除了明确的肯定和否定外，还有可能性的中间地带，不太直截了当，或不太坚定的赞同或反对，如"地球也许是/大概是/可能是/有点像是平的"，再比如"明天的天气有很大可能是/应该会是下大暴雨的"。费尔克拉夫认为，情态的运用，与句子的语法特性和语言的"人际"功能相关。

情态可以是"主观的"，表达说话者与陈述对象的亲近程度，如："我想/猜想/怀疑地球是平的"或者是"我想那是明智的"；情态也可以是客观的，主观态度就隐藏起来，"地球也许是/大概是平的"，同样是对地球的判断，但这究竟是谁的观点就被忽视掉了，可能是说话者故意为之，把自己的观点放大突出为一个普遍认可的观点。费氏认为，情态的客观使用，往往暗示着某种形式的权力。[①] 此外，关于情态，除了说话者对于陈述的介入以外，情态还能够体现说话者在与他人互动的过程中表明与对方的"亲近性"。例如："她难道不美吗？"或者"她真美，不是吗？"说者要和听者分享的，就是"我和你"观点一致性的亲近感。

---

① ［英］诺曼·费尔克拉夫著，殷晓蓉译：《话语与社会变迁》，北京：华夏出版社，2003年，第149页。

费氏还引用媒介话语文本来做情态的分析，旨在说明说话者的主观情态很容易被媒介二度生产信息时，转换为肯定的断言。如"大体上，我认为影响选举的一个因素是在大伦敦发生的一些事情"，该陈述被转换为直截了当的报纸标题"富特就选举投票失败谴责红肯"①。[红肯（Red Ken）就是肯·利文斯通（Ken Livingstone），即20世纪80年代早期伦敦一个有争议的工党政府的领袖。]

语言中的礼貌，在20世纪70年代和80年代始终是英美语用学的一个主要关注点。最有影响的论述是布朗和莱文森的论述，他们假定有一套普遍的人类"面子需求"②：人们有"积极的面子"——他们希望被人喜欢，得到理解，受到欣赏，等等，也有"消极的面子"——他们不希望被他们侵犯或妨碍。他们在话语参与者用来缓和语言行为（这些行为潜在地威胁他们自己的"面子"或威胁对话者的"面子"）的那些成套的策略中看到礼貌。对于这种解释，布尔迪厄提出了与此大相径庭的礼貌观，认为"礼貌的让步永远是政治的让步"：对所谓的礼貌法则的实际把握，特别是对所谓把每个可利用的准则调整到……适合不同阶层听者的艺术把握。换言之，特定的礼貌习俗体现了——它们的使用也含蓄地认可了——特定的社会权力关系，而且只要它们被使用了，它们就肯定致力于对这些关系的复制。

上述分析涉及的话语文本，公众演讲的语言内容被媒介进行新闻采制时二度创作，口语情态被曲解为有公共影响力的媒介文本片段。这其中，口语到媒介话语，经过了社会化的转换过程，口语情态从个人主体到社会化的转换，印证了费氏"暗示某种社会权力"。而在新媒体平台，口语沟通发生的范围是在应用平台搭建的社群内部，若没有新闻媒介再过滤的环节，口语情态依然只是在个体对话之间发生作用，也就是主观情态和客观情态在沟通中得到多少理解和认同，依然处于低一级的语用范围。

礼貌态度和用语的使用，在视频直播、语音直播、分答、语音微课等实践平台，是人际沟通的必要前提，其语用功能大于映射社会权力博弈的成分。

---

① [英]诺曼·费尔克拉夫著，殷晓蓉译：《话语与社会变迁》，北京：华夏出版社，2003年，第150页。
② [英]诺曼·费尔克拉夫著，殷晓蓉译：《话语与社会变迁》，北京：华夏出版社，2003年，第151-152页。

第六章

# 社交媒体中口语传播交互性的社会影响

　　社交媒体用户通过问答型、微课型、社交型、直播型、音频型五种形态展开多向口语沟通,其中,碎片化的信息形态、渗透式的使用惯性、快速便捷的消费路径,客观上要求用户使用浅度的、散点状的思考模式。同时,短小的篇幅匹配感性的表达,利于非专注时的感官接受。社交媒体的工具功能日趋强大,全面介入用户的生活,并潜移默化影响人们形成一种与之相适应的感性的社会心理。这种消费习惯和社会心理其实是"泛娱乐化"日常生活的表达,伴随社交媒体而渗入人们生活的各个领域,在观念上逐步消解了传统认知中"严肃/娱乐"的二元对立叙事,挑战"精英/大众"审美旨趣界限,形成于"泛娱乐主义"思潮的大背景之下。

　　五种口语沟通实践形态中的四种,语音是可以保存并可供反复收听的,只有直播型沟通主体的口语语音无法保存,口语语言稍纵即逝,不易被捕捉收藏,其传播的直线性、难以复制性的特点,能够让同时在线的用户生成强烈的对话感,产生即时呼应的共鸣,但这也形成了不小的传播风险,低俗暴力、欺诈违法、违反正确价值观导向的言论也同步流出,容易给青少年带来负面影响,是网络公共传播空间建设的重点领域。

# 第一节　引发感性的社会心理

经过新媒体的生产和传播，几何倍增长的碎片可能负载有价值信息，也可能是冗余的垃圾信息。面对海量裹挟，用户处在无休止的判断和选择中。与深度思考、理性表达、大篇幅的书写文化不同，快速处理信息的消费习惯，必然要求用户在形成思路、表达观念、传播信息、互动反馈、再度生成信息的每个环节，都符合客体信息和沟通对象的节奏。短小的篇幅、真切的语气、散点状的思考模式，促使广大用户逐渐形成普遍的感性的社会心理，这主要表现在三个方面。

## 一、浅度的思考

新媒体出现之前，人们的表达与沟通需要较长时间的慎重思考，形成思路后再去找电话、写信，否则不低的消费成本让人很难用苍白的内容去买单，空虚无聊的内容也会让带有距离美的通信手段不再神秘和浪漫。当社交媒体介入生活，它的传播模式是跨阶层、板块的人群之间的多向传播，五种口语沟通实践都处于即时互动的模式下，口语信息的碎片性强，纠错机制灵活，带来的直接结果就是浅度的思考习惯。口语表达前的思考时间大大缩短，即便出错，也会有足够的方式和时间去弥补差错，比如规定时间内的"撤回"功能。

在"强关系"的社交关系内，最长60秒的短时叙事决定浅度思考。微信可以发送非实时的语音对话，"在用户的交流中，这种非实时性决定了他们的叙事以一种片段而非连续的形式快速流通"①。根据伊尼斯的理论，口语作为人际沟通的基本手段，要求传播者和接收者具有"同在性"，同时处于共同的意义空间和场景内，而以文字为主导的媒介传播，使传播者和接收者有了时间上的间隔性，这就赋予阅读者理性思考的空间。社交媒体中的微信等同类应用，能够

---

① 王治尹：《媒介环境学思想对微信的检视》，《中国传媒科技》2014年第2期。

储存口语沟通各方所发送的语音，彼此可在思考后再回复，这种功能包容了语气的人文性和思考理性，实现了口语沟通的非时间限制，也就是说，社交型的口语沟通带有时间偏向和空间偏向两种特质。

除了一对一对话，微信也可以建立有公共传播意义的微信群，基于强关系嵌入弱关系，把更多人维系在同类志趣话题的社群内。群内用户随时随地想发信息就发信息，并且以为对方也会时时在线。私人时间被强行带入社交关系，私人空间被强行撕裂。即便通过设置可解决受干扰问题，但只要人在社群内，就意味着彼此愿意交流、获知。时时在线，没有交流的障碍，海量信息扑面而来，基于分享、讨论、思辨等沟通需求的话题，都会成为社群成员发言的契机，往往热络的讨论会带动更多人参与。

从上述特征的分析发现，不管身处何地，正在何时，社交媒体用户建立沟通关系，发生沟通过程，说话完全可以不经大脑，随时随地，想说就说，留给大脑思考的时间逐步减少，浅度思考是社交媒体口语沟通的文化特征之一。

## 二、感性的表达

浅度的思考、快速的互动反馈、多符号交织一体的表达，是广大用户使用社交媒体的表达特征。为了吸引社群粉丝，高效率的互动互相认同，口语中的词汇和表达习惯，也要随之匹配，变得生活化并富有感性色彩。一方面，感性色彩来自于多符号的综合作用。当界面呈现出来的是图片、语音、文字、表情包交织在一起的符号语境，四种符号至少带来了四种不同的传播和接受心理：图片提供了视觉产生效应的"眼见为实"的证据，文字携带的是准确意义，表情包带来的是修辞者本身的心理，语音则是修辞者本人表达内容和语气的真实呈现。这几种符号可以互相补充，彼此合作，彼此印证，造成了对感官的立体刺激。另一方面，表达的感性色彩取决于口语之于感官呼应的根本要求。口耳相传的人际传播要求语言有生活化的对话性，这感性的表达不仅是语言学层面的认识，还可能对沟通双方产生心理的、社会性的影响。

2017 年，生活在东莞的 14 岁男孩玩触手 TV 的某款游戏时，不间断给女主播打赏上瘾了。因为女主播每次收到打赏后都对他说"谢谢""么么哒"，让他有了强烈的存在感，男孩说："已经上瘾了，打赏得越多，信心越爆棚"，他在两个月时间里不断偷母亲的手机，用支付宝给触手 TV 账号打赏，共偷走父母缝制牛仔裤赚来的全部积蓄 16 万元。直到事情隐瞒不住，男孩才写下长长的道歉信，后悔不已。在父母与平台和女主播交涉时，女主播还把男孩的个人信息公布到网上，引得很多网友各种讽刺，后来触手 TV 的法务联系女主播才删了男孩的个人信息。

直播主播特别注重与围观粉丝的互动，应用打招呼、一一回应、有问必答等各种语言策略来实现聚粉目的。对于粉丝来说，在众多旁人的注目下能得到主播专门的一对一回应，极易获得心理的满足感。男孩在现实生活中遭遇问题，到网络中寻找安慰，因在虚拟场景下得到了真实的呼应和肯定，产生了被重视、被尊重的存在感，便继续用利益维护着他和主播的关系，最终导致了巨大的利益损失。主播口语的感性回应，源于经济收益后的反应，有传播特征的驱使，并不是自己内心的情感体验，否则不会公开男孩隐私让更多人参与评判。可见，其语言内容的符号意义远远大于情感意义。男孩把接收到的符号意义理解为内心需要的情感意义，获得了情感收益。这个错位的误解激发了更加浅表感性的心理体验，进而再度激励不理性的冲动行为。

这个过程中，"么么哒"等口语语言在画面、表情共同编织的语境内产生了多维度的可变意义，起码包含沟通层面的意义，并非情感体验，其实只是某个瞬间建立了呼应的符号意义。可沟通对方却因此而调动感官，运用不同思维模式，在上下语境的具体意义里展开自我解读。意义的多维度和流动性，激发了沟通双方当下语境内的心理反应和表达。沟通各方通过语言的连接，再度生成情感、利益的连接。口语语言的感性色彩在多向互动的社交媒体用户人际传播过程中，受传播模式、多重符号语境等因素影响产生了更多维度解读的可能性，或因此而产生社会性后果。

## 三、追求爆发力和减缓沉淀速度

为了在具体的语境中获得更加出众的注意力，口语中的词汇、修辞手法更加炫耀，甚至追求"语不惊人死不休"，因此，标题党出现了，比如网络自制节目《奇葩说》、高晓松音频脱口秀《矮大紧指北》，言语追求的是尽可能大的爆发力。其真实的意图，就是要通过夸张表达，更加鞭辟入里地再现对各类社会现象、问题的认识，在百万个雷同节目中不沉下去，追求爆发力和漂浮率，降低沉淀的速度。他们在用放大的社会现象，让大家感到更深的紧张、恐慌，这样更易获得关注，因为"我怕失去你，所以我要讨好你"。这种口语的传播影响力，对广大网络用户如何看待社会现象和问题，如何理解并参与网络舆论中的政治话题，甚至对青年人形成个体价值观都有显著的影响。

这种体现在语言上的表象，背后其实是受"泛娱乐主义"网络思潮的影响。有研究认为，站在意识形态的立场理解"泛娱乐化"，它导致主流价值话语的消解、主导价值格局的销蚀，在政治上形成了对社会主义核心价值观认同的挑战与冲击。[①] 若站在生活的立场理解"泛娱乐化"，娱乐化这本是大众日常生活的特征，信息技术发展历程中，尤其是社交媒体强有力的助推作用下，"泛娱乐化"开始向不同领域蔓延扩张。娱乐主义之滥觞与移动互联网信息技术支持的直播平台、视频网站、智能推送、移动支付等各类消费场景密不可分，泛娱乐场景渗透于网络用户生活场景中的各个角落，消解了传统认知中"严肃/娱乐"的二元对立叙事，挑战"精英/大众"审美旨趣界限。[②] 这是社交媒体口语沟通的传播主体在语言上表现出"爆发力"，追求漂浮率、减缓沉淀率的一个重要原因，同时也是"泛娱乐主义"倾向得以蔓延的助推力量。

# 第二节　对公共传播空间的建构与解构

在新媒体环境下，公共传播是指个体、组织等多元主体在由不同属性媒介构成的开放式传播网络中，围绕公共议题展开沟通对话而形成的知识、图像、符号和信息流。[③] 它的出现是社交媒体传播情境下的三重特性之一。公共传播意味着一系列具有不同动机、不同目的的传播主体借助网络科技所提供的机会表达自己的意见，分享自己的经历。一方面，互联网庞大的用户群体是潜在的消费市场，立体交错的多向互动关系，口语的音声美感和人文关怀，对拥有优势资源的传播主体重塑个体身份、形象，进一步建构社会现实有积极的作用。另一方面，口语在社交媒体尤其是直播平台的传播，由于即时性难以监管，还

---

① 陈昌凤：《泛娱乐主义思潮的政治隐患》，《人民论坛》2018 年第 2 期。
② 陈昌凤：《泛娱乐主义思潮的政治隐患》，《人民论坛》2018 年第 2 期。
③ 冯建华：《公共传播：在观念与实践之间》，《现代传播》2017 年第 7 期。

受博得眼球维系粉丝关注进一步维护变现目的等因素的影响，易于产生低俗化的倾向，对公共传播空间产生解构作用。但总体而言，口语沟通实践在社交媒体平台的互动，已成为推动网络公共传播空间发展的重要力量。发展中产生的问题，将通过发展中的监管、自律而得到更好解决。

## 一、口语沟通对网络公共传播空间的建构作用

社交媒体的口语沟通主体与广大用户的口语及整合符号互动，使得更多社会成员参与对公共事物的讨论，对知识的沟通学习，进一步展示民意、汇集民智，对推动网络公共传播空间的细分，重塑个人的身份形象，将网络社交关系进一步演变为社会现实产生积极的建构作用。

### （一）改变知识生产和传播的模式

通过对网络民族志采集的样本进行统计，社交媒体直播平台的口语沟通实践话题，有两个明显特征：

*1."泛娱乐"倾向全面渗透*

口语沟通的传播主体、沟通话题、表现手段等方面都可能渗透各种形式的"娱乐"元素。社交媒体的话题分区窄众化，首先，娱乐性在专业社群内有显著表现。

第一类，游戏话题。这类话题占统计样本的 9%，其中虎牙直播是专门的游戏直播平台，在综合类的"一直播"平台，11 个样本中游戏类只有一个。经过对游戏直播文本的话语分析，经验介绍和协作生产是沟通的主要内容，其专业性相当强，尤其是传播主体介绍个人游戏经验，是吸引粉丝围观的重要原因，"看游戏高手直播，听他们的经验介绍，或者针对战略战术技巧向主播提问并得到他们的注意和回答，这是非常有快感的一件事"①。这充分反映专业性极强的高手做直播沟通，才能吸引粉丝关注。

第二类，明星展演。明星自带"娱乐"元素，开设直播往往与市场营销策略密不可分。来自演艺、体育界的明星开直播，如乐嘉在与粉丝沟通过程中会不定时推广主创的"性格色彩学"付费语音课程，网络直播打造出一大批网

————————————

① 来自对暨南大学学生尼心贝佳的访谈。

红，她们用表演、脱口秀、个性展示等各种方式，通过场景画面、口语语言与粉丝沟通，充分利用变现手段和平台分账互惠，甚至年收入过千万元。尽管网红的产生和持续性的变现能力，随着平台发展、市场饱和度和监督监管的深入，越来越有难度，但在未来相当长时间内，"娱乐性"在社交媒体环境下，在口语的表达中，持续表现出明显的渗透性和市场导向性。

2. 重塑知识生产和传播的模式

口语在社交媒体的多向传播中指向了独立个体的直接连接，同时，内容平台里日渐细分的垂直类目也提供了更为窄众化、专业性的内容资源，不同时长、界面操控便捷的语音功能为个体用户提供了任何场景的适用性。娱乐消费之外，知识消费的趋势越来越明显。2018 年 5 月 26 日，"罗辑思维"的"得到"App上线两年，积累了 2 000 万用户，做了 71 个知识产品，上线了 3 788 个小时的严肃内容，两年前设想的"为终身学习提供知识服务"的突破口基本得以实现。在笔者于 2018 年深圳文博会"得到"展区对项目负责人王小瑜的访谈中，她说"得到把音频听众用户培养得非常挑剔"，旁边共同参与访谈的一位资深用户，同时也是文博会现场保安说："听过高质量知识音频，就很难再去其他平台找那些粗糙不够精致的音频内容听了。"这样的态度明显表达了一种趋势：音频荷载的严肃知识有巨大市场潜力。

新技术必将重新生产知识。在人类发展史上，每当信息载体出现重大变革时，人类的学习方式就会产生革命性的变化，知识的生产和分发方式也会随之迭代。以"得到"为代表的知识型语音传播平台已经进入到"古登堡"式的机会洪流，有机会打破传统的知识分科壁垒，打造有无限可能的学习样式。此外，语音内容平台有可能为每个社交媒体用户"赋能"，使之成为优质的传播主体，他们可能因平台、因用户、因语音传播而变得更为强大，打造多维的社会形象。

**（二）重塑个体的社会身份和建构社会现实**

社交媒体口语沟通实践对主体用户重塑个人的社会身份、拓展真实的社交关系有着积极意义：

第一，个体身份的重塑。口语沟通的各方用户来自不同的人群板块，不少知识精英，他们各有真实的"关系"和"身份"，也携带着优质的知识资源，在开放的、细分的、动态的社交媒体网络，会因碎片性的呼应、契合，将个体的优质资源转变为知识互惠或各种资源的协作再生产。问答型、微课型的口语沟通实践就是直接表现。沟通各方在社交媒体中重塑了个体的另一种角色，知识付费模式让个体的网络身份产生极大的价值增值。例如，近年来，广大用户对高晓松音乐人身份的作品甚少听闻，却因他个人在蜻蜓 FM 播出的主创音频《矮大紧指北》《晓松说》以及自制网络视频节目《奇葩说》《奇葩大会》等产品而名声持续大噪，因他丰厚的历史知识和深刻的社会见解而被圈粉。高晓松是利用社交媒体及其他音视频平台播出个人主创音视频节目而获得高收听收视率，借此重塑个人多重社会身份，打造有增值潜力的多维形象。

第二，口语沟通利于拓展个人的社交关系，进一步建构现实关系。社交媒体搭建了细分领域的沟通空间，在各类主题的框架下，各方用户通过需求和信息的触碰，激发出信息的再度升值。这正是社交媒体环境赋予用户在话语表达中再建、争夺、重构个人社会关系的可贵机会。大众媒介时代，新闻机构对信息资源的垄断、媒介组织的生产规训，以及职业记者的身份建构体现了"理性"的选择逻辑，当社交媒体平台重建了公共沟通渠道，媒介组织的边界变得模糊，个人用户、专业机构、组织机构，都可成为传播者而发起和建设基于社群传播的公共沟通。其中，个体用户的崛起意义重大，促使传播网络朝着开放性系统的方向不断演化。理查德·斯科特认为：越是开放的系统，其边界越像一个筛网，而不是甲壳，从而能够阻挡不适宜或有害的要素进入，允许需要的流进来。[①] 新媒体环境对个体资源的激活、过滤、分类甚至重塑的能力，与口语沟通应用平台的功能性、使用性非常契合，个体用户的场景价值、知识能力、独家资讯等信息优势，在这里得到价值升值，在口语表达直达内心的听觉激发下，整体为互联网的个体用户带来了升值的契机。个人的社会身份在新媒体平台得到了价值匹配后的重新塑造，主体与用户的网络社交关系进一步演变为真实的社会现实。

例如，在"在行一点"注册的答主，可以从现实的心理学博士转换为社交媒体中的"心理咨询师"。现实社会的心理咨询师需要经过多轮考试才能得到执业执照，且在特定的诊疗场所才能接受有心理需求的人来治疗。现实中有心理疑问，却因没有条件、没有经济能力、碍于面子等去接触专业心理咨询师的人数量庞大，与此同时，网络身份被平台、知识、需求共同建构成为"心理咨询师"的人，恰好坐标定位清晰，和数量庞大的需求方便一拍即合。口语的音

---

① ［美］W. 理查德·斯科特、杰拉尔德·F. 戴维斯著，高俊山译：《组织理论：理性、自然与开放系统的视角》，北京：中国人民大学出版社，2011 年，第 172 页。

声美感直达内心，这对于寻求答案的人来说，就像是在同一空间内的诊疗场所里与之对话。

直播主体利用围观粉丝所集聚的沟通情境，把个人网络身份建构为市场行为人的角色，例如个体用户直播平台进行场景式商品售卖的购物类直播。个体的社会身份和网络身份都是真实可感的，正是即时互动的同时空同在和口语沟通直达感官的人文关怀，赋予了每个个体用户以再造网络身份、契合社会信息流动需求的可能。

因此，将口语沟通置于话语意义的构成、复制、挑战和重组知识与信仰的体系中，口语的音声性、人文性、即时性、交互性等，对网络用户共同建构真实的社会关系有积极作用。

## 二、口语沟通对网络公共传播空间的解构作用

如果说口语沟通实践形态中的问答型、微课型、音频型、社交型的社群话题更多围绕知识传播领域，那么直播平台的口语沟通则最易引发伦理失范的现象和问题。音频直播平台相比较视频直播平台数量较少，多数在蜻蜓 FM、喜马拉雅、荔枝 FM 等专业音频客户端，是广播直播节目的再分发平台，或主播开设的个人电台，仅有音频的直播互动产生伦理失范现象的可能性较小。视频直播因为场景的同步伴随，口语沟通的内容和意义就有了图像的伴随和解释的依据，为迎合粉丝、博得眼球，而发生种种失范问题，挑战着社会的道德底线和法律底线。未来网络空间安全维护重点工作在于，提升网民素养，自律和监管同步，共同维护网络公共传播空间健康、有序发展。

### （一）口语中的"路西法效应"

"路西法效应"是由美国著名心理学家菲利普·津巴多在 1971 年做的一个具有争议、着眼于探讨人性心理的实验——"斯坦福监狱实验（Stanford Prison Experiment，SPE）"中得出的相关结论。在整个实验的过程中津巴多目睹了很多类似的情形：好人也会犯下暴行。"路西法效应"就被他概括为这种人性格的改变：上帝最宠爱的天使路西法后来堕落成了撒旦。

菲利普·津巴多在《路西法效应：好人是怎样变成恶魔的》（*The Lucifer Effect：How Good People Turn Evil*）一书中详细记录了实验过程。他在报纸上征

集志愿者，并选出心理思维测验非常健康的 24 人，随机抽出一半，让这 12 人饰演监狱的管理人员，剩下的 12 位饰演囚犯。他们从稳定的环境和氛围中开始相处，第二天便开始产生"暴乱"，互不尊重，挑衅对方，看守们便按照津巴多的要求采取措施控制局面，包括强迫不遵守纪律的囚犯做俯卧撑、把衣服扒光、不允许吃饭和使用枕头毯子，强迫囚犯徒手清洁坐便、禁足等，仅仅六天，全局失控。那么，路西法效应的结论就是，作为个体的人并不像我们印象中那么重要，善恶好坏也不是超越不了的，好人在压力环境下也能做出令人惊讶的事情。这个实验证明了，环境塑造了情境，对于人的影响巨大，在群体的压力下，好人也会做出可怕的事情。

现实中的路西法效应，证明的是社会心理学的一种说法，一个人所在的环境和这个环境营造的情境，是影响人的心理选择和行为选择的一个重要因素。这个情境的性质，是由同在空间内的其他人来形成的，因此我们说，网络环境同样也可能产生路西法效应。有研究用药家鑫杀人案、宜黄事件等网络群体言论的演变指出，网民在网络中可以扮演监督者、天使、撒旦等各种角色。但网络环境不同于现实环境，具有更加深层次的隐蔽性和传播速度的便捷性，有观点认为："网络本身不存在暴力，网络后面的人和人性是网络暴力的真正来源。"网络世界没有阶层、人群、地域的限制，只要有共同的爱好或相似的思想，就有可能在同类社群中自发形成小团体，成为心理趋同的群体。在网络世界中，趋同的心理会表现为：集体无意识、群体情绪化、群体责任感的强化或弱化等。

当传统媒体主流话语的建构者还对社会有着视而不见的落后认识时，媒体人的表达和基层草根表达必定会产生矛盾与碰撞。路西法效应、传播学理论告诉我们，大家一起跟着喧嚣，变成喧嚣的一分子。盗匪的环境下，不用很长时间人就变成盗匪；谎言环境中，人很快就成了撒谎者。当喧嚣的新媒体舆论被多元观点和各类表达充斥时，就需要大众媒体主流话语发挥社会舆论引导的作用。

尤其带有强烈娱乐元素的直播，主播在生活经验、个性经历方面的展示，尤其是口语煽动性的描述，将会污染网络环境，尤其对青少年产生极大误导。这需要网络巡查、监督举报、自律自省并举的措施维护网络空间的健康和有序。

### （二）口语中的低俗化现象

2018 年 2 月 14 日，国家网信办根据《网络安全法》《互联网新闻信息服务管理规定》《互联网直播服务管理规定》等法律法规，会同工信部关停下架蜜汁直播等 10 家违规直播平台；将"天佑"等纳入网络主播黑名单，要求各直播平台禁止其再次注册直播账号；随后，各主要直播平台合计封禁严重违规主播账号 1 401 个，关闭直播间 5 400 余个，删除短视频 37 万条。这一轮整治起源于网友的举报并核实，蜜汁直播、第二梦、媚娘、小公举、青依秀、龙猫直播、2018 直播、紫水晶、葫芦直播、小美酱等直播平台大肆传播低俗和涉赌等有害信息，部分平台为逃避监管，组织"深夜场"低俗直播；"天佑""五五开"等网络主播公然传播涉毒歌曲，"天佑"用说唱描述吸毒感受，公开教唆粉丝辱骂他人，争相炫富斗富，发布低俗恶搞内容。

通过主播语言传递低俗媚俗、斗富炫富、调侃恶搞、价值导向偏差等，是直播平台口语沟通在图像伴随传播过程中最易引发的问题。

情色消费中语言符号泛滥。移动视频直播平台在娱乐化的大背景中，竞争进入白热化，为了获取更大的商业利益，平台和网红主播之间绑定密切的利益关系，以同谋感官刺激的方式来博取粉丝眼球，换取打赏，更多主播效仿牟利。本书选取一直播、映客、斗鱼、花椒、六间房等流量排名靠前的平台实时观察分析，每个平台都有自己的优势领域，但在游戏直播和网红直播这两大娱乐元素最强的分区，语言符号中都能找到对"性"的暗示。如主播在肢体动作表达的符号隐喻外，语言中配合有引诱性的描述、提问，粉丝弹幕的对话中，含有低俗的语言暴力。因此，在视觉冲击的配合下，语言串联起信息片段，制造流动的符号意义，带动粉丝与之共同情色消费。同时，在流动的互动中，刺激粉丝持续打赏获利。

语言交互具有激发作用。直播的最大特征就是即时互动。不论是场景画面本身的低俗、暴力信息，肢体符号的所指意义，还是平台设计了各种级别的礼物符号和与之匹配的身份规格，这些潜在的价值导向偏差因素，都可能因即时互动的语言沟通模式而衍生出更为严重的错误。主播与粉丝之间的语言互动，语气的作用、音声质感，都可能隐含一定煽动性，还有语言互动中的交换结构—毗连对模式，如"提问—回答""问候—问候""叙述—认同""建议—满足""叙述—表态"等模式，主播对粉丝在语言上的呼应，满足其内心的情感收益，从而可能获得认同感和经济收益。

针对当前网络直播潜在的各种问题和风险，前文从口语的交互模式、语气语态等角度展开了分析，为未来继续优化移动视频平台的直播环境，则从口语的沟通主体角度提出以下建议：

（1）减少对"打赏"式创收的依赖，开拓其他盈利模式。

根据艾瑞咨询发布的《2016 中国移动视频直播行业市场研究报告》相关数据，移动视频直播平台的资金链主要通过形式多种多样的广告和用户付费变现来实现。就绝大多数职业主播而言，"打赏"是他们收入的主要来源，而正是基于这样的打赏功能考虑，主播会有意识通过互动语言来刺激"打赏"。

研究认为，规范行业的一些产业化标准，不断地、多渠道地提高主播的创收能力。如可以形成一个机制，让各层次的宣传部门（企业、政府事业单位）参与进来，邀请一些平台的明星主播开展宣传活动，发布类似的任务，让主播可以通过"接单"这样的形式来积极主动地参与进"主题式直播"中来，最大程度上减少他们对"打赏"式创收的依赖；同时，可以为主播设立一个信用分推荐机制，但凡有被举报或者被平台查处的类似低俗的举报记录，可相应降低其在平台方被推荐的权重，低于一定的信用分，将被平台处罚封号。①

（2）加大处罚力度，提高主播自律意识。

随着网络直播服务发展迅猛，年轻用户越来越多，社会影响越来越大。首先，让所有主播都进行实名身份认证注册，不能仅注册社交账号。在直播平台的话题分区里，对曾有过低俗暴力倾向的主播，降低他们的排位。其次，互动粉丝以年轻人居多，鉴于未成年人沉迷其中的悲剧频发，也应该由平台限制打赏的消费额度。各类网络直播平台和网络主播应该履行管理主体责任、社会责任和法律责任，自觉抵制和防范低俗恶搞、暴力色情、赌博欺诈等违法违规行为，为广大网民特别是青少年营造风清气正的网络直播空间。这是每一个社交媒体用户应尽的责任，也是网络安全教育的重点。

## 第三节　映射网络流行语的演变

社交媒体已成为网络世界中人际传播的重要平台，网络书写文化造就了一批新的流行词汇和用法，即网络流行语。它以口语形式表达出来，直接影响了

---

① 傅芮：《直播平台的低俗现象表征及对策分析》，《新闻传播》2017 年第 8 期。

口语沟通中的语言现象。"每一种文化、每一个时代都有它喜欢的感知模式和认知模式"①，广大用户正是通过网络流行语的感知、使用和传播来认知社会和生活。网络流行语的演变，从不同角度、不同层面、不同程度映射社会现实，尤其是热门事件的问题焦点和变迁历史。本书从口语沟通中出现的流行语的类别来做一梳理，研究发现其分类理据涉及语音、造词、修辞等三个层面。

## 一、语流语变的新现象

### （一）连音

按照语音相似的理据，可以分为连音和谐音两大类。连音，指合音字或合音词，通常是将两个词语合为一个音或是缩写成一个同音字。为了书写方便或趣味合音，网络流行语中有这类词的出现，比如"这样——酱""这样子——酱子"。

### （二）谐音

谐音，指借用汉语中音同或音近的特点，制造出具有某种效果的新词。

（1）汉语普通话的谐音，如"版主——斑竹，什么——神马，怎么办——肿么办，可怜——口年，出来——粗来"，等等。

（2）方言、外语和普通话之间的谐音。网络时代，语言在全球范围内不断流动，来自外语或本国方言区的字音，也能合为有趣搞怪的新词。如粉（很，由闽南方言演变），有木有（有没有，河南方言、山东方言），卡哇依（日语，好可爱的日语音），KO（击倒，knock out），ing（英文，进行中），U2（英文 you too，你也是），CU（英文 see you，再见），纳尼（日语'なに'，什么），cp（英文 couple 的缩写，一对夫妻、配偶的意思，通常是观众给自己所喜爱的荧屏上情侣的称号，大多都是想象的情侣或配偶），等等。

（3）数字谐音。5201314（我爱你一生一世）、520320179（我爱你想爱你一起走）等。

---

① ［加］马歇尔·麦克卢汉著，何道宽译：《理解媒介——论人的延伸》，北京：商务印书馆，2000 年，第 23 页。

（4）成语的谐音。成语的谐音所产生的特殊成语，通常是使用者不了解成语意义，或是望文生义、胡乱猜测，恶搞的结果，导致成语或是俚语被误用、滥用。比如，前途无量：祝你前途无亮，或祝你钱途无亮光；乏人问津：旺旺金饰店乏人问金。

（5）意译音译兼用。既需要意译，又需要音译，如"蒜你狠"系列词语，出自某个时间段内蒜价飙升的新闻事件，运用起来有一语双关的作用，有很好的讽刺意味。

## 二、修辞格的使用

### （一）隐喻

其构成方式是本体和喻体之间不用喻词"如、像"，而是用"是、成为"来联系，有时连动词也不用，常见隐喻网络流行语有"恐龙、菜鸟、灌水、飘过"等，较早形成的网络流行语大多都运用了隐喻的修辞方法。[①]

访谈资深游戏玩家时，她告诉笔者，90%的观众看游戏直播只是为了找个乐子，只有10%的观众看游戏直播是寻找提高游戏的技术。为迎合粉丝口味，主播要和观众密切交流，语言诙谐幽默，用词新潮，比如"凉了"一词，形容一种从热到冷的过程，意同"没戏""game over"。

### （二）夸张

夸张指运用丰富的想象力，在客观现实的基础上有目的地放大或缩小事物的形象特征，以增强表达效果的一种修辞方法。这种语言能够非常直观地表达出网友的心情和想法，多用于情感体验后的抒发，增强了语气的色彩，如"雷"（惊吓到）、"晕倒"（无法接受到了极点）。

### （三）引申

从某个事件或对话中截取的一句话，网友在原本语境中对这一句话的理解，往往也可以放在更多其他情境下使用，加深了原本的核心意义，也增加了合理

---

① 翟蓉菲：《中文网络流行语的分类理据和翻译策略》，《现代语文》2012年第6期。

的引申意义。对原句意义的引申再利用，将是网络流行语的一大趋势，如《人民日报》发起，邀请 3 万网友评选出的 2017 年十大网络流行语。

（1）"你有 freestyle 吗？"

出处：在一档音乐选秀节目《中国有嘻哈》中，担任导师的吴亦凡在节目中三番五次询问选手："你有 freestyle 吗？"一夜之间"freestyle"爆红网络。

注释：freestyle，一般指即兴的、随性的、随意的发挥。例如 hiphop 说唱中的 freestyle 就是即兴说唱的意思。

（2）"贫穷限制了我的想象力。"

出处：2018 年下半年，网上有人发出某些奢侈品的使用及护理方法，让网友们表示难以置信、不能理解，分分调侃"贫穷限制了我的想象力"，引爆了该词的热度。

注释：一般用来自嘲有钱人的生活我们一般人根本难以想象，但只是一句玩笑话。

（3）"扎心了，老铁。"

出处：在某一网络直播间里大家通过弹幕与主播进行交流，很多人在弹幕中发"老铁，扎心了"，自此这句话迅速走红网络。

注释："老铁"是东北的方言，意思是好朋友、铁哥们。"扎心了"是指内心受到了极大的刺激，出现巨大的情感波动。

（4）"你的良心不会痛吗？"

出处：2018 年上半年有知乎网友拿出证据表明杜甫一生为李白写了很多诗，但李白不仅不领情，还写了一首《赠汪伦》。于是很多网友说："李白，你的良心不会痛吗？"

注释：来自日本的"鹦鹉兄弟"和 2018 年的属相鸡神似，一跃成为新晋网红。"你的良心不会痛吗"也和鹦鹉兄弟结合，成了表情包，受到很多人欢迎。

（5）"惊不惊喜？意不意外？"

出处：最早出自周星驰的电影《家有喜事 1992》里面的张曼玉饰演的何里玉和周星驰饰演的常欢二人之间的一段经典对白。

注释：常常用来调侃事情发生了意想不到的转折，或者一些比较具有戏剧化反转的剧情，令人跌破眼镜甚至是啼笑皆非的境况。

（6）"请开始你的表演！"

出处：最早出现在电视选秀节目里，后来该词也经常出现在各大贴吧、论坛的评论区。

注释：在电视选秀节目中经常听到评审们对参赛选手讲的一句台词，表达了一种洗耳倾听的态度，有些时候也有嘲讽之意。

（7）"还有这种操作？"

出处：最初在电竞类游戏圈广为流传，后来逐渐演变为网络流行语，被大量使用和转载。

注释：原意是吐槽或者是赞扬一些让人大跌眼镜的游戏操作方式。常在网络聊天和回帖时使用，表示震惊或疑问。

（8）"戏精"。

出处：最早是比喻表演、演戏很厉害的人。直到 2018 年由于一些粉丝圈的争论而衍生出了贬义的网络释义。

注释：形容某个人喜欢博眼球、爱作秀、喜欢过分表现自己来赢得关注。

（9）"尬聊"。

出处：尴尬地聊天，气氛陷入冰点。对于有些人来说，好好聊天实在太难，碰到一个不会聊天的，分分钟把天聊死，但情境所需又必须要聊天，这样尴尬地聊天被网友们称为"尬聊"。

注释：比喻情商低，不会跟人聊天沟通。

（10）"皮皮虾，我们走。"

出处："×××，我们走"最初是游戏王 ygocore 里的玩家梗，起源是"源龙星，我们走"。2017 年 1 月，网友们改成"皮皮虾，我们走"，并衍生出不少"皮皮虾，我们回来""皮皮虾，我们倒走"等表情包而走红网络。

注释：形容一起行动，步调一致。

## 三、造词生成新意

网友利用缩写、拆字、拼接、叠字等手法生造出一些网络环境里约定俗成共同使用的词汇。如 BTW（英文 by the way 的缩写，顺便一提），弓虽（强的拆分，强调的意思），mm（妹妹的缩写），PK（英文 player killer 的缩写），东东（东西，叠字，有可爱的意思），可爱（可怜没人爱），偶像（呕吐的对象）等用法。

新媒体环境中的口语沟通出现了很多流行新词，如连音词、谐音词，不论是有声语言表达，还是附着声音的图文表达，有融合初级口语和书写文明的特征，是电子口语文化时代的语言奇观。这些流行语出自具体的语境，它们的生成可遵循一定的语言学依据，但它们的流行也有一定的时效性，随着事件、话题、语境的变迁，网络流行语也会随之淡化或演变，用户在口语表达中的运用也会发生网友之间约定俗成的变化。网络流行语具有流动的意义，这将是社交媒体用户在口语沟通语言中的一个重要且可变的现象。

# 结　语

　　回望口语传播的历史进程，在口语性"协商"本质属性的指引下，本书尝试对当下社交媒体环境中的口语传播实践形态予以梳理归纳，并对电子口语文化时代之社交媒体环境的口语性进行发展式研究：媒介技术形成了无限的网络虚拟社群，所有潜在用户可在公共传播领域使用口语及整合符号展开即时交互。电子口语性不仅在于口语对社会现实的表面揭示，更重要的是它成为我们面对未知领域而展开探讨协商并产生现实结果的可能。本书以口语传播的交互性为基本问题，从现实形态、本质特征、语境外因、话语内因、社会影响五个层面展开论述。口语是人际传播嵌入公共传播的重要工具，在未来的媒介形态中将会有越来越多样的实践形态。本书通过观察体验、理论论述、案例分析，旨在对社交媒体用户拓展沟通能力、建构个人多维社会身份、与社会公共空间建立新型的连接方式有一定启发意义，并对口语传播的研究有一定的推动作用。

## 一、声图文整合符号的传播和解构能力

　　社交媒体环境下的移动终端创建了口语、图像、文字整合传播的多维情境，口语作为基本传播符号，始终处在视觉界面的物质形式中，伴随多符号共同传播，沟通的意义交互不只根据口语的声音意义来实现。作为同时承担传受两种角色的社交媒体用户，不论专业机构还是个体，首先需要提高口语和图像、文字的多符号传播和解构能力，需要增强图像传播、接受美学、心理认知理论的媒介素养武装。口语叙事肩负图像翻译的功能，即用有声的口语可以同时传播三种符号，并且口语的人文属性满载修辞主体的真情实感，辅助实现多符号的通感传播。口语语气契合信息碎片的整合效应，口语修辞主体讲故事的能力是

传播影响力的重要因素，口语语气的变化，能把更多符号碎片串联起来，完成传播内容的整体还原。

## 二、口语传播借新技术改变知识的生产方式

在人类发展历史上，每当信息载体出现重大变革的时候，人类的学习方式就会产生革命性变化，知识的生产和分发方式也会随之迭代。客户端界面生成了真实和虚拟交织的关系型场景，声图文整合符号赋予沟通以情境的力量。尤其当直播发生，场景在不变或缓慢的位移中，诉诸听觉的口语主导现场信息的意义传播，听觉秩序优先于视觉秩序。社交媒体具有碎片化的传播属性，口语沟通主体间的人际关系立刻被传播到庞大的社会人群中的任何一个阶层，这使得口语负载的信息和知识拥有潜移默化的渗透力，在社会语境下解读时具有意义的不确定性和流动性。

社群空间构成社交媒体环境中信息分配的基本单元，由于沟通主体的信息和知识不对等，由信息分配方式和知识优势力量所决定的社会财富和权力结构也随之发生深刻改变。信息社会的利益边界在"一"对"多"的不断分解与重组中快速变化，目标指向与"点对点"网络结构高度匹配的"一对一"社会。口语沟通的五种实践形态——问答型、微课型、社交型、直播型、音频型所承载的信息和知识，在多向交互的庞大空间里，因"一对一"的契合和满足，催生了知识演变为商品在互联网内快速流动。知识变现逐步显现趋势。

## 三、社交媒体中的口语沟通建构了人与社会的新型连接模式

口语传播为人"赋能"。社交媒体的口语沟通是公共传播领域内的人际传播，其公共意义在于建构个人在现实社会和网络世界的双重身份，并能够契合整个社会中的流动信息和多类向沟通需求，在碎片化的传播范式中建立人与社会的新型连接模式。在这多阶层、跨时空的沟通进程中，口语不论以何种符号形态存在，沟通多方的直接表达、音声美感、即时交互等特征大大提升了沟通效果。口语沟通可将社会信息或知识予以记录、呈现与变迁，形成新媒体时代独特的印迹。

## 四、口语在社交媒体中的沟通实践是公共传播领域未来的重要形式

移动终端的迅速普及不仅引发了口头语言形式和使用上的变化，而且影响亲朋好友之间强或弱的社会关系的维护。社交媒体用户随时随地可以通过语音彼此联络，这使得他们时刻处于家庭、网络、社会和文化之中。庞大的用户群自发传播并自我控制传播关系，语音传播的便捷性，口语的语气、节奏、音声美等特质，对建立网络人际的信任感具有无可替代的优势，这些特质对公共领域内的信息流动特别是知识的协作再生产有重要意义。社交媒体中的口语沟通，是人际沟通和新媒体传播的相互融合，是生成媒介现实并推动建构社会现实的传播形式，对公共传播领域未来的发展有极为重要的意义。

电子媒介出现后，从20世纪80年代末开始，美国学者以中介性、电子接近性为关键词开始了对电子媒介影响下人际传播关系的研究，将"一对多"的大众传播特征渗透到人际关系中加以考察。"电子接近性"强调电子媒体的显著性，帮助人与人之间实现空间上的接近、时间上的接近。而当互联网技术出现，介入人际关系的中介演变为"一对一"和"多对多"的即时交互界面，人际关系中增加了人机交互的技术维度，"电子接近性"逐步演变为"交互性"，人机交互的技术维度和人际交互的社会理论维度，成为交互性研究的主要脉络，其中，口语语言和非语言因素是人际交互关系中的两大变量。本书尝试统合人机交互和人际口语交互的两条脉络，对社交媒体口语传播的实践形态、技术维度的交互外因、口语理论维度的交互内因及其社会影响进行整合分析，并得出相关结论。

社交媒体与人际传播交融的口语传播，是生成媒介现实并推动建构社会现实的传播形式，各类用户需提升自身对声图文整合符号的传播能力、解构能力，来处理跨越时空的、来自全球的信息沟通需求。原本"面识"的口语经编码转化为长短形态各异的语音碎片，在多向传播的时空框架内以更微小的信息流出现，改变了知识的生产形态和传播样态，催生知识变现。社交媒体所建构的公共传播领域内，多指向个体间的口语传播帮助个人建构了在现实社会和网络世界的双重身份，并能够契合整个社会中的流动信息和多类向沟通需求，在碎片化的传播范式中建立人与社会的新型连接模式，对公共传播领域未来的发展具有极为重要的意义。

# 参考文献

## 一、著作类

［1］［美］沃尔特·翁著，何道宽译：《口语文化与书面文化——语词的技术化》，北京：北京大学出版社，2008 年。

［2］［美］曼纽尔·卡斯特著，夏铸九、王志弘等译：《网络社会的崛起》，北京：社会科学文献出版社，2001 年。

［3］［法］阿芒·马特拉、米歇尔·马特拉著，孙五三译：《传播学简史》，北京：中国人民大学出版社，2008 年。

［4］［美］斯蒂芬·李特约翰、凯伦·福斯著，史安斌译：《人类传播理论》（第九版），北京：清华大学出版社，2009 年。

［5］［美］加佛著，马勇译：《品格的技艺——亚里士多德的修辞术》，北京：华夏出版社，2014 年。

［6］［古希腊］亚里士多德著，颜一、崔延强译：《修辞术·亚历山大修辞学·论诗》，北京：中国人民大学出版社，2003 年。

［7］［丹麦］克劳斯·布鲁恩·延森著，刘君译：《媒介融合：网络传播、大众传播和人际传播的三重维度》，上海：复旦大学出版社，2015 年。

［8］［英］诺曼·费尔克拉夫著，殷晓蓉译：《话语与社会变迁》，北京：华夏出版社，2003 年。

［9］［德］威廉·冯·洪特堡著，姚小平译：《论人类语言结构的差异及其对人类精神发展的影响》，北京：商务印书馆，2010 年。

［10］［荷］托伊恩·A. 梵·迪克著，曾庆香译：《作为话语的新闻》，北京：华夏出版社，2003 年。

[11]［加］哈罗德·伊尼斯著，何道宽译：《帝国与传播》（中文修订版），北京：中国传媒大学出版社，2015年。

[12]［英］汤姆·斯丹迪奇著，林华译：《从莎草纸到互联网：社交媒体2000年》，北京：中信集团出版社，2015年。

[13]［法］米歇尔·福柯著，刘北成、杨远婴译：《疯癫与文明》，北京：生活·读书·新知三联书店，1999年。

[14]［英］尼克·库尔德利著，何道宽译：《媒介、社会与世界：社会理论与数字媒介实践》，上海：复旦大学出版社，2014年。

[15]［美］李·雷尼、巴里·威尔曼著，杨伯淑、高崇等译：《超越孤独：移动互联时代的生存之道》，北京：中国传媒大学出版社，2015年。

[16]［美］斯坦利·巴兰、丹尼斯·戴维斯著，曹书乐译：《大众传播理论：基础、争鸣与未来》（第三版），北京：清华大学出版社，2004年。

[17]［荷］图恩·梵·迪克主编，周翔译：《话语研究：多学科导论》，重庆：重庆大学出版社，2015年。

[18]［英］格雷姆·伯顿著，史安斌译：《媒体与社会：批判的视角》，北京：清华大学出版社，2007年。

[19]［美］迈克·尔舒德森著，徐桂权译：《新闻社会学》，北京：华夏出版社，2010年。

[20]［美］罗伯特·艾伦著，牟岭译：《重组话语频道：电视与当代理论批评》，北京：北京大学出版社，2008年。

[21]［美］乔治·莱考夫著，闾佳译：《别想那只大象》，杭州：浙江人民出版社，2013年。

[22]［美］戴维·温伯格著，胡泳、高美译：《知识的边界》，太原：山西人民出版社，2014年。

[23]［法］古斯塔夫·勒庞著，冯克利译：《乌合之众：大众心理研究》，北京：中央编译出版社，2005年。

[24]［英］约翰·斯道雷著，常江译：《文化理论与大众文化导论》，北京：北京大学出版社，2010年。

[25]［美］多丽斯·A. 格拉伯著，张熹珂译：《沟通的力量——公共组织信息管理》，上海：复旦大学出版社，2007年。

[26]［英］利萨·泰勒、安德鲁·威利斯著，吴靖、黄佩译：《媒介演技：

文本、机构与受众》，北京：北京大学出版社，2005 年。

［27］［美］丹尼尔·C. 哈林、［意］保罗·曼奇尼著，陈娟、展江等译：《比较媒介体制：媒介与政治的三种模式》，北京：中国人民大学出版社，2012 年。

［28］［美］欧文·戈夫曼著，冯钢译：《日常生活中的自我呈现》，北京：北京大学出版社，2008 年。

［29］［美］马克·波斯特著，范静晔译：《信息方式：后结构主义与社会语境》，北京：商务印书馆，2014 年。

［30］［法］皮埃尔·布尔迪厄著，刘晖译：《区分：判断力的社会批判》，北京：商务印书馆，2015 年。

［31］［加］洛根著，何道宽译：《理解新媒介：延伸麦克卢汉》，上海：复旦大学出版社，2012 年。

［32］［法］塔尔德、［美］克拉克著，何道宽译：《传播与社会影响》，北京：中国人民大学出版社，2005 年。

［33］［美］卡尔·霍夫兰、欧文·贾尼斯、哈罗德·凯利著，张建中等译：《传播与劝服：关于态度转变的心理学研究》，北京：中国人民大学出版社，2015 年。

［34］［加］伊尼斯著，何道宽译：《传播的偏向》，北京：中国人民大学出版社，2003 年。

［35］［美］艾尔·巴比著，邱泽奇译：《社会研究方法》（第十一版），北京：华夏出版社，2009 年。

［36］［美］曼纽尔·卡斯特著，曹荣湘译：《认同的力量》，北京：社会科学文献出版社，2006 年。

［37］［英］帕特里克·贝尔特、［葡］菲利佩·卡雷拉达·席尔瓦著，瞿铁鹏译：《二十世纪以来的社会理论》，北京：商务印书馆，2014 年。

［38］［德］J. G. 赫尔德著，姚小平译：《论语言的起源》，北京：商务印书馆，2014 年。

［39］沈锦惠：《电子语艺与公共沟通》，台北：天空数位图书有限公司，2009 年。

［40］赵元任：《汉语口语语法》，北京：商务印书馆，1979 年。

［41］胡泳：《众生喧哗：网络时代的个人表达与公共讨论》，南宁：广西

师范大学出版社，2013 年。

［42］秦琍琍、李佩雯：《口语传播》，上海：复旦大学出版社，2010 年。

［43］叶蜚声、徐通锵：《语言学纲要》，北京：北京大学出版社，1997 年。

［44］李彬：《传播符号论》，北京：清华大学出版社，2012 年。

［45］刘亚猛：《西方修辞学史》，北京：外语教学与研究出版社，2008 年。

［46］邓瑜：《媒介融合与表达自由》，北京：中国传媒大学出版社，2011 年。

［47］顾晓燕：《公共话语空间构建中电视传播与网络舆论互动研究》，上海：上海交通大学出版社，2015 年。

［48］於春：《主持人即兴口语传播》，北京：中国传媒大学出版社，2012 年。

［49］应天常：《节目主持语用学》，北京：中国传媒大学出版社，2008 年。

［50］王理嘉、林焘：《语音学教程》，北京：北京大学出版社，1992 年。

［51］高贵武：《主持传播学概论》，北京：中国传媒大学出版社，2007 年。

［52］李彬：《传播学引论》，北京：新华出版社，1993 年。

## 二、期刊论文类

［1］沈锦惠：《Walter J. Ong 看话语的科技史》，《新闻学研究》2006 年第 7 期。

［2］吴翠松：《文字时代的口语人：一个初探性研究》，《中华传播学刊》2007 年第 12 期。

［3］沈锦惠：《隐喻即视觉化的语艺行动：网路时代谈视觉语艺的古典根源》，《中华传播学刊》2014 年第 12 期。

［4］王孝勇：《众声喧哗即伦理实践：从 Mikhail Bakhtin 的语艺观谈起》，《中华传播学刊》2014 年第 12 期。

［5］陈怡廷、乐锦荣：《自然语言处理在口碑研究的应用》，《中华传播学刊》2012 年第 12 期。

［6］陆晔、郭中实：《媒介素养的"赋权"作用：从人际沟通到媒介参与意向》，《新闻学研究》2007 年第 7 期。

［7］游梓翔、夏春祥：《传播学门的再思考：口传与大传的分立史与整合

路》，《中华传播学刊》2003 年第 12 期。

　　[8] 夏春祥：《传播的想象：论媒介生态学》，《新闻学研究》2015 年第
10 期。

　　[9] 林静伶：《网路时代社运行动者的界定与语艺选择》，《中华传播学刊》
2014 年第 12 期。

　　[10] 郑宇君、陈百龄：《沟通的不确定性：探索社交媒体在灾难事件中的
角色》，《中华传播学刊》2012 年第 6 期。

　　[11] 倪炎元：《从语言中搜寻意识形态：Van Dijk 的分析策略及其在传播
研究上的定位》，《新闻学研究》2013 年第 1 期。

　　[12] 王孝勇：《挣脱语言的枷锁？从 Mikhail Bakhtin 论"表述"谈起》，
《政治与社会哲学评论》2009 年第 9 期。

　　[13] 崔波、马志浩：《人际传播对风险感知的影响：以转基因食品为个
案》，《新闻与传播研究》2013 年第 9 期。

　　[14] 任俊英：《主持人话语分析》，《新闻大学》2004 年第 3 期。

　　[15] 许静：《社会化媒体对政府危机传播与风险沟通的机遇与挑战》，《南
京社会科学》2013 年第 5 期。

　　[16] 郭小平：《环境传播中的风险修辞："委婉语"的批判性解读》，《新
闻与传播研究》2012 年第 5 期。

　　[17] 李智：《人类交流发生和早期发展的基本逻辑——以古希腊口语传播
的历程为视角》，《厦门大学学报》2010 年第 3 期。

　　[18] 张琦：《新媒体环境下主持人的形象塑造》，《新闻界》2014 年第
2 期。

　　[19] 李亚铭、李月娇：《论我国口语传播传统的断层及其原因》，《新闻知
识》2014 年第 2 期。

　　[20] 熊征宇：《主持传播能力与人际传播能力辨析》，《中国广播电视学
刊》2011 年第 1 期。

　　[21] 李洪岩：《多维传播语境中播音主持的功能与拓展》，《现代传播》
2013 年第 8 期。

　　[22] 张丽敏：《网络自制视频节目的传播模式和发展趋势研究——以〈晓
说〉为例》，《文学界》2012 年第 11 期。

　　[23] 高贵武：《网络主持人的源流、特质与发展》，《新闻与写作》2011

年第 12 期。

［24］徐树华：《论口语研究的三种导向：交际、表达与传播》，《现代传播》2012 年第 9 期。

［25］万映红、别君华：《场景语境下移动网络直播的时空重塑关系探析》，《出版广角》2016 年第 12 期。

［26］张佰明：《界面传播视域下的媒介嬗变趋势分析》，《新闻大学》2011 年第 4 期。

［27］冯昊宇：《网络环境中是否存在路西法效应》，《长沙大学学报》2012 年第 11 期。

［28］黄伟迪：《再组织化：新媒体内容的生产实践——以梨视频为例》，《现代传播》2017 年第 11 期。

［29］李敬：《传播学领域的话语研究——批判性话语分析的内在分野》，《国际新闻界》2014 年第 7 期。

［30］李雯、邓志勇：《幻想主题修辞批评略论》，《时代文学（理论学术版）》2007 年第 6 期。

［31］何梦祎：《媒介情境论：梅罗维茨传播思想再研究》，《现代传播》2015 年第 10 期。

［32］喻国明、梁爽：《移动互联时代：场景的凸显及其价值分析》，《新闻与传播研究》2017 年第 1 期。

［33］喻国明：《从技术逻辑到社交平台：视频直播新形态的价值探讨》，《新闻与写作》2017 年第 2 期。

［34］张岩、李晓媛：《从传播学角度解读微信语音对人类全息化交往的重新回归》，《出版广角》2015 年第 3 期。

［35］张慧：《付费语音问答平台"分答"的传播机制分析》，《传媒观察》2016 年第 12 期。

［36］孟建、孙祥飞：《数字知识传播：创造、生产、消费、边界——关于互联网时代认知盈余与知识变现问题的学术思考》，《新闻爱好者》2017 年第 5 期。

［37］王馥芳：《听觉互动之于文化的建构性——基于"图像至上主义"潜在的文化破坏性》，《江西师范大学学报》2016 年第 3 期。

［38］陆涛：《文化传播中的听觉转向与听觉文化研究》，《中州学刊》2014

年第 12 期。

［39］陈洁：《网络直播平台：内容与资本的较量》，《试听界》2016 年第 5 期。

［40］苏涛：《3D 时代的媒介延伸与感官重构》，《新闻界》2011 年第 4 期。

［41］骆育红：《感官故事——技术、媒介与感官体验的关联》，《北京电影学报》2016 年第 2 期。

［42］潘忠党：《媒介化时代的公共传播和传播的公共性》，《新闻与传播研究》2017 年第 10 期。

［43］胡百精：《公共传播研究的基本问题与传播学范式创新》，《国际新闻界》2016 年第 3 期。

［44］冯建华：《公共传播的意涵及语用指向》，《新闻与传播研究》2017 年第 4 期。

［45］单波：《思想的阴影——西方传播学古希腊渊源的批评性考察》，《新闻与传播研究》2017 年第 12 期。

［46］喻国明、马慧：《互联网时代的新权力范式："关系赋权"——"连接一切"场景下的社会关系的重组与权力格局的变迁》，《国际新闻界》2016 年第 10 期。

［47］曾润喜、魏冯：《"互联网＋"缘何爆红？——基于网络流行语舆情表征的互文性解读》，《情报杂志》2016 年第 4 期。

［48］王莹、辛斌：《多模态图文语篇的互文性分析——以德国〈明镜〉周刊的封面语篇为例》，《外语教学》2016 年第 11 期。

［49］李颖异：《社交媒体新闻传播中受众与信息的交互性》，《青年记者》2015 年第 11 期。

［50］牛慧清、徐妙：《网络视频直播互动性特征及问题解析》，《中国广播电视学刊》2015 年第 8 期。

［51］徐树华：《论口语研究的三种导向：交际、表达、传播》，《现代传播》2012 年第 9 期。

［52］张放：《网络人际传播效果研究的基本框架、主导范式与多学科传统》，《四川大学学报》2010 年第 2 期。

［53］张放：《网络人际传播中印象形成效果的实验研究》，《国际新闻界》2011 年第 2 期。

［54］王敦：《"声音"和"听觉"孰为重——听觉文化研究的话语建构》，《学术研究》2015 年第 12 期。

［55］谭天、夏厦：《场景重构与用户延伸——打造互联网时代新型广播》，《中国广播》2017 年第 5 期。

［56］谭天、张子俊：《我国社交媒体的现状、发展与趋势》，《编辑之友》2017 年第 1 期。

［57］许森：《知识零售变现模式的问题与思考——以付费语音问答服务"分答"为例》，《新媒体研究》2016 年第 19 期。

［58］谭天：《网络直播：主流媒体该怎么打好这一仗》，《人民论坛》2017 年第 1 期。

［59］张伯明：《以界面传播理念重新界定传受关系》，《国际新闻界》2009 年第 10 期。

［60］彭兰：《未来传媒生态：消失的边界与重构的版图》，《现代传播》2017 年第 1 期。

［61］彭兰：《连接的演进——互联网进化的基本逻辑》，《国际新闻界》2013 年第 12 期。

［62］李建刚：《从用户界面出发建立信息传播的新观念》，《现代传播》2011 年第 5 期。

［63］龙剑梅：《渐变与影响：新媒体时代人际传播的动态特征及新的功能》，《西部学刊》2017 年第 10 期。

［64］郑自立：《中国媒体深度融合的动力逻辑与推进路径》，《现代传播》2017 年第 6 期。

## 三、学位论文类

［1］任俊英：《典型报道的话语分析——从福柯的视点出发》，复旦大学博士学位论文，2006 年。

［2］张曼缔：《中国电视节目主持风格的演进与创新》，暨南大学博士学位论文，2012 年。

［3］曾军辉：《电视媒体与微博融合传播研究——以中央电视台和新浪微博为例》，中国社会科学院博士学位论文，2013 年。

　　［4］刘秀梅：《多元媒介融合背景下电视节目主持传播的机遇与挑战》，上海大学博士学位论文，2009年。

　　［5］何赛美：《移动音频平台的知识传播研究》，山东大学硕士学位论文，2017年。

　　［6］侯丽丽：《新媒体的互动传播原理与应用研究》，湖北工业大学硕士学位论文，2012年。

　　［7］彭丽琴：《新媒体的传播偏向研究》，厦门大学硕士学位论文，2014年。

　　［8］李念：《数字传媒语境中的听觉文化研究》，广西师范大学硕士学位论文，2013年。

## 四、外文文献

　　［1］HAVELOCK E A. The muse learns to write, reflections on orality and literacy from antiquity to the present. Binghamton, New York：Vail Ballou Press，1986.

　　［2］KATHLEEN W E. Electric rhetoric：classical rhetoric, oralism, and a new literacy. Cambridge, Massachusetts：The MIT Press，1999.

　　［3］LEITH S. Words like loaded pistols—rhetoric from Aristotle to Obama. New York：A Member of the Perseus Books Group，2012.

　　［4］BURGOON J K, BONITO J A, RAMIREZ A, et al. Testing the interactivity principle：effects of mediation, propinquity, and verbal and nonverbal modalities in interpersonal interaction. Journal of communication，2002，52（3）.

　　［5］KORZENNY F. A theory of electronic propinquity：mediated communications in organizations. Communication research，1978，5（1）.

# 暨南文库·新闻传播学
# 第一辑书目